U0929669

太宰治的后半生

もう一つの太宰治伝 桜桃とキリスト

[日] 长部日出雄 著

李重民 译

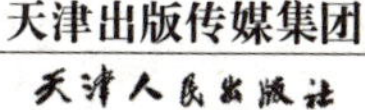

只 为 优 质 阅 读

好
读

Goodreads

目 录

第一章

邂逅

石原美知子最早是在文章里认识后来将她引向艰难命运的小说家的。

此话并不是仅仅作为纯粹的读者而说的。

那年——昭和十三年（1938年）七月上旬，在甲府的石原家，有人提起一桩始料未及的婚事。事情的经过以后细说，起因是井伏鳟二[①]写的一封信。

这封寄给在甲府的巴士公司工作的熟人家的信，经收信人的手，被送到石原家。

美知子在后来撰写的回忆文章里写道：

> 知道太宰治这个作家，起因是井伏先生写给斋藤先生的一封信，信封上用娟秀的毛笔楷书写着收信人的地址和名字："甲府市竖町九十三番地 斋藤文二郎收。"细长的信封插在我

① 井伏鳟二（1898—1993），日本小说家。代表作《今日停诊》《遥拜队长》。1937年凭借《约翰万次郎漂流记》获直木奖。

父母家内客厅的信袋里前后有很长时间。我记得母亲忍不住感叹说：“这个人的字写得多好啊！”

井伏鳟二的毛笔书法，我在读中学的时候就清晰地印在脑海里。

太宰治和并非其夫人的另一名女子一起在玉川上水投河时，是我在新制中学读二年级时的初夏——在学校放学回家的途中，在旧书店的书架上取下只剩最后一本的《御伽草纸》。花上整整一夜的时间把它读完，被它那无与伦比的情趣所吸引，便接连不断地追寻着太宰的作品，其间得知他有个老师叫井伏鳟二。

在改造社出版的《新日本文学全集》第一卷里，收录着井伏鳟二的《细波军记》《多甚古村》《约翰万次郎漂流记》《鲤》《山椒鱼》等代表作。图书卷首还有作者坐在桌子前的插图照片和亲笔写在彩纸上的书法照片，照片上用毛笔写着“我喜欢树木，尤其对竹柏樟橡杉枣等情有独钟”。毛笔字与作品的风格一样，散发着潇洒飘逸、大气磅礴的神韵。在中学生的眼里也能清晰地感受到这种神韵。

井伏鳟二戴着圆边眼镜，穿着和服，手持钢笔，目光注视着矮桌上的稿纸。我看到作者这样的近影照片后，留下了朴实刚毅的作家印象。

这个全集中的一卷，以佐野繁次郎[1]超群拔俗的装帧设计，

---

① 佐野繁次郎，西洋画家，也从事书籍的插图和装帧设计。

给人一种怎么也想不到是在战争最残酷的昭和十七年（1942年）出版、经过再三推敲后带有都市时尚的感觉。我虽是中学生却也爱不释手，以后不知道读了多少遍。

稍稍打岔一下，我在这里想再申辩一句，因为这第一本书拿到手时，曾使我感到有多么珍贵的价值，产生了多大的眷恋。

井伏鳟二用毛笔写在卷纸上寄给斋藤先生的，是帮太宰治物色未来妻子的委托信，对方的年龄限定在虚岁十九岁到二十九岁。关于三十岁的太宰，信上只写着以前出版过几本小说集，最近也有作品将要发表等，对太宰的私生活，丝毫没有提起。

井伏鳟二因字迹清晰令美知子母亲赞叹不已。井伏这一年刚刚凭借《约翰万次郎漂流记》获得第六届直木奖，以质朴的文风在文坛上崭露头角。即便没有那些特点，见面觉得不靠谱的人首先就不会来说媒，井伏是个待人真挚、朴实寡言的人。

总之，这桩婚事有人品如此过硬的人牵线搭桥。

信里即使对太宰的私生活只字未提，但生于贵族院议员、津轻大地主家庭，就读于东京帝国大学这些情况还是应该会写的。

另一方面，石原家是个秀才世家。已故父亲于东京帝国大学理科大学地质学科毕业后当老师，在山口、岛根、山形等各县历任中学校长，回到故乡山梨后埋头研究地质和动植物，著有《富士山的自然界》《富士的地理和地质》等著作，是个老学究。几年前病逝的哥哥在东京帝国大学医学部学习，三姐夫也是东京帝国大学工学部毕业的工程师。

美知子从山梨县立甲府高中女子学校、东京女子高等师范学校文科毕业，当时作为山梨县立都留高等女子学校的教师，负责教历史和地理，还担任管理宿舍的舍监，二十七岁，以前不要说太宰治的作品，就连这个人的名字都没有听说过。

她不可能对文学漠不关心。

三年前，她读过刊登在《文艺春秋》上获第一届芥川奖的石川达三[①]的《苍氓》，甚至依稀记得入围作品的作家高见顺[②]和衣卷省三[③]的名字，却不知为何，对笔名极富特点的太宰治却一点儿印象都没有留下。

翌年，阿部知二[④]的《冬之宿》在《文学界》上连载后，便汇集着川端康成[⑤]、丰岛与志雄[⑥]、伊藤整[⑦]他们的赞誉，成为那年

---

① 石川达三（1905—1985），小说家。代表作《金环蚀》。

② 高见顺（1907—1965），小说家、诗人。日本20世纪30年代风俗文学的代表作家。有诗集《树木派》《我的埋葬》《寄自死亡的深渊》等，小说有《激流》《厌恶的感觉》《感伤》等。

③ 衣卷省三（1900—1978），诗人、小说家。作品有诗集《花意争春》《足风琴》《破碎的街道》等。

④ 阿部知二（1903—1973），小说家。日本文学新兴艺术派重要人物，作品有《冬之宿》《白塔》等。

⑤ 川端康成（1899—1972），小说家。代表作《伊豆的舞女》《雪国》《古都》《千只鹤》等。

⑥ 丰岛与志雄（1890—1955），小说家、法国文学翻译家、儿童文学作家。著有《明暗之花》《滑稽角色》《圣女像》等，译有雨果《悲剧世界》。

⑦ 伊藤整（1905—1969），小说家、文艺评论家。倡导“新心理主义”，译有乔伊斯《尤利西斯》、评论《日本文坛史》《近代日本的文学史》等。去世后小樽市设立了“伊藤整文学奖”。

茶余饭后最热门的谈资。这篇阿部知二的《冬之宿》，美知子也读过。

即使对并非专业的文学，美知子也有着如此大的兴趣。可见在极普通的书迷眼里，太宰还几乎是一个名不见经传的作家。但是，对硕果仅存的一部作品拥有热烈的追捧者，在文坛上和其周围没有看过他作品的人中间，还流传着与他私生活有关的流言蜚语。

听说在出版社工作的堂姐夫得知这门婚事，向美知子的母亲提出过忠告……但不知道此事发生在接下来将要叙述的事情的前面还是后面。

美知子直到二十七岁都是单身，据说是和东京女子高等师范学校读书时的三个朋友共同发誓决不结婚。与当时普通女性结婚生子的常识有相当大的距离，是个具有特立独行精神和纯真梦想的人。

假设就算不是亲戚，了解美知子并听信对太宰恶意评价的人，听说这门原本就属于无稽之谈的亲事，说句极端的话，认为这门亲事是恶魔与圣女的联姻也不足为奇。

提起这门亲事后不久，八月初，美知子出门旅行去了。

教师利用暑假出去旅行本来不是什么值得一提的事，但旅行的路径是从东北到北海道……倘若如此，事情就完全不一样了。

年轻女子单独去远方游历，在遥远的以前是司空见惯的。即使觉得这是一场由微微强烈的预感所驱动的感伤旅行，也不会有太大的误解。

在青森县，美知子去了十和田湖。当时，深山坳里的湖水畔人影稀疏，还笼罩着浓郁的神秘气氛。这与法国坎杜神父[①]后来称它“沉默公园”的形容很相符。

我出生在近在咫尺的弘前。在地图上看，如果用我童年时的感觉来说，十和田是远山彼方的秘境。读中学时第一次去，在八甲田山里借宿过。到了深夜时分，莫可名状的恐怖感从弥漫在四周的郁郁葱葱的原始森林里直逼上来，感觉浑身都起了鸡皮疙瘩。

当时的交通特别不发达，如果再添加一个真实感，那便是隔着津轻海峡的北海道，就在云烟氤氲的彼岸。

八月七日，美知子从十和田坐巴士下八甲田，去青森。

那时候，青函渡轮驶离青森到函馆去，需要四个半小时。

在等待渡轮出海期间，美知子走进车站附近的成田书店，目光在书架上浏览时，瞬间，她的心脏肯定感觉到从未有过的悸动。

书架上有的只是那门亲事的男方太宰治的书。

在书脊《虚构的彷徨·青年的奇态》[②]的文字下面，用朱红色底白色镂空的醒目文字印着“太宰治著”。书排列着三本，美知子抽出其中一本。

书腰覆盖着封面将近一半的面积，书腰的上方横排着硕大的文

① 坎杜神父，指索沃·安托万·坎杜（1897—1955），法国天主教神父，在日本建立神学校，热衷于布教。

②《虚构的彷徨》由《小丑之花》《虚构之春》《狂言之神》三部曲组成。《青年的奇态》：日文原名“ダス·ゲマイネ”，取自德语“Das Gemeine”的音译，意思为“通俗性、卑俗”。

字“新选·纯文学丛书”。下面印着这样的推荐语：

经过五年的呕心沥血完成的三部曲！狂傲不羁的少年不惧神灵的罪孽，将会受到何种严酷的惩罚？听听二十世纪的颓废孩子痛彻心扉的悲歌！

《青年的奇态》是现代青年与自我意识过剩的无间地狱[①]诀别的名篇。

在这段吹捧语的后面，标明定价是一元二十钱，出版方是新潮社。图书虽然不厚，但打开质地硬实、手感平滑细腻的封面，翻开扉页，出现了占艺术纸大半页的作者近影照片。

美知子在这里第一次接触到尚未谋面的婚事对方，心脏不会不再次感觉到冲击。

印在那里的，一言以蔽之，是一张不太像日本人的英俊青年的半身照。

美知子如果像当时大多数知识女性那样对外国电影感兴趣，那么即使联想起泰隆·鲍华[②]也毫不奇怪。

首先，听看过电影的人说是青年的眼睛。浓密修长显得刚毅的眉毛底下，眼角细长的双眼皮大眼睛——用眉清目秀这种古雅的表

---

① 无间地狱，佛教语，八大地狱之一，犯五逆罪者不断地受折磨的地方。

② 泰隆·鲍华（1914—1958），美国电影演员。在《西点军魂》《黑天鹅》《碧血黄沙》《琴韵补情天》等电影中出演主角。

达恰如其分。与此不同的是，一眼就能看出在眉宇间分明凝聚着现代的纤细微妙的灵性。这一点也许是灯光造成的吧，双眸里甚至还闪烁着星光，就像遥远的将来少女卡通画里的主人公那样。

随意梳拢着的稠密长发有些许的凌乱，习以为常的和服打扮，增强了不同于普通谋生者的艺术家气质。印象中太宰不太像日本人，原因在于鼻梁健壮、高挺，嘴角像是要中和鼻梁似的泛出微微的笑意，整个面庞甚至能让人感觉到比实际年龄小很多，很黏人。

这是一张在书腰上被誉为"狂傲不羁的少年因不惧神灵的罪孽而受到惩罚的二十世纪颓废孩子"的作者相貌，是美知子第一次看见的、可以说是相亲对象的照片。

卷首照片后面是目录。目录后面有文章"提要"，介绍书中收录的四部作品第一次刊登的杂志，并印着作者及编者如下的话语：

> 我的老读者如果有兴趣，就再次循序渐进地阅读这一系列作品！不言而喻，只有机敏、清纯的读者，才能在这些醉醺醺的手记深处，找到永恒的爱和无穷的忧伤，并无奈地长吁短叹。
>
> 再次收录在这里，送给这本书的新读者。

美知子的确是个新读者，读了这篇文章后，她无疑感觉就像是直接写给她的。

想要捕捉未知的、况且还是女性读者的心，却没有再多诱惑女性的语句和讨人欢心的词语。在这里，很快就能窥见其独特的叙事语气：面向大众创作的小说，感觉却像是单独写给每一位读者的私人信件。

不用说，尽管他本人没有这样意识到，像美知子那样伶俐、清纯并极度渴望永恒爱情的读者，是不那么多见的。

“提要”页的背后印着“作者简介”，美知子读时应该也会有一种与其他读者不同的、距离近得喘不过气来的真实感受。

“作者简介”中这样写道：明治四十二年（1909年）六月十九日生于青森县金木町。经青森中学、弘前高中，在东京帝国大学法文科就读。二十六岁那年春季在纯文学杂志《文艺》上发表文章，在文坛初露头角。跟随井伏鳟二学习写作，并得到佐藤春夫[①]的垂教。如今是日本浪漫派作家……

要将手上的书买下来读读它的内容，需要刀具。因为这本书是法式装帧，原文页码装订时没有裁开。美知子会用什么样的刀具裁剪页码呢？

在这家成田书店的文具柜里寻找裁纸刀，如若没有，就会购买当时学生削铅笔用的斜刃小刀或肥后守[②]？或者，当时仪容整洁的女

---

① 佐藤春夫（1892—1964），诗人、小说家、评论家。获得过日本文化勋章。作品有《西班牙猎犬》《田园的忧郁》等。喜爱中国文学，译有《聊斋志异》《今古奇观》和鲁迅的《故乡》。

② 肥后守，折叠小刀。号称日本袖珍刀之王。

子在外出旅行时不会忘记随身携带针线甚至还有小剪子作为缝补衣服绽线的必需品吧？

乘坐青函渡轮的人必须通过青森站检票口进入渡轮区域。

本州铁路的乘客上下车的走廊与渡轮码头相连接。青森站的站台一直延伸到上码头的阶梯，这段路长得令人感到忐忑。

跳板架在码头与高度没有多大差别的渡轮乘降口之间，跳板底下波涛翻涌。走上跳板时，即使人们知道跳板很坚实，也会感到有些惶悚，感觉换乘像是跨越现实与梦幻的裂隙，去往另一个世界。

生活境况和出生地都各不相同的男女老少们，在凌乱地铺着的榻榻米上挤挤插插地挨过几个小时，旅行者在三等船舱里体验到的、在波浪汹涌摇摇晃晃地渡过津轻海峡时的愁闷心情，如今已经荡然无存，这也是希望读者重新回味的体验之一。

在这样的气氛中，不知是开始阅读之前还是读完之后，美知子在书的扉页上写下了“一九三八. 八.七　在青森”。

放在正文第一篇的，是《小丑之花》，只有开头的两页与连同那里的页码一样，已经被裁开，不用刀具也能够阅读。

过了此处便是悲伤之城[①]。

朋友全都离我而去，带着悲哀的眼神望着我。朋友啊！与我说说话，把我当笑料！呵呵！朋友茫然地背过脸去。朋友

---

① 过了此处便是悲伤之城，但丁《神曲》地狱门上的铭文。

啊！向我提问。我什么都会告诉你。我亲手（用这只手）把阿园沉入水中。我以恶魔般的傲慢祈求着自己从黄泉路上归来时阿园已经死去。还要我说下去吗？呵呵！不过，朋友只是用哀伤的眼神望着我。

对刚刚创刊的杂志《日本浪漫派》和作者第一部创作集《晚年》的读者来说，小说已烂熟于心，然而，美知子当然是第一次读到这部小说。

最先能让逐字逐句咬文嚼字的读者感觉到的，就是叙述者兼主人公“我”被所有的朋友抛弃，怀有不会被任何人所理解的重大秘密，形影相吊，孤独难耐。

不知道美知子当时是否已经意识到这些（正如后面会叙述到的那样，她马上就意识到），在开头的六行句子里，“我”这个第一人称的代词出现了九次。

在阅读中没有意识到的读者，不管愿意不愿意，都会将所有的关注集中在“我”身上，不得不侧耳倾听这个故事。

对“我”的偏执，作者自己伴随着内心里的些许内疚，大概已经意识到了。

以第一人称叙述到第六行的主人公，从第七行换行起，拥有“大庭叶藏”这个名字的第三人称，再次从另一个视角进行审视和描写。

写小说的人，作品中每次要让新的人物出场，取名字需要花费不少心思，自己对取好的名字会怎么也适应不了。何况“大庭叶藏”这个名字明显别出心裁。暂且不说“大庭”，一般来说，首先就不可能有“叶藏”这个名字。

作品中的“我”，把对这名字的自嘲和生拉硬扯的自夸词句硬凑在一起后，这么说道：

> 大庭叶藏。
>
> 即使遭人嘲笑也百般无奈。东施效颦、明察秋毫者会被人看穿的。也许还有更好的姓名，但对我却似乎有些麻烦。干脆就写“我”也无妨。这年春天，我尽在写以“我”为主人公的小说了。

已经裁开页码的文章在这里中断。想要继续读下去，就要用刀具将页码裁开。下面的页码是这样开始的：

> 所以连续写两次，会让人感到无地自容。假如我明天遭遇不测时，说不定会有古怪的人出来，以一副得意的面孔阴阳怪气地说，那家伙不把“我”设为主人公就写不出小说来。其实就是因为这个，我还是坚持用“大庭叶藏”这个名字。好笑吗？怎么样？你不也是这样？

最初发表在《日本浪漫派》上，所以这最后一句出现的第二人称“你”这个代词，可以认为是直接针对杂志的同仁，即写小说的同行或者想要写小说的文学爱好者而写的。

但是，在单行本上第一次读到、可以说是文学圈子以外的读者却不会这么想，以为作品中突然称为“你”是对着自己来说的，会觉得应该面向大众的小说简直就像是写给自己一个人的信。

像这样把读者称为“你”、让人觉得面向大众创作的小说完全像私人信件似的叙事语气，是太宰治所独有的。

私信只能是一份，但自从印刷术诞生以来的现代小说，当然要预测有众多读者，而且希望读者数量无止境地多多益善。

从初期阶段起就在作品中构筑起将远古传承下来的传统的信件功能，和文明社会中小说的现代性功能结合在一起的独特的“叙事”框架，才是太宰治的最大发明。

在读着以无数人为对象的小说时，读者冷不防被称作“你”，顿时像与作者产生了一对一的亲密关系。随着那种亲密感逐渐加深，亲切感油然而生，并悄悄地怀有一种独占欲：“真正了解他的人只有我。”太宰文学特有的读者与作者的关系便得以成立。（其实无论对什么样的读者，再也没有像太宰那样易读、易懂并有趣的小说了……）

话归原处，如果作为最初设想的同行或者文学爱好者来阅读的话，从文章开头到这里的三页就能明白，作者对传统私小说的创作方法是存有疑问的。

要是用很久以后流行的话语来说，就不能轻易下判断说，如果是对自我同一性缺乏自信，不太束缚于“卑人就是卑人、我就是我”这一自我意识的人，自然就会觉得理所当然，不会有任何疑问。

主人公在作品中以第一人称“我”像模像样地叙述着。那种迷茫和踌躇，成为另一个注视着这一切的“我”发出的戏弄和嘲笑，朝着作品中的主人公猛烈地投掷过去……

受到《小丑之花》作者和作品人物的影响，我好像从一开始就在以评传小说[①]为志向的文章里太出风头了。不过，我是想尝试着体会美知子的心情。

即使以同时代业余爱好者的眼光来读太宰治的小说，仅读卷首几页，大概就已经毫不怀疑作者具有不同凡响的才气，创作手法截然不同于传统小说。

一页十二行三十七个字，行距和字距远比后来的书排得稀松，硕大的铅字印刷得像猛地撒出去一样，读者如同鸟儿啄食似的一个字一个字地阅读着。

阅读小说不是为了获取知识和信息，而是为了反复咀嚼、细细品味靠作者放大的人生和世界的细微部分。

随着每页的页码折叠处都要用刀具裁开，在美知子的面前，开始展现出一幅完全脱离以前生活中正统的社会道德的、杂乱无章偏

① 评传小说，带有评论的传记小说，类似于中国的纪实文学。

离常识的危险世界。

对在严谨而正直的家庭里长大的人眼里决不能容忍的作品主人公，哪怕是暂时地产生同感或移情现象，都会与对方处于共犯者的关系。

美知子一边感受着其他无论多么敏感的读者都无法比拟的战栗和蛊惑，或是被选中者的恍惚和不安，浑身冒起了鸡皮疙瘩，一边逐字逐句咀嚼似的继续读着也许不久将会结婚的新锐作家的小说……

自从石原美知子在青函渡轮三等舱里入魔般地读着太宰小说的那天起，时光荏苒，一个多月后的九月十六日——

太宰治随井伏鳟二夫妇一起，登上了三之岭。

三之岭标高1786米，如果天气放晴，从山顶上能够正面眺望富士山，并且连八岳和南北阿尔卑斯山脉、奥秩山的群山都一览无遗。

他们是从三之岭隔壁标高1525米的御坂岭攀登上去的。

井伏鳟二从七月底起就滞留在御坂岭的天下茶屋，太宰于三天前也来到那里。是因为井伏对他寄宿在东京杉并与坏朋友沉湎在疏懒成性的生活状态里实在看不下去，劝他隐居在天下茶屋的二楼，专心写小说打发日子。

登上三之岭时的情形，在《富岳百景》的前半部分被描写得妙趣横生。虽说冗长的引用应该慎之又慎，但这部分其实很能解释在御坂岭滞留了大约两个月之后，他撰文的卓越技巧和独特的幽默以及创作手法为何会显示出突飞猛进的跳跃式进步的秘密，所以希望读者能在阅读中慢慢地体会和享受这样的细节。

> 三之岭海拔1700米，比御坂岭稍高。像爬似的登上陡坡，花了一个小时才登上三之岭的顶上。拨开蔓草，匍匐着攀爬在纤细的山路上。我的模样绝不能算是雅观的。井伏先生正儿八经地穿着登山服，身影很轻快。我没有现成的登山服，穿着棉长袍。茶屋的棉袍很短，我那多毛的腿露出了有一尺多，再穿上向茶屋的老头儿借来的胶皮底布鞋，所以连自己都觉得不伦不类，我稍稍动了动脑筋，束紧角带[①]，将挂在茶屋墙壁上的麦秸旧草帽试着戴了戴，不料却越发古怪。井伏先生是个决不会轻蔑别人仪表的人，但我不会忘记，只在这个时候，他毕竟还是稍稍露出怜悯的表情，轻声呢喃着安慰我说：男人不必太在乎装束。我们好不容易爬上了山巅，但突然云雾簇拥，即使站在山顶断崖边的观景台上，也是迷雾笼罩，无法观赏景色。什么都看不见。井伏先生在浓雾底下的岩石上坐下，悠闲地抽着烟放着屁，显得很无聊。

被人在文章里写“放屁”，井伏鳟二后来在《亡友》一文里对

---

① 角带，男用和服腰带的一种。

此事抗议说："没有事实根据。"概括起来他这样说道：

> 关于此事，当时有位名叫"竹下康久"的陌生朋友寄信给我，说："我不相信先生您在三之岭放屁了。我的朋友也这么说。我作为太宰先生的读者，又作为先生您的读者，殷切希望您能要求太宰先生慎重收回这句话。"
>
> 太宰来访时，我把那封信给太宰看，太宰说"真的放屁了"，还添油加醋地说："不仅放一个，并且还放了两个。放得很轻。当时山小屋的大胡子爷爷偷偷地笑了。"
>
> 太宰随口这么说道，大声地笑着。三之岭的大胡子爷爷当时八十多岁，耳背，不可能听得到轻微的放屁声。
>
> 可是，太宰极力坚持自己的说法，所以我自己也产生了兴许放过屁的错觉。有时候甚至觉得真的是放过屁了。

在井伏如此叙述的文章里，当然会加入玄妙的虚构，用信来要求"慎重收回"的"竹下康久"其人是否真的存在，不得不说是极其值得怀疑的。

这样的一唱一和，是小说家之间的调侃、绞尽脑汁使话题增添乐趣充满幽默感的天性使然，这才是正确的解释。

关于井伏是否真的放屁了，我尽管没有在场，但非常自信地断定：没有放。如果是真的放了，太宰就不会写在小说里。

正因为是毫无根据的虚构，所以才会用敬语写"放屁"，才会写出对老师实在是失敬而不胜惶恐的故事。

而且，被人写到文章里去的一方会渐渐地陷入自己真的做过似的错觉里。如果用太宰的初期作品《罗马风》里出现的话来说，就是人间万事谎成真。可以说，创作的魔力是很可怕的。

在井伏的文章里，茶店的老翁作为配角承担着重要角色，太宰在上述《富岳百景》这段文字的后边接着写了下面这段话。两者的风格和特点的不同一览无遗，所以请原谅我这次引用得较长。

> 观景台上并排开着三家茶店。我们选了其中一家只有一对老翁和老妪两人经营的简陋的茶店，在那里喝了杯热茶。茶店的老妪面露不安的神情说："这云雾来得真不凑巧，再过一会儿云雾会散去的。富士山就在紧跟前，能看得很清楚。"她从茶店深处拿出一幅很大的富士山照片，站在悬崖边，双手将那幅照片高高地举起，拼命地解释说："正好就在这一带，像这么大，这样清楚地出现在眼前。"我们喝着粗茶，望着那照片中的富士山笑了。看着雄伟的富士山，身处浓雾中，丝毫也没有觉得遗憾……

场面真的很温馨感人，但老妪用双手高举着照片，个人怀疑这不就是创作吗？不！也可以说，我确信这就是创作。

无疑是靠着作者的想象力书写的虚构，所以才会出现发挥着如此动人效果的美好场景。我是这么想的。

同时，在这里披露这个著名演技的，是老妪。我希望读者把这个场景也留在记忆里。

《富岳百景》的大部分读者也许会觉得，这部作品描绘的，大致是真实的情景吧。

但是，文章中却不知为何只字未提登三之岭时同行的井伏夫人。因为如果夫人在边上，再这样虚构可就实在是愣头愣脑不知轻重了，因此不是就不能写“放屁”了吗？

御坂岭的天下茶屋成了《富岳百景》中的舞台。据研究太宰文学的卓越专家相马正一[①]在《评传太宰治》里说，当时在天下茶屋里常住的是老板娘外川耶子（三十岁）和她的妹妹中村隆之（十五岁）、长子元彦（四岁）三人。

其他还有的家人平时在山下河口湖畔的娘家生活，丈夫外川政雄正出征打仗不在茶屋里，所以老板娘的妹妹来帮着做家务。

对这些琐碎的细节，作品中只字未提，只把家族集中在三个人身上，并煞费苦心地把老板娘的妹妹称作“女儿”，这给作品带来了多么鲜明的效果，不用再向《富岳百景》的粉丝们做解释了吧。

我们现在作为一部作品来阅读的《富岳百景》，最初分为正篇和续篇两部分，发表在《文体》杂志（出版单位スタイル社，发行人宇野千代）上。

作品中的“女儿”承担着极其重要角色的，是正篇的最后部

① 相马正一（1929—2013），岐阜女子大学名誉教授、日本近代文学专家。

分。絮絮叨叨地说到那里，话题大致可以像下面这样说下去。

在东京过着郁闷生活的“我”，于昭和十三年初秋，带着换换新感觉的打算，提着一个背包出门去旅行。

井伏把自己关在御坂岭天下茶屋的二楼写作。我借井伏隔壁的房间，在那里暂时安顿下来。

即使不愿意也不得不每天面对着富士山。从那个排名富士三景之一的地方望去，景色简直就像澡堂里定制的油画或戏剧里的舞台背景，“我”羞愧得无地自容。

井伏工作告一段落。和井伏一起登三之岭，幸好茶店的老妪在云雾中为我们举着硕大的照片，才算是看见了雄伟的富士山。

两天后，我被井伏带着去甲府的一户人家相亲。[①]

井伏回东京后，我还在御坂岭茶屋的二楼进度缓慢地工作着，同时与“富士三景之一”对话长达两个多月，累得精疲力竭。

日本浪漫派友人、在山岭下吉田镇邮局里工作的青年等朋友们来访。青年们把我称作“老师”，我认真地接受了。

我没有任何值得炫耀之处，没有学问，也没有才干。肉体肮脏，心灵贫乏。可是，只有苦恼，被那些青年称作“老师”而只能默默接受的苦恼。仅此而已。有一点点自负。

---

① 这次相亲的过程，以后详述。

在青年们的带领下，徜徉在吉田镇上，在老旧的客栈里一起喝酒。青年们回去以后，我外出散步。我痴迷于蓝色月光下的富士山，弄丢了钱包，又捡了回来。

在吉田住了一夜，回到御坂后，茶屋的老板娘朝我微微地笑着。十五岁的女儿却气呼呼的，婉转地想知道我是不是干了什么脏事，也不来问我。我事无巨细地向她汇报了昨天一整天的去向。客栈的名称、吉田的酒味、月光下的富士山、弄丢钱包的事，一五一十地说了一遍。女儿也破颜而笑。

“客人，快起来看呀！”不久，一天早晨，女儿在茶屋外尖声惊叫。无奈，我只好起身走到檐廊里去看。

女儿激动地涨红着脸，默默地指着天空。我一看，是雪。我顿觉惊奇。是富士山下雪了。山顶上白雪皑皑十分耀眼。我心想御坂的富士山也是不能小看的呀！

如果将这个场景按照实况写成老板娘的“妹妹”，就不会产生如此鲜明的效果。将她改成“女儿”，也就是虚构，便酿造出一种动人的新鲜感，构成了正篇的高潮。

她用手指着披着初雪的富士山，我情不自禁地赞美道：“真美啊！”“很漂亮吧？”女儿美滋滋地说道，又蹲下身子问，“御坂的富士山还不算漂亮？”……

这些恐怕是虚构的吧。即使花费几行几十行文字的浓墨重彩，也很难写出来的微妙感觉，仅用“婉转说道”这一句和前后简短的对话，就巧妙地表现出来了。这样的技巧，每次阅读都不得不让人发出赞叹。

以御坂岭为界，太宰的作品不仅是文章，就连对话的技巧也出现了飞跃式的进步。

为什么会这样？我也有自己的答案，原因以后再说。

而且，“我”观赏了大雪初降的富士山以后，在山里溜达，双手捧满月见草的种子回来，把它撒在茶馆的后院。

“你听好了。这是我的月见草啊。明年我会再来看的。你不能把洗衣服的水倒在这里啊！”女儿点点头。

这一段，是正篇的结束。

再多说一句，这如果是“妹妹”，作为小说的效果就大为逊色，也就不值一提了。

把妹妹改成女儿，这个虚构是把这部作品作为小说而成立的根本要素之一。

使《富岳百景》成为经典名作的另一个根本要素——关于月见草，相马正一的质疑值得一听。

月见草作为花而闻名，是因为它具有傍晚开花天亮即凋谢的习性。

然而，巴士的女乘务员在一个“今天富士山看得很清楚”的晴朗天里，透过车窗望着外面的风景，“在我的眼睛里，刚才瞥见月见草的金黄色花朵有一片花瓣依然还保持着艳丽，没有凋谢”。“堂皇而之地与3778米的富士山对峙，毫不动摇。怎么说呢？那月见草简直像金刚草那样勇敢地挺立着，真好。”这是真的吗？……这就是相马正一的疑问。

即使在我的脑海里，长年来也遗留着一个疑问：那月见草果真存在吗？表现为大白天里“与富士山对峙毫不动摇的金刚草”的月见草，难道不是只存在于作者的想象之中吗？

据百科事典解释，月见草是“白色的花朵”，傍晚开花早晨枯萎。开出大朵的黄色花朵、俗称月见草或诗宵草的红萼月见草，从夏天的傍晚开花到翌晨，碰到阳光就蔫了。

即使是后者，说它在晴朗天气的太阳底下，金黄色的花瓣也很鲜艳，并勇敢地挺立着，这实在很离奇。

可是，山本大二郎在著作《富士山麓之花》里说，作为月见草而闻名的红萼月见草，在富士山的山麓极多，尤其在山中湖畔和河口湖畔更多。据林弥荣编的《日本的野草》里说，红萼月见草夜间开花，天气凉快的话白天也开花，所以不能一口咬定说不真实。

尽管如此，脑海里还是无法抹去这样的疑问：这里和在三之岭观景台上云雾缭绕中老妪用双手高举着富士山照片的著名演技一样，在巴士车内用纤细的手指指着路边的一个地方嘀咕着“哎！月见草”、“穿着深褐色和式披风，面容苍白端正”、面无表情的老妪，不还是作者塑造出来的人物吗？

疑窦如此之深，是因为相马正一仔细考证了现实中成为素材的每一个事例和作为小说表现的虚构场景之间的巨大差距。相马正一认为太宰作品乍看无论多么像是私小说[①]的风格，但几乎全是虚构性叙事，我个人对这一看法也完全赞同。

《富岳百景》看起来像是一部如实记录的“身边杂记”。在贬低日本传统私小说之际，如果用常用的语言来说，《富岳百景》其实也是一部作者在有意无意之间经过精妙的算计，结合各种虚构创作的完美无缺的小说。

如果用“我”这个第一人称书写，就会深信作品中发生的所有事情全部都是真实的。在日本，曾经存在过这种奇怪的习惯。

将面向大众的小说写得让人觉得像是给每一位读者的私信独白，同时用日本读者普遍都会认定是真实故事的私小说标题，来书写想象力的产物——虚构，这是太宰治划时代的发明之一。

关于太宰治，在开始讲述新的故事之际，这一点也希望在这里再次得到确认。

去年初夏，太宰考进东京帝国大学。在东京的七年间，与和他共同生活的妻子初代分手。

太宰是被迫从津岛家分家的。在决定离婚的时候，初代才知道

---

① 作者以第一人称的手法来叙述故事的，均称为私小说。

自己没有在修治[①]那里入籍。

此事就连太宰本人好像也是一头雾水的模样。他给负责与故乡父母家联络的中畑庆吉寄了下面的明信片。中畑庆吉是五所川原市的和服商人。

拜启

上次劳您大驾，感激不尽。承蒙您百般关照，我没齿不忘。

初代访问井伏先生时说起她还没有入籍，是否真有此事，请您大致了解一下，赶快告诉我。匆忙恳求如上……

从字面上来看，可以推测是没有入籍。

分手的起因是太宰因药物中毒住进精神病医院时，得知因之前的操劳已心力交瘁的初代，与熟悉的年轻男子发生了争执。如果从结婚前的经历和结果来看，她曾在青森当过艺者，不能不认为从一开始她就是被看重体面的津轻大地主津岛家利用并被抛弃的。

初代曾托井伏鳟二保管山田流的琴。当时井伏鳟二在以琴为主题撰写的《琴记》里，这样描述她在离婚后不久的状况。

初代在商定回青森县浅虫的父母家期间，来我家里住了一个

① 修治，津岛修治为太宰治本名。

多月等候消息。正因为离婚是一桩大事，所以初代担心也许会回不了父母家。她六神无主，游移的目光充满着哀愁。我曾看见她在客厅的外廊和我妻子并肩坐着，眼泪扑簌扑簌地滚落下来。

太宰君吩咐初代离婚时，家具财产全都给了初代，理由说是他不愿意看见那些纠缠着初代不愉快记忆的破烂家具。因此，要说太宰君自己如何，他只带着自己的寝具、桌子和台灯、盥洗用品，搬到我家附近租房来了。除了身上穿的，一无所有。

井伏的写作风格是惜墨如金。《琴记》简洁地记录着初代此后一路摸索着走来的不幸命运和死亡后的情形。读着《琴记》，便觉得忧心惨切，肝肠寸断。

山岸外史[①]的《人间太宰治》里有个地方写着，初代无论如何也想回到太宰治身边去，来找山岸商量，甚至说“即使当保姆也愿意”。山岸写道：“保姆”这个词深深地刺痛了我的心……但体察当时初代的心情，作为在同一个地方长大的人，我个人也感到无法忍受。

吉泽蜜[②]的散文集《幻灯》里，提起收到小堀杏奴[③]寄来的明信片后得知情况，写道：据说初代离婚后还一直极其珍惜地带着太

---

① 山岸外史（1904—1977），文艺评论家。

② 吉泽蜜（1910—2014），55岁开始写作，作品有《月见草的皿子》《幻灯》《蓝色的猫》等，99岁还出版《只有两个的樱桃祭》。

③ 杏奴（1909—1998），森鸥外次女、日本著名散文家。有《晚年的父亲森鸥外》等。

宰在东京大学读书时乘车用的定期月票，我不由得感到胸口一阵刺痛。（吉泽蜜是小山初代的叔父、商业美术设计师吉泽祐的夫人，小堀杏奴因为父亲森鸥外[①]的杰作《涩江抽斋》讲的就是津轻家的医官，所以与津轻的渊源很深，强烈支持太宰文学，对支撑太宰文学的小山初代和津岛美知子两人，发自内心地怀有同情和好感。）

搬到井伏家附近以后，太宰的住处很快成为朋友和后辈们聚集聊天的地方。喝酒，吃订寄宿的客饭，喝醉了就直接住下，来去自由，一切都由太宰埋单，所以大家没有理由不乘兴而来。

太宰和那些朋友，把每月来一次东京的中畑庆吉和在东京负责照顾和监督太宰的西服裁缝店北芳四郎两人，都省略了敬称，直接称呼“叔叔”。靠女用人的信号得知叔叔来巡视，大家从窗户爬到屋顶上，一下子就溜得无影无踪。叔叔把聚集在太宰房间里的那些人称为“三教九流，无一不有”。

因为要招待他们，北芳四郎担心酒店费用和房间租金会一个劲儿地往上涨，便去拜访井伏，请求他把那些“三教九流”赶走。

“我拒绝做这个恶人。”井伏写道。当时在保田与重郎[②]他们的杂志《意识》上发表小说的学生长尾良，在《倦怠之人・和太宰

① 森鸥外（1862—1922），小说家、评论家、翻译家。本名“森林太郎”。明治维新之后浪漫主义文学的代表人物，与夏目漱石、芥川龙之介被称为日本近代文学三大文豪。作品有《舞女》《阿部一家》等。

② 保田与重郎（1910—1981），文艺评论家、歌人、浪漫派作家。提倡浪漫主义和日本回归，对论坛和文坛产生很大影响。作品有《日本的桥》《近代终焉》《现代奇人传》等。

治》这篇文章里，记录着如下情景：

一天下午，井伏来拜访太宰。正好在太宰房间里的几个人都偷偷地溜了出去，但长尾被太宰喊住，便留在房间里。

不一会儿，井伏用严厉的口吻向太宰提出忠告。太宰只是诚惶诚恐地低着头，不停地说着“是、是”，脑袋渐渐地越垂越低。

井伏说，如果你再这样只知道玩，我就无法对青森的大哥承担责任，我也承担不起社会舆论的评说，你不变得更强大就很让我为难。新潮社的楢崎勤[1]对我说，若是太宰的小说，随时都可以刊登，让我转告你赶快写好了送来。……

太宰的膝盖上落下大颗的眼泪，片刻之后他像孩子似的用双手揉着眼睛啜泣起来。

> 我注视着井伏的神态，惊讶太宰竟然也会有这样的陋习，同时在另一方面，觉得先生真是一个非常好的人啊！

长尾如此写道。然而据相马正一耳闻，井伏即使去太宰的住处拜访，也不会擅自闯进房间里，绝不会当着客人的面发火或训斥。不过，在长尾的文章里能够感觉到有着难以否定的真实性。

不管如何，对井伏来说，最担心的就是太宰不写小说，只顾着与朋友们胡闹。

---

① 楢崎勤（1901—1978），小说家，新潮社著名编辑。

北芳四郎和中畑庆吉认为，如果不再让太宰结婚，就怎么也无法使他恢复正常的生活。结婚对象不可能那么轻易找到。两人绞尽脑汁，作为最后一招，劝太宰去咖啡店。想让他从新宿酒店里打工的女招待中寻找愿意共同生活的对象。但是，这个计划没有成功。

太宰已经对女性失去了信心，顾影自怜，给人忧郁的印象，无论去哪家酒店，他对女招待们都敬而远之，丝毫不受女招待的欢迎。

井伏听说，在中央线沿线的文人雅士聚会的、自己也常去的阿佐谷中华料理店“皮诺基奥”，有人在为老板的长女寻找结婚对象，说希望是以小说家或剧作家为奋斗目标的青年。

也有自己一厢情愿的缘故吧，井伏听着好像是只要满足这个条件，对象无论是谁都行，便暗示对方也知道的太宰的名字，并收下了女方的照片。

太宰在拿到照片的几天后，用平静而坚定的语气说：同意的。

井伏把这个信息转告给“皮诺基奥”老板娘，那边还正在和丈夫商量，不料却一口回绝，说如果男方是太宰先生，那就实在很抱歉了，希望回绝这门婚事。

希望的曙光从意想不到的方向照射出来。

和井伏同乡的文学弟子高田英之助，在甲府赴任当记者时认识了斋藤家的长女。他为了与斋藤家长女结婚的事，委托老师当媒人。

井伏拒绝了当媒人的事，但和来访的斋藤夫人聊天时，提到了太宰。

听闻此事的斋藤夫人回到甲府后，寄来了照片，说有个合适的小姐。

井伏鳟二为了得到那位小姐的地址，才给甲府的斋藤文二郎写了那封信介绍太宰的情况。

第二章

阿里阿德涅之线

井伏鳟二的确是个令人捉摸不透的作家。在文坛上还初出茅庐的时候，慕名而来甘当弟子的文学青年就络绎不绝，太宰治、小山祐士[①]、中村地平[②]被称为门下三羽鸟。三十五岁左右就早早地显示出独家门派的风格。

丝毫也没有夺人眼球的出色技巧，创作风格朴实，有成熟老练之感，然而稳健的气场却呈放射状扩散到远方，强烈地捕捉着读者的心，令人念念不忘。

在本州北端出生的太宰，在哥哥从东京带回来的杂志《世纪》上，读到井伏的习作《幽闭》（《山椒鱼》的原型），觉得这是天才的作品。这是在青森中学读一年级的夏天。

昭和五年（1930年，下同）四月，太宰自弘前高中毕业以后，

---

① 小山祐士（1906—1982），剧作家。著有《日本的幽灵》，《濑户内海的孩子们》入围第2届芥川奖，《只有两个人的舞会》获岸田演剧奖。获艺术选奖文部大臣奖、被授予紫绶褒章。

② 中村地平（1908—1963），小说家。代表作品有《蕃界之女》《雾之蕃社》《长耳国漂流记》。

考进东京帝国大学法兰西文学科。出生在九州宫崎、从台北高中毕业的中村地平，同样考进东京帝国大学美学美术史学科。同年，井伏鳟二的第一本创作集《深夜和梅花》，作为新兴艺术派丛书之一，由新潮社出版发行。

那套丛书群英荟萃，集中着龙胆寺雄[①]、川端康成、横光利一[②]等走在时代最前端、现代派色彩浓厚的作家。

这套丛书的班底点燃起文学青年的极大兴趣，使他们欲罢不能。

在这套丛书中，井伏的集子里放在卷首的是《朽助所在的山谷》。社会上一般的读者就是从下面这一段开始阅读井伏鳟二的小说的。

> 谷本朽助（时年七十七岁）其实是顽固地偏爱着我的。我无论去多么远的地方旅行，每年到了秋季，一到嘴里吐出的气息能看见白色哈气的时节，他照例会给我送来松茸和丛生口蘑。在面条盒里铺上苔藓，塞满枯萎的蘑菇类，在盒子外必然会写上“秋季吉日”。

我是过了很多年以后才读到这篇文章的，如果要按同时代的读

① 龙胆寺雄（1901—1992），小说家。作品有《给M子的遗书》等。

② 横光利一（1898—1947），小说家。代表作有《日轮》《家徽》《旅愁》等。

者来谈感想，首先标题中的“朽助”这个名字就很好。

明显既是虚构的，同时又有年代久远了的自然韵味，就是说，有一种经历过时代沉淀的印象，依然能感觉到作品是经过反复斟酌的产物。

从开头出现的名字，感觉到作者的才能绝对不会平庸，是值得信赖的。带着这样的预感继续读下去，这一段的结尾出现“秋季吉日”这个词，出人意料。

为什么会这样来写七十七岁的朽助，是因为在夏威夷打工回来，他有个下意识的习惯，把孩子时的“我”放在婴儿车上，在庭院的小树林里穿来穿去，同时经常会停下脚步，重新系紧腰带。

在这段回忆中，在“我”和朽助之间，会进行这样的对话。

> “朽助！不是说快去快回吗？”
>
> “我正在重新系腰带呢！不要那么烦人啊！”
>
> “别说得太悬乎啊，腰带怎么系都行吧。”
>
> 因为我的催促，心急慌忙中重新系上的腰带很快又松了。
>
> 一到傍晚，我就相信婴儿车坐垫上的彩绘图案逃过了空中飞舞的蝙蝠，便大声嚷道：
>
> “朽助！蝙蝠又逃走了！不是说过要赶快抓住它吗？”
>
> “如果你不出声保持安静，明天一早就会回来的。你不用担心。”
>
> “一定会回来？”

“一定会。不过，还要来一次啊。”

“一闭上眼睛，感觉就像是在往后走。朽助，你们也坐着婴儿车试试？”

“别缠着不放。我们以后自个儿坐啊。”

朽助有时会教我讲英语：“桂花树和松树都叫tree。”

我每次忘记，他都斥责我：“记性不好的孩子就是艾德尔。”

艾德尔就是英语idle。……

肯定是完全虚构的情节，幻想世界里的故事，然而由于使用方言对话的独特性，却能让人感觉到极其荒诞的真实和思慕。

由于将乡土气和现代派这对南辕北辙的两端连接起来的独创性发明，成功地营造出前人未有的玄妙气氛和幽默。如果仔细品读作品，就能体会到这初看朴实无华的文章，暗中也凝聚着西欧风格的苦功，可以说是接近翻译腔的。

如此看来，文学青年对当时将日本文学三分天下的自然主义私小说、无产阶级文学和现代主义文学全都感到厌恶和反感，无法全盘吸收，便被构成井伏文学核心的奇特文体所吸引并聚集在井伏的门下，可以说这是必然的结果。

对书迷来说是不言而喻的，井伏文学的魅力说到底在于它那绝无仅有独辟蹊径的文体。唯独这一点，才应该被称为“文学”这一表现手段的精髓。

少年时代的太宰，在作者还是无名之辈的习作里发现了天才。这不能不说是具有令人可怕的眼力吧。

除了卷首的《朽助所在的山谷》和标题作《深夜和梅花》之外，这本书里还收录了《山椒鱼》《鲤》《屋顶上的沙旺》等杰作。

许多年后，太宰在《井伏鳟二选集》的后记草稿中这样写道：

> 第一卷里收录的作品，是井伏先生最早的创作集《深夜和梅花》里的全部作品。现在一篇篇地书写着目录，感觉就像在排列珠宝。

被珠宝那古朴的光辉吸引而投入井伏鳟二门下的高田英之助，出生在离井伏的家乡广岛县深安郡加茂村不远的芦品郡新市町，在庆应义塾大学文学部国文科一毕业，就当上《东京日日新闻》（现为《每日新闻》）的记者，在甲府分部赴任。

和在那里认识的斋藤文二郎夫妇的长女须美子谈婚论嫁时，他委托井伏当婚礼的证婚人。

井伏在《亡友》里回忆当时的情景，提到上门来委托这件事的人，只写到斋藤夫人，不过当事人高田也陪同拜访是自然而然的事。

井伏拒绝了当证婚人的委托。太宰的自杀未遂、药物中毒、精神病医院住院、和初代的离婚……长达数年不间断的纷扰，令井伏操碎了心。他对插手弟子的私生活已经谈虎色变了。

尽管如此，难道就没有适合太宰的结婚对象了吗？……他向高田和斋藤夫人说起这个意思，是因为弟子的精神和生活都极不安定而内心里无法放下。

斋藤夫人回到甲府说起这个话题时，提到石原美知子名字的，是高田的未婚妻须美子。

石原家住在相邻的町内，女子学校的须美子向朋友、石原家小女儿爱子提起爱子紧上边的姐姐美知子怎么了，这是因为须美子知道美知子毕业于女子高等师范学校文科，酷爱艺术，感觉她的气质倾向于当小说家的夫人。这在后面会详细叙述到。

于是，斋藤夫人将照片送到井伏那里，说有个很合适的小姐。

以后的事，井伏这样写道：

我因为中华料理店“皮诺基奥”的事已经焦头烂额，所以太宰来时我什么也没有说，就把信原封不动地交给他。太宰也没说什么就把信带了回去。此后过了有一两个星期，关于照片的事，太宰还是只字不提。我也不想问。

太宰看到照片，究竟是怎么想的呢？

一九九八年晚秋，全国各地举行纪念太宰治去世五十周年的集会，在三鹰市召开的“心灵的王者——太宰治展会”上，复制放大后展示的石原美知子肖像照片，大概与太宰那时候即昭和十三年七月上旬看见的，是同一张照片。这样估计不会有错。

照片中标明的摄影时间是“昭和十二年”。照片中的年轻女士束发上佩着发饰，穿着长袖和服，把手搭在前面低矮的椅子背上。

即使从背景里挂着镶有镜框的绘画来看，是照相馆里极普通的构图，映现的却怎么看也不像是普通的平民女性。

如果用一句话来概括照片中的印象，是强烈的“知性”。可以说在那时的女性中属于极少数例外的“知识阶层”。

我在上一章里提到石原美知子在图书作者近照上第一次看到太宰治的相貌特征，列举了壮实的长鼻梁，双眸不知为何像多年后少女卡通画里的主人公似的，浮现着闪闪发亮的光点。

同样，太宰第一次看到照片中的美知子，稳固的鼻梁令人感觉到具有非同一般的意志力，也许是当时专业摄影师共同的摄影技法，双眸也同样凝聚着星光。

附着照片的信上当然会写着女方是东京女子高等师范学校毕业、在山梨县立都留高等女子学校工作的教师。

在这里需要再次确认的是，在战前的社会中，东京女子高等师范这所学校所占社会地位的高度。

直到战后进行学制改革之前，日本不存在根据大学令①专门为女子开办的大学，女性读完高等专业教育后，进入大学的机会极其有限。

太宰中期以后的文学，与在时代的深处悄悄进行着的追求男女

① 大学令，指1918年12月6日日本天皇签发的命令，依据原内阁扩大高等教育的政策，设立与帝国大学不同的公立、私立、单科的大学。从1919年4月1日起实行。

平等的潮流无法割裂。这样的例子以前不太提到，所以下面的记述也许会让人觉得有些烦琐。

在提起与美知子婚事的昭和十三年，在日本的大学里学习的女大学生总共是一百二十四人（公立四十九人，私立七十五人），其中在东京帝国大学学习的是三人。

同年度的毕业生，公立的东北帝国大学只有三人、九州帝国大学二人、北海道帝国大学二人、大阪帝国大学一人；从女子高等师范学校考进东京文理大学的有三人、广岛文理大学二人。（东京帝国大学的三人于上一年九月在高等文官司法科考试合格，是第一批女性合格者。）

私立的早稻田大学三人、明治大学十四人、法政大学二人、同志社大学二人、东洋大学三人。据统计，公立和私立同年度毕业生合计三十七人。

可想而知，在战前，日本女性要完成大学教育的最终阶段是多么困难。

在这样的社会中，东京女子高等师范学校事实上在女子高等教育中被视为公立的最高学府。

在我读高中时，新制教育已经开始。东京女子高等师范学校的名称改为御茶水女子大学，但在大部分人的概念中，那里就是“女子的东京大学”。

不管怎么说，太宰是担任贵族院议员的大地主之子。在过着放荡不羁的颓废生活、结果眼下连新宿酒店里的女招待也唯恐避之不及的太宰眼里，在严厉的教育世家的家庭里长大、东京女子高等师范学校毕业的女性，理应是高不可攀的另一个世界里的人，要作为结婚对象首先就不会抱有奢望。

实际上如果没有井伏门下的高田英之助当上记者去甲府赴任这个机遇，太宰治和石原美知子就绝无结合的可能。

有个比喻叫“阿里阿德涅[①]之线”。

希腊神话中勇士忒修斯去打退栖息在地下迷宫里吞噬童男童女的半人半牛怪兽弥诺陶洛斯，克里特王弥诺斯的女儿阿里阿德涅给了忒修斯一把刺杀怪兽的魔剑和一个线团。

线团可将一端伸入那个迷宫的内部，最后用于找到很多人都无法逃脱的迷宫出口。

忒修斯顺利打败怪兽后沿着线团的线从迷宫里逃脱，带着阿里阿德涅渡海，途中将熟睡着的她放在纳克索斯岛上，自己只身一人离去，回到了故乡。

正当阿里阿德涅悲痛欲绝的时候，狄俄尼索斯出现，娶她为妻。阿里阿德涅被人世间的英雄抛弃，却得到了酒神丈夫……

“阿里阿德涅之线”这句话起始于这个希腊神话，意味着解开如同迷宫般难题的方法。

---

① 阿里阿德涅，希腊神话中克里特王弥诺斯的女儿。在雅典王子忒修斯杀死半人半牛怪兽弥诺陶洛斯后，用线团帮助忒修斯逃出迷宫，后嫁给酒神狄俄尼索斯。

各种偶然重叠在一起形成扑朔迷离的迷宫。穿越迷宫使太宰治和石原美知子奇迹般结合的红线，的确可以说就是“阿里阿德涅之线”。

在无赖的浪漫派心底，一定隐藏着对远山彼方的另一世界和高不可攀的高岭之花的憧憬。

我在前一章里写道，在青森的书店里，美知子看到书里的照片才第一次接触到亲事男方的风貌时，内心里不会不感到震动吧……可以说太宰那边，一定也是同样的感受。

他希望沿着这根以前连想都没有想到过的、引导着如此知性女子的线，重新建立起自己已经完全旷废了的生活和创作活动……

即使想象出太宰有着如此强烈的愿望，也不会太离谱吧。

其证据，在此后寻找迷宫的路径上应该会有不断的发现。

太宰拿到石原美知子的照片时是七月上旬——

这个月的下旬脱稿的《满愿》，是四百字稿纸只有四页的极短篇，却显而易见，是区分太宰文学创作风格前期和中期的分水岭。

如果暂时省略如此推定的根据，就不能不认为这部作品是脱离前期迷宫的毕业论文，并且是为了向只看照片尚未谋面的石原美知子证明自己是个什么样作家的考试答案。

在现实生活中，如果把去镰仓的殉情之行和自杀行为、药物中毒产生的错乱和住院、与小山初代的离婚……麻烦不断的前期作为阴郁的“死亡”时代，那么《满愿》就成为中期“浴火重生”的灿烂时代。

我读中学二年级时，第一次接触到太宰的作品就立刻着了迷，在沉迷其中不可自拔的思春期、青春期，觉得这个短篇构成了太宰全部作品的顶峰。

有句话叫“精彩段落”。是从日本传统音乐的唱功中转义而来，是指播放作品中最精彩部分的用语，我觉得《满愿》全篇仿佛都是最精彩部分的拼盘。

即使现在重新阅读，那样的感触也依然未变，如果想要介绍喜欢的精彩段落，我甚至想只能全部照实写出来，不会有中断的地方。

先摘录一段吧。

从现在算起，那是四年前的事。我在伊豆三岛朋友家的二楼住过一个夏天。那期间，我在写一部“罗马风”的小说。一天夜里，我喝醉了酒骑自行车在街上行驶，不料摔伤了。右脚踝子骨外的软组织撕裂。虽然伤口不深，但因为喝过了酒，流血不止，所以我慌忙跑到医院里。乡镇医生三十二岁，团头团脑的，很像西乡隆盛。他也喝得泥醉，和我一样一步三摇醉醺醺地出现在诊疗室里。我觉得很搞笑。我接受着他的诊疗，一边窃窃地笑着，于是医生也傻笑着，两人终于没有憋住，乐得朗声大笑起来。

这一段里，“一步三摇”“窃窃地”这些常用的拟态词被反复使用。对专业作家来说，很忌讳像业余作者的文章里经常看到的那样随意使用拟态词。这属于最起码的常识。违反这个潜规则需要不小的勇气。

敢于反复使用拟态词，从而酿造出极易亲近的氛围，能使文章产生独特的韵味。这可以理解。

“医生”这个写法和“西乡隆盛[①]”这个通俗的比喻，在客观而严肃的写实主义文学里首先就不可能有，所以轻松的闲聊似的气息立即就能传递给读者。

没有一个难懂的字或晦涩艰深的词语、啰里啰唆的表现，句子大致都很简短，极其浅显易懂。

前期的收官作品《二十世纪旗手》和 *HUMAN LOST*，会使一般的人联想起“性格缺陷”或“精神分裂”这些词语，让人觉得只适合极少部分青年阅读，对此，这里明显能感受到想要对社会普通读者倾诉的意愿。

从小说的开头起，如果摘要一下，小说像下面这样继续着。

从那天夜里起，我们成了好朋友。医生的世界观可以说是原始二元论的，伶牙俐齿能言善辩。“我情愿信奉专一的爱神并将它铭记于心”，尽管如此，听到医生的善恶之说，郁闷的胸膛里还是能

---

① 西乡隆盛（1828—1877），日本江户时代末期（幕末）的萨摩藩武士、军人、政治家。

感觉到一抹凉爽。

医生家订了五种报纸，所以我每天早晨散步时，半途中总会顺便去他家看看报纸。坐在客厅的檐廊里，“一只手牢牢地按着被风刮得哗啦啦翻动的报纸看着报”，那段时间里，总是有一个身穿简朴连衣裙的年轻女人来取药，有时医生会送她到门口，大声地嘱咐道：“太太，再稍稍忍一忍啊！”

据医生的夫人解释，她是小学老师的夫人，丈夫三年前患肺病，眼下正是治疗的关键时刻，所以医生硬着心肠话外有音地斥责道：“太太，你也要再忍耐一下呀！”

这篇文章的结尾，无论如何要读一下原文。

快过了八月，我看见了美丽的风景。早晨，我坐在医生家的檐廊里看报，在我边上侧身跪坐着的医生夫人轻声呢喃道：

“你看，看上去她很高兴啊。”

我猛地抬头，看见紧跟前的小道上，一个身穿简朴的连衣裙、干干净净的身影在飒飒地飞快地走去，白色的遮阳伞滴溜溜地转着。

“今天早晨，她解禁了呀！”夫人又轻声说道。

说起来是“三年”——百感交集激动不已了。随着光阴的流逝，我觉得那个女人的身影非常美丽。这也许是医生的夫人教的。

在概要部分，省略的“用手压着被风刮动的报纸看着报”这段对周围情景的描写，实在简明扼要，能真切感受到清晨空气的凉爽，医生家的檐廊——水流充溢的小溪——对面小道的位置关系，一目了然。不仅整篇文章散发着清新舒畅的气味，而且为了使接下来的结尾场景显得生动而成为重要的伏笔。

在结尾处，“飒飒地”“滴溜溜地”这些拟态词发挥着决定性的效果，这在大部分读者的眼里都会是显而易见的吧。

唯独“白色的遮阳伞滴溜溜地转着”这样的描写，才的确可说是最精彩的部分，将常见的拟态词描写得十分鲜活，和我一样，许多读者不正是感觉像自己亲眼看见遮阳伞在转动似的吗？

医生禁止年轻夫人做什么，那天医生允许她做什么，这不用再说了吧，但从这“言外之意”的表现手段来看，不就将无可掩饰的性欲和生动的欢愉清清楚楚地传递给了读者，并使读者顿时有一种神清气爽的感动吗？

其证据以后再提示。这篇看起来像是很日常的普通小品，其实却出色地运用了精湛的小说技巧书写的将近四页稿纸的创作，无疑是向一个还未谋面的读者显示自己实力的考试答卷，其中有一半还是下意识的求婚状。

太宰治别出心裁，写出风格与以前截然不同的《满愿》（这标题也很别致）后不久——据山内祥史极其详细的年谱推算，大约从八月四日起，井伏鳟二就开始滞留在御坂岭的天下茶屋。

如果从以后的进展情况来想象，不就是为了推动太宰与石原美知子的婚事，可说是作为前线阵地而在那里安营扎寨吗?

我在山里期间，斋藤委托巴士售票员每天把报纸送到我这里来。

井伏这样写道。斋藤文二郎在甲府车站前的巴士公司山梨开发协会担任会计主任。就是说，如果想要与斋藤联系马上就能联系上。

根据住在甲府的太宰文学研究者橘田茂树的随笔，当时巴士往返行驶在甲府经御坂岭到吉田的路线上，司机和售票员都是土黄色上衣配马裤、皮长靴这一奇特的打扮。

顺便说一下，两年后，井伏鳟二在少女杂志发表了以在甲府的山里行驶的巴士售票员为主人公的小说《售票员阿驹》。这部小说被拍成电影《售票员秀子》，由高峰秀子主演，成濑已喜男导演。这是一部佳作，他充满感情地描写了居住在地方上的平民女儿那质朴而健康的生活状态。

井伏开始在御坂岭滞留的八月上旬，石原美知子去东北、北海道旅行，在青木的成田书店购买太宰治的《虚构的彷徨·青年的奇态》，夜间在青函渡轮的船舱里，用小刀一页一页地裁开纸张的折痕忘情地读着。

收到照片一个月后，太宰对此事始终没有表态。八月十一日，他写信给天下茶屋的井伏，如下转告自己的近况。要了解他的心

情，这是最合适的文章，不可缺少，所以请允许我较长地引用一段。（括号里的文字是我自己添加的）

> 我每天都在写小说，进度很缓慢。再有两三天，手头的小说（《姥舍》）就可以脱稿了，把它交给新潮，然后马上要给文艺春秋写稿子。写实性的私小说，暂时不想写了。打算只挑选虚构的、明快的题材。
>
> 上次你提到新娘的事，只要听到你这句话，我就不知有多么感激。我仿佛觉得看到了以前从未经历过的热情洋溢的社会。同时，光凭井伏先生的话，我就完全领情了。像我这样的人，烦扰你还关注着我，我不知道有多么惶恐。我决不会曲意逢迎一味迁就。总是没完没了地给你添麻烦，实在是无以为报。对不起，打扰了。尽在妨碍你的工作，我不知道应该怎么做。小说如果能热销走红的话就好了，但我心情浮躁不安，只好写一些拙劣的小说。我祈求娶新娘的事绝不要成为我工作上的障碍。因此，如果惹得井伏先生心事重重，我真不知道如何是好。我对自己的幸福没有那么贪心，因此我请你务必用轻松的态度、在空余的时间里谈这件事。作为我来说，光听井伏先生说起就万分感激和兴奋。这新娘的事不管成功与否，我一点儿也不在乎，我要继续工作，所以这事就这样说定了，请井伏先生也要放松心态。

读了这封信，就能理解我为什么会厚着脸皮非要引用这样长的片段了吧。

反复说“绝不要成为我工作上的障碍”“务必用轻松的态度、在空余的时间里”等，不过即使从这篇文章的长度来看，即使从牛角尖钻得很深的情形来看，在内心里拼命期盼实现的模样历历在目。

读到这样的信，这件事就不会用空余时间来搞定。

太宰在收到照片后一个月内毫无音信，肯定是上次看到阿佐谷中华料理店“皮诺基奥”长女的照片，几天后便用坚定的语气平静地说“决定娶她”，结果却遭到拒绝时的打击，还没有令他缓过神来的缘故。

然而，这时候，石原家那边也传来了近乎回绝的意向。

收到御坂岭寄来的明信片，告知石原家的信息，太宰于九月二日寄给井伏的信里这样写道：

> 我清楚地觉悟到现在的处境，是光风霁月。我不会认输的。所以此事请井伏先生今后也淡然处之，光风霁月。一直以来受到你各种关照，我大恩不言谢。

他嘴上说“我不会认输的”，但能感觉到字里行间渗透着遗憾的情绪，因为紧接着他报告如下的近况：

> 四五天前我发高烧不退，并开始腹泻，所以当时很担心，

前天高烧退了，现在是里急后重的状态，很是烦恼。我觉得是结肠炎。因此这四五天工作也停下了，光是躺着。

现在正在渐渐好转，所以请你务必放宽心。我已经瘦了很多。

看到这样的话，井伏怎么也不可能放宽心的。

即使不是如此，无比坚韧的太宰也绝不会就此罢休淡然处之的。

据推测，石原家的担忧似乎是在于太宰的父母家会不会不认可这门婚事……

在这里，简单地提及一下太宰和父母家的关系。

昭和十一年（1936年）晚秋，太宰被迫住进板桥的精神病医院时，赶到东京来的哥哥文治在与井伏鳟二、北芳四郎、中畑庆吉之间，做了如下两条约定，作为太宰出院后寄钱的条件。

今后三年里，月钱九十元（数额相当于普通人靠薪水生活的月薪）。每月分三次寄给井伏鳟二。

除了寄钱之外，金钱和物品一律禁止……

从翌年起，围绕着津轻津岛家的各种情势变得十分严峻。

昭和十二年（1937年）初夏，在众议院选举中当选的长兄文治因违法选举遭到问质，只好辞去议员，并主动表明今后将辞去所有的公职。

而且，津岛家创业的金木银行一直在金融危机的余波中苟延残喘，昭和十三年八月十日（就是太宰写下上述长信寄给井伏的那天）终于被第五十九银行（现为青森银行）并吞，不得已而成为其一家分行。

就是说，情势已经到了太宰无论是怎样爱撒娇的孩子，也无法轻易地一切都依赖父母家了。

从很早以前起，太宰就与父母家处于形同恩断义绝的状态，不通过北芳四郎和中畑庆吉就无法与父母家取得联系。

一说起这次婚事，凡事都小心谨慎的太宰立即就传话给五所川原的中畑庆吉。得到了“无论如何会请井伏先生多多关照”的回话。

井伏开始时打算在天下茶屋滞留一个星期到两个星期，现在已经超过了一个月。

井伏屡次给太宰写信，劝他来御坂岭，与自己轮换住在天下茶屋，专注于创作活动。然后还与北芳四郎取得联络，委托他结清太宰在寄宿生活中被吹捧者簇拥着不断高筑的债务。

我的妻子来山里比太宰还早。我长达几十天没回家，所以妻子是兼顾着来探明情况的。她担心我稿纸不够还带来了稿纸。她还很难得地略施了淡妆。然后过了两三天太宰才来，说：“终于向平野屋付清了借款搬离了住处，忙得不可开交。”

井伏这样记述道。平野屋就是指酒店。借款是因为浪费已经远远超出家里寄来的生活费而欠下的债务，所以太宰不可能自己结清，而是让北芳四郎来替他结清的。说“忙得不可开交”，大概就是指北芳四郎。

先到的井伏夫人带着北芳四郎的口信转告说："终于改邪归正离开那伙吹捧者了。修治也因此可以松口气，想踏踏实实地写点东西了。"（光凭这么一句，对"吹捧者"也许有欠公平。还必须添加津岛美知子在《回忆太宰治》里写的这段文字：那帮朋友中最年少、还在上学的长尾良感谢说："太宰先生去御坂岭结婚，所以托他的福自己才能够从大学毕业。"由此猜测，是彼此彼此吧。）

以下是我个人的推测。

井伏滞留在天下茶屋而不在家时，从父母家每隔十天寄来的生活费应该是由夫人交给太宰的。在这期间，太宰本人关于这门婚事的想法，在话语的细节上和态度上，她大致是能感受到的。

同时不难想象，夫人是接到来御坂岭的联络，猜想婚事在渐渐地朝着实现的方向接近，夫人的淡妆不就是那种心情的表现吗？

当时，太宰是用《姥舍》的稿费将潇洒的夏季和服从当铺里赎回，把自己打扮一新，提着一个包来到了御坂岭。

窝在山里创作，却特地从当铺里赎回昂贵的衣物赶来，恐怕是预料到会去相亲的。

包里除了稿纸外，还应该放着契诃夫[①]的《三姐妹》（岩波文库，米川正夫译）。因为他准备在这里创作小说《火鸟》。他怀着

① 契诃夫（1860—1904），俄国作家、剧作家。代表作有《套中人》《小公务员之死》《变色龙》、戏剧《樱桃园》等。

一个构想，就是要让《火鸟》的主人公即新剧的女演员在作品中出演《三姐妹》。

太宰到天下茶屋是九月十三日，接着几天后，斋藤文二郎从甲府赶来拜访。

井伏说，斋藤是从巴士售票员那里听说有个叫太宰的年轻小说家来到了天下茶屋才来的。这是一流的障眼法，其实肯定是接到井伏的联络，来最终确认相亲这件事的。

在斋藤面前，太宰穿着客栈的和式棉袍系着角带端端正正地坐着。这个角带表达了本人的意思。

在这前一天，太宰随井伏夫妇一起攀登三之岭时，也是穿着和式棉袍系着角带，因为他只带着夏季正式外出时穿的衣服。他不会因为登山而弄脏了出门穿的盛装。

井伏说：在攀登三之岭时，露出扫兴神色的是太宰自己……这个异议是针对《富岳百景》里“放屁”的地方说的。

太宰对即将到来的相亲不知道能否成功，心里是忐忑不安的。

然而，在婚事确定后的《富岳百景》里，太宰喜怒无常地对操心和张罗到如此程度的师父写道：“井伏先生在浓雾底下的岩石上坐下，悠闲地抽着烟放着屁，显得很无聊。”

不得不说太宰是个天才，他的作家精神和想象力是无法用常识来衡量的。

或者对井伏和太宰双方来说，应该是天才惜天才吧？

“那么，明天我等你们，一起去。”斋藤文二郎留下话便离开天下茶屋回去了。第二天，井伏随太宰乘坐巴士从御坂岭去甲府。

井伏夫人留在天下茶屋里看家。

一到甲府，在斋藤夫人的带领下去往水门町的石原家。

走进客间，寒暄结束，过了片刻，井伏和斋藤夫人站起了身。因为夫人在井伏的耳边嘱咐过。

太宰也跟随石原家的夫人走到玄关处目送着他们两人离去。

井伏写太宰当时的模样："眼珠翻白，双手无力地下垂着。也许是过分紧张，全身乏力。"

太宰压根儿就没有想到会把自己一个人留在那里，片刻间神情恍惚，脑子里一片空白。

据津岛美知子回忆，九月十八日下午，甲府盆地残余的暑气蒸腾。在那篇文章里颇有形象地写着：太宰穿着黑魆魆的贴身单衣披着夏季外褂，袖口露出白色的长衬衫，用手绢不停地擦着额头上的汗。

井伏回到天下茶屋，翌日和夫人一起乘坐头班巴士到甲府，五十天后回东京。

太宰在御坂岭天下茶屋写信给杉并区清水町的井伏。他在信里写道：

上次实在很抱歉，你给我的各种情谊，感激之情无以言表。

你们走后，我和大家聊了两三句。我嘴笨，心想和你们一起回去就好了。

我没有异议。我想请夫人为我把把关，真的很遗憾。因为没有时间了，所以来不及去斋藤先生那里，只好写信表示歉意，并对我走后的美言表示感谢。顺便说一句，就我个人来说，我没有什么异议。

太宰只要稍稍喝点儿酒就立刻会变成快活的社交家，没想到在那样的场合里竟然张口结舌无言以对，只是用手绢一个劲地擦着汗。

这幅相亲的场景，在《富岳百景》里如下写道：

在攀登三之岭的两天后吧，井伏先生要离开御坂岭，我也要陪同去甲府。在甲府，我要和一位姑娘相亲。我跟着井伏先生去甲府郊外那个姑娘家拜访。井伏先生随意地穿着一身登山服。我系着角带穿着夏季棉袍。姑娘家的院子里种着很多蔷薇。石原家的夫人出来迎接，把我们带到客间。我们寒暄着，这时姑娘也出来了，我没有看姑娘的脸。井伏先生和石原家的夫人聊着大人们感兴趣的话题。突然，井伏先生抬起头望着我身后的横木板条[①]，轻声嘀咕道："哎！富士山！"我也转过身去，抬头看着身后的横木板条。横木板条上挂着镶在镜框里的富士山顶巨大喷火口的鸟瞰照片，好像雪白的睡莲。我注视着照

① 横木板条，日本式建筑中柱子与柱子之间的横木。

片，又慢慢转回身时，朝姑娘瞥了一眼。我决定了。我心想，无论有多少困难，我都要和她结婚。我感谢那个富士山。

像这样把实际经过和《富岳百景》罗列在一起，并不是要坚持主张小说与事实不同。

私生活就是私生活，作品就是作品。虽然说得很累赘，但太宰的作品乍看无论怎样像私小说风格，也绝不是如实记录生活的原样。

独自一人被留在相亲场合时“眼珠翻白，双手无力地下垂着”的人，一到创作时竟会写出如此妙笔生花的文章来。我希望读者特别记住这一点。

在这次相亲之前，石原美知子又是怎样的心情呢？

话题再次回到八月七日的青森。

我在前一章里写道：在青森的成田书店里拿到太宰作品集，书里大致卷首的地方不用刀具也能阅读的书页上印着“作者简介”。读着“作者简介”时，美知子确实会有一种与其他读者不同的、距离近得喘不过气来的真实感受……

太宰出生于明治四十二年（1909年），读的大学是东京帝国大学，这和美知子五年前早逝的哥哥石原左源太完全一样。美知子的哥哥在医学部读书，尽管如此，与太宰在本乡校园里擦肩而过的可能性不会没有吧？……

美知子从甲府的新绀屋小学到甲府高等女子学校，和学年高两年的哥哥在桌子上面对面地做功课。

哥哥在甲府中学读书期间不安心学习，热衷于骑自行车和钓鱼、打网球等，临近考试才像模像样地开始认真学习，直升水户高中。

他是理科学生，但热爱文学和音乐，放假一回来就教美知子唱舒伯特的《魔王》《冬之旅》，有一段时间好像还曾迷上过基督教，藏书中还包含着赞美歌集。

美知子昭和四年（1929年）在甲府高等女子学校与不同班级的雨宫高子一起向东京高等女子师范学校投出申请书，通过从全国三十五人（十一倍）的窄门考试合格了。

集体宿舍最初是御茶水在关东大地震后搭建的简易建筑，不久在大塚建起了四栋新宿舍，美知子住兰舍，高子住菊舍。

一天，高子因感冒请假没去上学躺在病床上，从学校回来的美知子拿着菠萝罐头坐在她的枕边。果汁眼看就要从开口处溢出来。

那么好吃的水果罐头，我以前从来没有吃过。石原小姐是个如此心善的人。

井上高子（山梨大学名誉教授井上政次夫人）在《太宰夫人和我》的随笔里详尽地追忆道。

美知子考入东京女子高等师范学校的第二年，她的哥哥将参加东京大学医学部的考试。美知子将哥哥送到东京大学的大门前，目送着哥哥走进校园。

公布考试成绩的那天早晨，在本乡三丁目的拐角卖报纸的小贩摇着铃叫喊着向行人兜售报纸。美知子在《国民新闻》（号外版）上刊登的名单中得知哥哥考试及格，便跑向区政府前的邮局，打电报向甲府的父母报喜。

据说，父亲初太郎收到电报，欢天喜地。和中学时代一样，头脑灵活的优等生左源太曾在高中理科某科目考试名落孙山，令父亲十分担忧。

父亲石原初太郎从甲府的徽典馆[①]考进第一高等学校——东京大学，专攻地质学，毕业后从政府官员转到教育界，历任山口、岛根、山杉各县立中学的校长，最后在广岛高等师范学校辞去讲师教职后，接受出生地山梨县的委托，对县内的地质和动植物进行考察。

在哥哥左源太考进东京大学医学部的那年暑假，父亲在静冈县蒲原的海边租了一幢房子，全家在那里度过了快乐的时光。

左源太带着弟妹一边散步一边大声地唱着歌，途中路边有卖西瓜的摊贩，左源太买西瓜用手掌劈碎，分给大家。

石原家整个夏季都沉浸在幸福里，尽情地享受着天伦之乐。

翌年，昭和六年（1931年）正月，全家一起庆贺父亲六十岁花甲之年的生日，但没过多久，二月二十五日，初太郎突发脑溢血

① 日本古代甲斐国（山梨县）学问所，现山梨大学的前身。

去世。

父亲的死使长子左源太比以前更强烈地意识到压在自己肩膀上的重任。

美知子每次休假都去哥哥的寄宿处，从堆得乱七八糟的藏书中挑选自己想读的书借走。

左源太酷爱读的是海涅[①]的《诗歌集》、歌德[②]的《少年维特的烦恼》《浮士德》《威廉·麦斯特》，读的全都是德语原版。

他为人友善，却有个恶习，就是以《浮士德》小说里的恶魔梅菲斯托菲勒斯自居，让自己变得很滑头，像是十分了解人情世故的玄妙似的。

在日本的作家中，他喜欢中野重治[③]和小林多喜二[④]，对小林多喜二的死倍感痛惜。正如那时候有良心的大部分年轻人那样，怀有对左翼思想的同情，但不是专注于一种思想体系、炫耀信念坚强的类型。

哥哥也经常去美知子的宿舍探望。

---

① 海涅（1797—1856），德国抒情诗人和散文家，被誉为“德国古典文学的最后一位代表”。

② 歌德（1749—1832），德国著名思想家、作家、科学家，魏玛古典主义最著名的代表，世界文学领域出类拔萃的光辉人物。

③ 中野重治（1902—1979），小说家、诗人、评论家。日本无产阶级文学运动的主要理论家。作品有诗歌《雨中的品川车站》，小说《早春的风》《梨花》《甲乙丙丁》等。

④ 小林多喜二（1903—1933），日本无产阶级文学奠基人。作品有《蟹工船》《在外地主》《为党生活的人》等。

有一次两人曾到新宿的武藏野馆去看电影，因为电影很有趣竟然忘记了时间，电影散场时早已过了学校禁止出入的晚上七点，已经快八点了。

美知子跟着哥哥诚惶诚恐地回去，可怕的女主管在玄关处等候着。

管理严格的宿舍内已经引起了骚动，学校甚至要开始打电报寻找美知子。

哥哥随女主管一起走进接待室进行解释。过了一会儿，从接待室里传出爽朗的笑声。活泼机智的左源太，在极短的时间内便把可怕的女主管变成了同伙。

那个时候正在严厉取缔思想犯，东京女子高等师范学校里也隐隐约约地弥漫着不稳定的气氛，有时同届的朋友突然消失，或者早晨穿着便服的刑警突然一拥而入。

昭和七年（1932年）暑假，左源太患盲肠炎，没想到康复时间格外长，到新学期开学了也不能去东京。

也许是失去父亲后，责任感使他硬撑着的缘故，到了十月初，他自己说没关系了……家里人虽然有些担心，但还是让他去了东京。

学校放寒假回来时，他还精神十足，为了在当地甲府举办与入住宿舍阿佐谷山梨自治宿舍有关的文娱活动，忙得不可开交。

到春季放假回家没多久，他说“肚子不舒服”躺在床上好几天，后来又说“好了”便起床。那天下着雨，他说要为考进甲府中学的弟弟阿明买顶帽子，便去了市里的繁华街。

那天夜里，他说好像有些高烧，用体温计一测量，比正常体温高出将近八摄氏度，于是服用退热片后躺到床上，就再也没有起来。

经过好几名博士的诊疗，用尽了各种治疗方法，但高烧很顽固，怎么也退不下来。他渐渐地失去了食欲，身体越来越虚弱，终于连水也喝不下去了。

接到病危通知，两名学友从阿佐谷的山梨自治宿舍赶来。

他虽然发着高烧，但直到最后，意识一直都很清醒，还用力地打脉搏。

昭和八年（1933年）五月二十五日拂晓，左源太在家人和亲友的守护下咽气了。

讣报一发出，悼念他的电报和信件、奠仪从各个方面源源不断地送来，家人在茫然不解中才重新深深地体会到长子竟然受到这么多人的爱戴。

面对最敬爱的哥哥毫无征兆地过早谢世，美知子不知流了多少眼泪，极度悲伤，很长时间无法振作起来。自己考进东京女子高等师范学校，哥哥考进东京大学医学部，之后父亲和哥哥意想不到地先后过世……

女子高等师范学校毕业后，在都留高等女子学校当老师时，美知子已经同时经历了这世上最大的喜悦和最大的悲痛。

可是，美知子渐渐地振作了起来。

都留高等女子学校的学生听到一早就从讲堂里传出古典音乐

的钢琴声，就知道在弹奏钢琴的是美知子。女子高等师范学校的时代，她一边向作为歌人、书法家名满天下的尾上八郎（柴舟）[①]教授学国文学，一边学书道，同时还学会了钢琴演奏法。

在学校里，她虽然担任地理和历史的教学课程，也有人曾听她吐露说“其实想教国语”。

美知子在授课中有时会说起假期里去东京看过的电影。不知道她有没有看过昭和十年（1935年）公演的维利·福斯特[②]执导的舒伯特传记电影《未完成的交响乐》。

美知子跟哥哥左源太学唱《魔王》和《冬之旅》，知道舒伯特的生日和自己一样是一月三十一日，一生都喜欢他的音乐。

三月七日在东京帝国剧场首映的《未完成的交响乐》获得前所未有的成功，连续放映了三个星期。因为是春季放假期间，所以美知子即使看过也不足为奇。

那是一则爱情故事。维也纳的当铺女儿伊莉和匈牙利的伯爵爱女卡洛莉娜一起，共同守护生活不便的天才音乐家舒伯特的艺术。

昭和十年冬天，美知子作为选手参加在富士山的滑雪场举办的滑雪大会。

她就是这样开时代之先锋，是个在雪山的斜坡上飒爽英姿地滑落下来的近代女性。

---

① 尾上八郎（1876—1957），日本近代著名学者、文学家、诗人、书法家。

② 维利·福斯特（1903—1980），奥地利电影导演。执导有《布尔克剧场》《有罪的女人》等。

相信读者已经能感受到石原左源太和太宰治之间有着不少共同点。

《虚构的彷徨·青年的奇态》里描述的世界，并没有疏离得完全难以理解。

美知子在回忆文章里写道："只是读了作者的书，尚未谋面之前，就被他的天分迷惑了。"

相亲以后，美知子收到了从东京市下谷区上野樱木町的砂子屋书房寄来的装有书籍的小包裹。包裹里面是太宰的第一部作品集《晚年》和另有一本同样是砂子屋书房出版的杂志《文笔》第九期。

这本杂志里将短篇小说汇成特辑，和石川达三、鹤田知也[①]、丹羽文雄[②]、外村繁[③]、冈本加乃子[④]，上林晓[⑤]等豪华阵容混在一起，刊登着太宰治的小说《满愿》。

---

① 鹤田知也（1902—1930），作家。《柯夏玛因记》获第三届芥川奖。

② 丹羽文雄（1904—2005），小说家。作品有《令人讨嫌的年纪》《亲鸾》《青麦》等。

③ 外村繁（1902—1961），小说家。小说曾入围第一届芥川奖，获得过池谷信三郎奖、野间文学奖、读卖文学奖等。

④ 冈本加乃子（1889—1939），小说家。作品有以芥川龙之介为主角的《病鹤》以及《老妓抄》。

⑤ 上林晓（1902—1980），小说家。作品有《偷蔷薇的人》《白色屋形船》《四万十川》等。

第三章

情书

在青函渡轮起航之前，石原美知子偶尔走进青森的书店里，发现只知其名尚未见人的太宰治的作品集《虚构的彷徨·青年的奇态》。在甲府自己的家里相亲，才第一次见到太宰治真人，后来又收到了出版社寄来的太宰治第一部作品集《晚年》。

暂且不说大致已成结婚对象的著作，从外观上看，她已经改变了很多，不得不怀有一种特殊读物的印象。

图书是菊型法式装帧，比普通书籍大很多，正文的纸质较厚，有沉甸甸的感觉。封面是清一色近似于白色的米色，除了中央用书写体简单地写着《晚年》之外，没有其他任何装饰。

淡黄色的腰封正面印着佐藤春夫寄给山岸外史的赞誉：

《小丑之花》先读为快，甚感兴趣。当然要加及格分！

背面是井伏鳟二写给作者的信，给予最高评价：

首先，我坚信《回忆》是上乘之作。

书信全文被引用，起着推荐文的作用。

打开扉页，卷首出现作者的照片。如果不谈这期间的辗转细节，据传躺在病床上的四姐郁弥看见这张照片时，虎着脸闭上了眼睛……

从身旁映现着的狐狸小石像来看，大概是船桥靠近家附近的稻荷神社境内。

作者身穿和服的半身像，极度消瘦憔悴，深深凹进的眼窝简直像两个漆黑的空洞似的形成浓浓的阴影，感觉十分阴惨。

姐姐郁弥深知太宰在少年时代和蔼可亲充满阳光，此刻见比自己小三岁原本无比可爱的秀才弟弟，经过屡次自杀未遂和药物中毒以后，竟然会变得面目全非如此惨不忍睹，她会觉得难以直视吧？

据山内祥史的书志记载，只是初版插入了这张卷首照片，再版以后就删除了。也许是因为太宰听说了姐姐愁绪郁结难以排遣。

不过，石原美知子最初接触到的，是太宰的第二部作品集《虚构的彷徨・青年的奇态》。书里那张作者的照片恰如泰隆・鲍华的美男子近影，是在见到了摆脱药物中毒的本人以后，所以即使对那张照片极其忧郁的形象觉得十分惊讶，也不会感到有再多的震动。

根据檀一雄[①]的追忆，在出版处女作时，是太宰治自己坚持要把因光线问题使面容显得扭曲、颓废的照片放在卷首的。

---

① 檀一雄（1912—1976），小说家。作品有《真说石川五右卫门》《火宅之人》等，《长恨歌》获直木奖。

读者如果拿到几乎是无名之辈的新人作品集，就知道作者还是一个不到三十岁的年轻人。然而初次问世的短篇集标题却是《晚年》。

而且，大多数读者第一次看到的作者面容，真的是一副幽灵的面相。

我是很晚期的读者，对太宰这种形象的反复出现和展示方式，不能不感到其独特的本能和天才的“演技”意识，但在当时，有这种感觉的人寥寥无几。

翻过铜版纸卷首，要阅读后面没有被裁开的书页，需要刀具。

裁开未切割的小口，在放在卷首的作品《叶》的标题后面，下列的诗句跃入眼帘。

我的内心里，

同时存在着被选中的怅惘和不安。

魏尔伦[①]

这是用手枪朝年轻朋友兰波[②]开枪而被投入监狱的诗人。他的诗集《智慧》是讲述在监狱里经过悔悟和伤感、最后戏剧性地回心

① 魏尔伦（1844—1896），法国诗人。象征主义代表人物。诗集有《无题浪漫曲》《智慧集》《今昔集》等。

② 兰波（1854—1891），法国诗人。与魏尔伦、马拉美齐名的象征主义三大诗人之一。著有诗作《醉舟》和散文诗集《在地狱中的一季》《灵光篇》等。

转意、直至皈依上帝的过程而创作的。是他在《智慧》里诉说“只有罪孽最深重的人才会被上帝选中”这一反论带来的“怅惘”，和怀疑自己是否“果然值得上帝爱”的“不安”这两种情绪纠葛在一起的地方。

就是被上帝选中的“罪人”的怅惘和不安，这是本义性的，但不知道长诗前后内容而读作品《叶》的人，大致会解释为是由于才能超群而被选中的“天才”或“艺术家”的怅惘和不安，可以想象作者引用这句诗，宁可说也是期望读者这样来理解的。

与这句题记隔开一行，正文这样开始写道：

> 我想去死。今年正月，我从别处得到一件和服。是作为新年礼物。和服的质地是大麻。织入灰色细条纹。这是夏天穿的和服吧。我要活到夏天。

这部处女短篇集汇集了太宰二十多岁时的作品，作品集的标题是《晚年》，幽灵面相的作者露面后，文章就是这样开头的。

出版是在昭和十一年六月二十五日，离一伙叫嚣着要改造国家的陆军青年将校带领一千几百人的部队冲进首相官邸，杀害内大臣、大藏大臣、教育大臣，占领永田町一带的“二·二六”事件发生后没过多久。

“二·二六”事件当然不可能影响太宰的文章开头，但翌年二月，名为“死亡团”宗教团体的五名青年信徒叫嚣着“我为祖国去死！我为宗教去死！”分别在宫城前广场、警视厅正门玄关前、议事堂前等五个地方企图剖腹自杀。

金融危机和世界恐慌引发的经济衰退还没有得到复苏，农村遭到这种打击最严重，凋敝和贫困还很明显。

自从《晚年》出版后直到美知子拿到书的昭和十三年秋天，这期间卢沟桥事件爆发，日军的侵略在中国拉开了更大的战场。

时代正在加速向大战方向发展。这一时期，年轻人漠然地意识到时代深层次的动向，对生存胆战心惊，战战兢兢地预感到死亡的来临。

其中也有人对内心的孤独和自我分裂感到烦恼，对各种危险的征兆变得十分敏感。《叶》开头的一段，即使把它看作是在唤醒这些人比现在更深刻的不祥的共鸣，也不奇怪吧。

尤其是美知子，也有个人境况的缘故，无疑会感到更强烈的战栗。

接着将要结婚的对象，是一个不久前还在写着“我想去死”的人。

使《晚年》得以问世的最大功绩者，原本就是檀一雄。他在推动出版的过程中，对出版方像王牌似的挂在嘴边的，就是：

太宰一定会去做的呀！

意思是说，趁现在赶快出版。“会去做的呀”这句话，是暗示太宰会自杀。

檀一雄觉得太宰可能会选择自杀。他是想无论如何要赶在那时之前让太宰的第一部作品集付梓才这么说的。

话题要追溯到五年前……

后来作为文艺评论家自成一派的浅见渊[①]在古谷纲武[②]的沙龙上，第一次见到戴着帝国大学的方角帽、穿着学生服、脸色苍白的太宰治。

浅见渊当时三十四岁，和同样在早稻田大学学习、年龄也大致相同的尾崎一雄[③]、井伏鳟二他们，一边在杂志社分分合合，一边在写小说和评论。

以下主要根据浅见渊的回忆，将话题继续暂时偏离主题又接近主题地谈下去，这是因为希望读者先记住当时的新人或新锐作家的小说和作品集，是如何从关系密切为人热情的人际交往中产生的。

外交官之子、在旧制成城高中同年级的大冈升平[④]和富永次

---

① 浅见渊（1899—1973），小说家、文艺评论家。作品有随笔《单线的车站》、回忆录《那天这天》等。

② 右谷纲武（1908—1984），文艺评论家。

③ 尾崎一雄（1899—1983），小说家，私小说代表作家。作品有《虫子的二三事》《瘦了的雄鸡》《梦幻记》，自传体长篇小说《这天那天》等。

④ 太冈升平（1909—1988），小说家。与三岛由纪夫、井上靖并称为日本现代文坛三杰。作品有《俘虏记》《武藏野夫人》《花影》等。

郎[①]以及中原中也[②]、河上彻太郎[③]，和杂志的伙伴古谷纲武，在落合幽静的住宅街一角建造了一幢大房子，那里成了一个沙龙，为还没有在社会上崭露头角的作家、批评家、诗人们提供酒宴和谈笑风生的场所。

根据浅见渊的说法，古谷天生富有理解力，好奇心强，是个很侠义的人，很乐意接待同好笔友，待人热情好客。就是说，作为资助人，具备绝佳的资格。

昭和八年开头，聚集在沙龙里的大鹿卓[④]、新庄嘉章[⑤]、木山捷平[⑥]、藤原定[⑦]、今官一[⑧]和古谷开始策划创办杂志。今官一向杂志推荐太宰治，几天后就将太宰的《鱼服记》稿子送到古谷那里。

用毛笔写在和纸稿纸上的短篇稿子做得很漂亮，令古谷大为赞赏。他立即决定太宰加入杂志社，将《鱼服记》刊登在三月一日发行的《海豹》创刊号上，接着第四期刊登《回忆》的“一章”、第

① 富永次（1909—1969），日本美术评论家。

② 中原中也（1907—1937），诗人、歌人、翻译家。

③ 河上彻太郎（1902—1980），文艺评论家、音乐评论家。

④ 大鹿卓（1989—1959），小说家、诗人。作品有《野蛮人》《千岛丸》《谷中村事件》。

⑤ 新庄嘉章（1904—1997），法国文学翻译家。译有罗曼·罗兰《约翰·克利斯朵夫》、纪德《窄门》等。

⑥ 木山捷平（1904—1968），小说家、诗人。私小说代表作家之一。作品有《大陆的细道》《苦的茶》《茶树》等。

⑦ 藤原定（1905—1990），诗人、评论家。

⑧ 今官一（1909—1983），小说家。

六期“二章”、第七期“三章”，太宰治初露锋芒，在文学青年中脱颖而出。

与此同时，古谷被十月创刊的另一本同人杂志《新人》上发表的檀一雄《此家的性格》所感动，听说檀一雄经常出入西武线中井站附近的酒店，便特地去见他。

檀一雄是东京帝国大学经济学部的学生，在交谈中听从古谷的劝告读了太宰的《鱼服记》和《回忆》，被深深地吸引，便求古谷介绍要见一见太宰，并独自一人去杉并区天沼一丁目的太宰家拜访时，说了句“你……”便张口结舌，接着咬咬牙对太宰说道：

“天才呀！希望你创作很多很多作品啊。”

太宰扭捏了好一会儿，然后用豁出去似的口吻答道：

“我写！”

《海豹》只是提高了太宰的文学名声，秋天便停刊了。翌年，古谷解除父亲（辞去外交官后，去巴西经营咖啡庄园）的生命保险获得了资金，加上檀一雄从老家带来的钱，创办了季刊文艺杂志《鹳》。《鹳》的纸质和装帧都十分漂亮，简直会被错看成是高级单行本。

《鹳》的第一辑上，刊登在主打板块创作栏上的，是太宰以魏尔伦的诗句作为题记的《叶》。

据说杂志对太宰没有任何制约，每期都能连续刊登太宰的作品，希望太宰尽情地创作。这是古谷和檀一雄共同的愿望，两人为此自掏腰包，不料这本杂志也只出到第二辑便废刊了。

此后太宰在以自己为主创办的杂志《青花》创刊号上，发表了《罗马风》。

十二月中旬的一天夜里九点左右，太宰带着刚出的杂志，由檀一雄陪同去拜访居住在淀桥区下落合的尾崎一雄。

认生的太宰无疑被功名驱赶得急不可待，但自己一个人怎么也不敢去拜访尾崎。如果没有檀一雄的积极推举，真不知道下面的评论是否能够马上面世。

尾崎在新年伊始的杂志《早稻田文学》第一期的评论上，首先撰写了推荐文章，几乎赞不绝口。请允许我列举《青花》，用现代的通俗易懂的方法加以引用。

> 这本杂志是前几天从一个文友那里得到的，听说是作为第一期出版的，说还没有送给各位同仁，因此在这里也许还不能说些什么，但我无论如何都想说，所以就说了。刊登在卷首的太宰治《罗马风》非常有趣。我先读为快。而且具备极好的框架。作者的艺术天分很高，在平淡无奇的口吻背后，能感觉到深刻的思考。（省略）我向各位推荐这篇《罗马风》。

浅见渊也在紧接着杂志《早稻田文学》第二期评论上，赞叹不已。归纳一下：

> 《罗马风》根据"懒太郎"①的形式借古喻今，风貌是市

井性的，却具备巨人的性格。就是说，我们不时地受到荒谬的现代的干扰。憧憬远离现代的空想比如忍术师和大力士，趁着这个机会凭幻想有机地塑造出几个诸如此类的人物。这样荒诞无稽的小说也应该有一些。而且，行文流畅华丽，文品也高，是极享受的。

浅见是在古谷的沙龙里认识面容苍白的太宰，对太宰的《叶》和《罗马风》钦佩不已，再次阅读《回忆》，对这位作家的前途怀有很大的期望，但也感觉到其风格与自己稍有不同。

同年即昭和十年秋天，以出版文艺书为目标的砂子屋书房创业。浅见在早稻田大学国文科同届生，也是杂志社伙伴山崎刚平②的劝说下，将策划、编辑集于一身，参与砂子屋书房的创业。

播州酿酒屋的儿子山崎刚平和从早稻田大学毕业那年结婚的美貌夫人，在目白台建立了新家，但他是独生儿子，因此听从父亲的殷切期望回乡当上女子学校的老师，从事家业。在这期间，他先后失去出生不久的第二个儿子和爱妻。

读后来被收录在砂子屋书房出版的歌集《挽歌》里的长歌，才能体察到他当时的内心。

---

① 日本室町时代的《御草子》（童话短篇小说）内容为信州的懒汉懒太郎进京，娶宫内女官为妻，从而发迹并当上了国司，死后成为大明神。

② 山崎刚平（1901—1996），日本歌人、出版家、实业家。师从窪田空穗作歌，1935年创建砂子屋书房，1943年停业，继承家业山崎制酒会社社长。

一对好儿女，父母膝下承欢悦。少年夫妻情，天真烂漫无忧郁。突然弟夭亡，形影相吊哥寂寥。本想再添丁，可爱宝宝增欢喜。应是五个人，幸福家庭多美满。不料爱妻又死别。

山崎受到的打击使他无法很快振作起来，他想生活在文学领域里的愿望再次复苏，便离开家乡去了东京。

在学生时代，他从属于国文科教授、歌人窪田空穗[①]的门下，但他的志向宁可说是在散文上，失去妻子后，他便倾向于诗歌。

他把小说出版的取舍全部委托给浅见，兴许也有这个原因。

根据太宰的随笔《砂子屋》，说这个屋号的由来就是山崎的出生地播州“砂子村”。社名的发音除了表现数量不可计数的砂子之外，也有“爱子”的意思。我由此想起的，是《万叶集》里“东歌”的诗句：

行经相模滩，细沙如绫望不尽，群儿惹人爱。

山崎再次上京把新建立的出版社名定为“砂子屋书房”，我个人揣测他的心底笼罩着一个夙愿，即，希望像海滩数不尽的砂子那样大量出版如自己孩子般热爱的文艺书……

---

① 窪田空穗（1877—1967），歌人、国文学者。

浅见受任负责编辑工作后，首先确定的是计划作为丛书出版还没有出版过作品集的新锐作家处女作品集。经过筛选首先考虑出版外村繁的《鹈的物语》，第二是仲町贞子[①]的《梅花》，第三是尾崎一雄的《畅气眼镜》。

关于外村繁和尾崎一雄，没有必要再做介绍了吧。但仲町贞子创作风格清纯而沉稳，当时是评价极高的短篇小说作家之一。

浅见一开始推进这个计划，檀一雄闻讯后立即赶往谷中坂町的浅见家，极力撺掇道：

请一定要推出太宰治。太宰把标题设为《晚年》，整理送来了一本书的稿子。他会取名《晚年》，也许是想留下这本书后想去死的。

他还这样补充道：

他死了的话，书就能畅销了呀！

最后这句话来自浅见渊的回忆。檀一雄自己也在《小说太宰治》里写道：

---

① 仲町贞子（1894—1966），小说家。作品有《诗和散文》《磁场》等。

我直言不讳地反复诉说太宰的生命已经不会长，恐怕会有盈利的。

因此，浅见不可能不动心。“太宰也许想去死”这句话，只能认为是对销售使出浑身解数的极大热情而说的……虽然早就感到太宰治与自己风格各异，但也是个看重太宰才能的作家，所以他还对山崎刚平进行了游说，浅见才决定接受《晚年》的出版。

十一月十五日夜里，檀一雄和保田与重郎一起探访船桥，太宰从檀一雄这里得知了这个喜讯。两天后，太宰向砂子屋书房的浅见渊写了下面的信：

到明年之前，我不可能上京，所以如有急事，劳驾您到我这里来。至少能陪您喝喝酒。

冷得手都冻僵了，字迹潦草，请原谅。

治拜

又及，近期无好文章

《爱罗先珂[1]和鸭子》的作家

浅见渊敬启

---

① 爱罗先珂（1890—1952），俄国诗人、童话作家。

文中说“明年之前不可能上京”，这是为什么，以后会知道。

说“《爱罗先珂和鸭子》的作家”，是指浅见于去年八月发表的、描写与俄罗斯弹三弦琴唱歌的盲人诗人之间交往的文章。可见，经常会冷不防冒出一句能讨得对方欢心的“必杀句”名家的形象脱颖而出。

在寄出这封信的第二天十八日，他又给浅见写信：

无论如何请快点儿来。

二十二日：

无论如何请在二十三日赶过来。说起船桥，好像很远，但从上野走，与阿佐谷、荻窪差不多同样的距离。

我打开门恭候着您的光临。

太宰的催促情形，是不折不扣的催命。

作为砂子屋书房来说，计划已经决定要出好几本书，所以与太宰的具体商谈要往后推迟一下，但如果被他如此催逼着，就不能不动起来。

太宰在十八日寄出的信里提出，从明年一月起，给砂子屋书房发行的《文艺杂志》写随笔，不要稿费。还说：“从创刊号开始写。如果从第二期开始，不行。”

此后的几天时间里，太宰的作品集《晚年》还没有落实出版，他便主动写了三篇短文，号称是“赌上性命的稿件”，内容大半是关于《晚年》的广告文。

我在前面的作品《辻音乐师之歌》里也引用过，处女作品集里隐含着的作者气魄和关键时刻决胜负的写作能力，实在都是通俗易懂的优秀文章，所以我想现在介绍一下三篇文章中《关于〈晚年〉》一篇。

> 为了这一本短篇集，我白白浪费了十个年头。整整十年，我没有和市民一样心情爽快地吃过早餐。为了这本书，我失去了安身之地，自尊心不断地受到伤害，任凭社会冷嘲热讽，就这样摸索着一路走来，糟蹋了数万元金钱。我佩服像大哥那样付出辛劳的人。舌敝唇焦，心急如焚，故意把自己的身体损坏到差不多不能恢复的程度。撕碎扔了有上百篇小说，稿纸五万张。就这样好不容易剩下这些。就只有这些了。稿纸将近六百张，稿费总共是六十多元。
>
> 可是，我相信，相信这部短篇集《晚年》随着岁月的沉淀会越发醇厚，越发渗入你的眼睛和你的胸膛。我只为创作这一本书而活着。从今往后，我就是行尸走肉似的活着。我将就此度过余生。
>
> 爱怎样就怎样吧。一想到就这么一本《晚年》，颇得你的酷爱，你反反复复地阅读直到用你双手的污垢磨出黑黝黝的

光来，呵呵！我是幸福的。——在那一瞬间。人在他的生涯中能体验到真正幸福的时间，岂止是跑百米的十秒零一，好像更短暂。有个声音，说："骗人！如果出版会很不幸，可以不出版。"我回答："我是现世独一无二的善良人。是梅第奇[①]的维纳斯雕像。出版是为了在这世上留下现世中最美的实证……"

十一月下旬的那一天，檀一雄来上野樱木町砂子屋书房。浅见渊和山崎刚平在檀一雄的陪同下，从上野公园内的车站乘坐京成电车去船桥。

山崎还带着播州父母家酿造的最上等的酒当作礼物。

从到达的车站去船桥还浓郁地弥漫着宿场町和渔港气氛的町上。一到那里，看见路边在卖煮红了的小蟹，这正好可以做下酒菜，于是便买了许多，朝太宰家走去。

船桥町五日市本宿的那个地方是新造的出租房。太宰同年上半年因咳血痰而住进世田谷经堂医院接受治疗。从经堂医院一出院，是北芳四郎为太宰找了个周围环境适合休养的住处。

太宰满脸喜悦地迎接他们，但在浅见的眼里，太宰与在古谷的沙龙里初次见面时相比，脸色更差，显得很憔悴。

太宰接过山崎带来的酒，招呼性格内向不太在人前露面的夫

① 梅第奇（1519—1589），全名为卡特里娜·玛丽亚·罗穆拉·迪·洛伦佐·德·美第奇。意大利女贵族，法国国王亨利二世的妻子。1560年到1563年间，她以儿子法国国王查理九世的名义统治着法国。

人，吩咐她烫酒。然而听说太宰是个大酒豪，太宰却对端出来的酒壶连瞧也不瞧一眼，相反喝完了端来的汽水。

在这期间，刚觉得交流的语言越来越少，太宰的脸色便变得更差了，紧接着太宰什么也没有说就站起身，走进里面的房间。

浅见和山崎露出疑惑的目光。檀一雄用手做了个打针的动作。

不久，太宰回来时果然脸色恢复了生气，判若两人。和刚才不同，他用意气轩昂的口气开始说话，但过了一小时，他突然又失去精神，消失在里面的屋子里……这样的情形反复了好几次。

如此急于出版却说“不可能去东京”，不亲自去上野的砂子屋书房，只顾用信要求来自己的家里，就是这个原因。

太宰提神后，拿出淀野隆三[2]、佐藤正彰[3]共译的普鲁斯特[4]《追忆逝水年华》第一卷《去斯万家那边》，说：

> 我没有其他任何要求，版税也不要，只是装帧，请照着这本书做。

那是菊型法式装帧，封面是以结香为主原料制成的局纸（大藏省印刷局的纸张），正文是图画用的豪华型纸张木炭纸。

---

① 淀野隆三（1904—1967），小说家、法国文学翻译家。

② 佐藤正彰（1905—1975），法国文学翻译家。

③ 普鲁斯特（1871—1922），法国小说家。著有多达7卷的《追忆逝水年华》。

在檀一雄的记忆中，他说“封底还是不要有文字。封面只写‘晚年’两个字”，又说“不能放张照片吗？就是这张照片”。他拿出自己那张幽灵似的照片给他们看。

《晚年》出版后，封底的确没有文字。我在前作《辻音乐师之歌》里说封面书写体的题字是作者本人用毛笔写的，这是我的失误，其实是吉泽祐模仿太宰的笔迹，用火柴棒蘸着墨汁写的。

浅见渊接过装在大纸袋里的稿子回去了。翌年二月十日，太宰的药物中毒越来越严重，只好住进了佐藤春夫的弟弟、医生秋雄工作的济生会芝医院。他给住在谷中坂町的浅见家写信：

> 今天我住院了，这事很突然。通知老家的哥哥没多久，钱一点儿也没有。这个月应该会痊愈，但尽管住在医院里，因为要写小说，你能不能尽快借二十元给我？请求你去拜托山崎。我一定写出约四十页稿纸的小说。我在匆忙中恳切地拜托你了。（拜托你寄到医院里。）（我知道没有人像我这样预付稿费又厚颜无耻的，实在是走投无路，所以很失礼……）

当事人说过不要版税，却临到最后关头，内心里还是会希望预支《晚年》的版税部分。

从太宰此后寄出的感谢信来看，浅见在十二日去医院里探望他时，把钱交给了他。

二十日出院，但回到船桥又故态复萌，可待因中毒发作。太宰于三月二日寄给砂子屋书房浅见的明信片，几乎是在哭诉哀求了。

> 最近，又出现咳出血痰，很担心。无论如何请早点儿出书。其实从去年年底起就静不下心来，一筹莫展。出书的事，担心得不得了。无论如何请尽早出版。请帮帮我。关于出书的事，如果有事的话请喊我。我拼命地拜托你了。

尽管太宰这么催，砂子屋书房这时候也面临着危机。

从书第一本外村繁的创作集《鹅的物语》出版，是二月十五日。

由于不久后发生的“二·二六”事件，被突然变得严厉的内务省审查卡住了，收录在里面的短篇小说《血和血》被责令减缩。

单行本的内容被强行减缩得惨不忍睹，谁也不会购买。

山崎刚平再次上京时，将老家带来的部分资金投入股市。他想靠股市的盈利来支撑出版文艺书造成的亏本，但由于“二·二六”事件导致股价动荡，反而蒙受了巨大损失。

第二本仲町贞子的《梅花》，浅见也打算像梶井基次郎[①]的第一部作品集《柠檬》那样，装帧简朴，定价也低廉，但山崎对内容情有独钟，主张做成豪华本，也许是因为价格定得高，没有想象中

---

① 梶井基次郎（1901—1932），小说家、诗人。战后曾与中岛敦、太宰治并称为“三神器”。

那么好卖。

不过，太宰治的第一部作品集《晚年》终于于六月二十五日出版了。

收录在里面的十五部作品中，《鱼服记》《回忆》《罗马风》由确具鉴赏眼光的作家们用赞誉认定为货真价实的优秀作品，《逆行》《他已非昔日之他》明显能使读者感觉到作者的卓越才能。引起褒贬之争的《小丑之花》，是带有强烈的丑闻性质的、有争议的作品。

光靠这些内容，潇洒的大型菊型法式装帧、二十多岁的作者却设《晚年》的标题、卷首幽灵般的作者照片、魏尔伦的题记，还有“我想去死”的文章开头……

作者本人比任何人都坚信：不会卖不掉！

初版五百册，除去赠送部分，摆放在书店铺面约有四百册。经过很长时间，其中卖掉的是一百五十册左右。

到后来，《晚年》成为昭和文学史上是最有名的、最成功的第一作品集。

当初发行时，一百五十册，如果模仿前面引述的作者广告文的口气来说，能卖掉的“就是这些”。

在拿到《晚年》的读者中，肯定会有不少人从卷首创作的

《叶》，联想起芥川龙之介[1]《某阿呆的一生》。

这不是一部情节连贯的小说，是由初看没有任何条理的长短各异的三十六个片段连接在一起。片段之间隔开一行的行距，夹杂着下列这样的短文：

> 又想起了原野。是走出走廊反手“砰”地关上门时想起的：不回家吗？
>
> 要去探访的人不在。
>
> 给我说实话！哎？是模仿谁的？
>
> 艺术的美，说到底是对市民奉献的美。
>
> 有个爱花成痴的木匠。真麻烦！
>
> 外面雨夹雪，笑什么呢？
>
> 我是山贼，你这小子别顺手偷走了荣誉。
>
> 春天临近了？
>
> 反正都是死。只想写一篇令人陶醉的美妙浪漫的故事。

简直都是连续的“必杀句”。阅读每一行这样的文字，都会像喜爱文学的读者那样心脏猛然收紧，喘不过气来……

一部短篇里，就有这些箴言——分章析句地阅读的人，大多不

---

① 芥川龙之介（1892—1927），小说家。代表作有《罗生门》《竹林中》《舞会》《偶人》《秋》等。

得不被作者那绚烂的才华所吸引。

这部短篇在昭和九年（1934年）四月发行的《鹳》第一辑发表之际，全篇其实不是一气呵成的。

自从高中时代以来，太宰的习作已达到庞大的数量。这是作者从这些习作和记下的箴言里抽出的精华、自己编纂的文选。就是说，仅仅这一篇作品里，就浓缩着作者从少年时代起漫长的文学生活。

对此不知情的读者坚信作者是令人惊奇的天才，这也在情理之中。

在各个片段里，随处可见能解开有关作者的传说中殉情和自杀之谜的语言。

> 哥哥很讨厌扬扬得意的自杀行为。但那时候我正把自杀当作处世之道似的富有算计的行为来考虑，所以对哥哥的这番话感到很意外。
>
> 满月的夜晚，月光皎洁，扭曲而溃散，在汹涌翻滚的流光中，相互紧握着手不能分开。我痛苦地故意甩开她的手时，女子立即被流光吞没，她大声喊着名字。不是我的名字。
>
> 花了整整三年时间教育妻子。自教育成功时起，他开始想要自杀。

从这篇《叶》起，石原美知子继续读着《回忆》《鱼服记》。

她越读越确信作者的才能，内心里就越是翻腾着这样的情感：

不能让他去死！

我不能让这个人去死！

相亲过后一个月，美知子去御坂岭的天下茶屋造访了太宰。

书信往来大概从这以前就开始了。

美知子有时候把《回忆》中震撼心灵的一段用毛笔以纤细的楷书抄写在和纸上，夹在信里寄给他。

我读到三年级时，在春天的一个早晨，在上学途中，倚靠在漆成朱色的桥的圆栏杆上发呆了好一会儿。桥下像隅田川似的宽宽的河流在缓缓地流淌着。在这之前，我从未有过完全发呆的经历。我觉得背后有人在看着我。我随时都会做出某种态度。对我的每一个细小的举动，他都困惑地望着手掌，一边挠着耳朵一边呢喃着，在边上没完没了地加以解释。所以对我来说，是不可能会有“突然”“下意识”之类的动作。在桥上的神情恍惚中清醒过来后，我为寂寞感到兴奋。在这种心情的时候，我又思考了自己的来龙去脉。咯嗒咯嗒地走过桥去，一边回忆着各种往事，又产生了梦想。而且，最后思考着叹了口气。我会出人头地吗？从这前后起，我在内心里开始感到焦虑。我对所有的一切都不再感到满足，所以总是在做徒劳的挣扎。我贴着十层二十层假面具，所以无法看透是什么，又是如何悲哀的。而且，我终于找到了一个孤独的发泄口，就是创作。这里有许许多多的同类，大家都和我一样，想目不转睛地注视着这莫名其妙的情景。当作家吧，当作家吧，我暗暗地祈盼着。

假设和《晚年》一起送来的《满愿》是太宰下意识的求婚状，那么这段一字字精心抄写下来的文章片段，也许就是美知子的情书。

第四章

启程

相亲后过了将近一个月的时候，井伏鳟二陪同一名青年弟子去天下茶屋拜访太宰。

太宰想结婚的意愿变得很强烈，这在信上已经得知，但井伏为人很慎重，他想直接见到本人，最后确定一些事情。

十月中旬的御坂岭，附近一带因为色彩错杂的红叶而显得灿烂绚丽。

太宰从前一天起就不在天下茶屋了。后来在《富岳百景》里被写成“女儿”的老板娘妹妹对他们说：“太宰到要当新娘的那个人那里去了！”

太宰肯定从那以后就经常拜访甲府的石原家，请客喝酒。

在九月三十日寄给井伏节代夫人的信里，有个地方说：石原家把自己说成“好像阿源活过来了”，因此在石原家，对太宰的评价好像比太宰本人还好……

阿源是石原家长子左源太的爱称，是个并非常人眼里的优等生却才气横溢的秀才，遗憾的是在东京帝国大学读书期间早逝了。

相亲那天，井伏先告辞回去了。太宰在石原家的玄关处目送着井伏离去时，眼睛翻白，陷于手足无措的状态，之后用手绢一个劲地擦着脸上的汗水，所以不会给人留下有真才实学的印象。

不喝酒时他极其怕见生人，笨嘴拙舌，后来诚惶诚恐地上门拜访，稍稍喝了些酒便摇身一变成了饶舌的社交家，表现出灵巧机敏的谈话艺术。于是，这不就依稀地浮现了长兄阿源生前的面影吗？……

这时石原家的家人有母亲仓、大姐富美子、妹妹爱子、弟弟阿明四个人，美知子在都留高等女子学校的宿舍里当舍监，除了节假日之外，平时不回父母家。

对特别怕寂寞、对孤独缺乏忍受力的太宰来说，如果下山在甲府的街上能有款待自己的人家，很自然地就会想到那里去。俗话说射人先射马，想要捉到大人物……所以他的内心里也许涌动着想要把美知子的家人变成自己同伙的心理。

在太宰的房间里，尽管太宰不在，但他的书桌上整齐地摆放着插花的汽水瓶和墨水瓶，在配着常用的蘸水笔的笔轴下，铺着山枫红叶。这也许是体现着极力声援太宰的老板娘妹妹隆之的关怀。

不久，太宰回到天下茶屋。这天夜里，井伏与太宰喝着酒彻夜长谈，翌日一起坐巴士下山去甲府，在常去的鳗鱼店告别。

接下来的一段叙述，主要根据分手三天后太宰寄给井伏的长信。如果写成小说，现实的素材每隔一行转为主观性的创作，这是太宰写作的惯例。但如果是在这种情况下写的书信，估计离事实不那么很远，也无伤大雅吧。

与井伏道别以后，太宰去拜访实质上的媒人斋藤文二郎，告诉他们自己在经济上身无分文，津轻的父母家看来也根本就没有想要支援结婚需要的费用等。他屡次张口结舌、吞吞吐吐地说，如果石原家能理解、对此不在乎的话，希望能成全他。

据推测，恐怕是前一天夜里从井伏那里得到暗示，让他不要隐瞒这些事实，事先解释清楚。

斋藤文二郎回答说，这些情况以前就有人告诉过他，石原家也能够理解。

太宰那天夜里住在甲府，翌日拜访了石原家。正好美知子也从都留高等女子学校的宿舍回到父母家来。

太宰告诉石原家的母亲仓，说斋藤的夫人随后会来拜访，告知昨晚自己在斋藤家详细叙述过的男方情况。

然后，只剩下两个人时，太宰对美知子说的意思是，父母家不会资助他，不能指望他们，靠自己一个人的力量来办。

后面的一段，如实引用太宰写给井伏的书信，原文这样写道：

> 美知子小姐简直是一副要照管我的架势，说结婚的仪式或形式这些东西，怎么办都行，我们要尽快结婚，能和你一起生活吃点儿苦也没关系，你现在用不着硬逼着自己赶写小说。因此我反而定下心来，我说，不过斋藤的脸面，如果能做到的话最好还是要给的。我尽做出那些打破社会常规、违背常识的行为，自己也感到很后悔，我想按正常顺序办理，尽量努力。

热心的读者能了然于胸了吧，这个地方的文体与小说的语气一样，所以不知道与事实相符到何种程度。

按照我个人的体会来揣测隐匿在字里行间的情态，难道美知子的心态不是很接近维利·福斯特的电影《未完成的交响乐》中，维也纳的当铺女儿伊莉和匈牙利的伯爵爱女卡洛莉娜的心态吗？伊莉和卡洛莉娜就是竭力地想要守护生活不能自理、过着穷困潦倒生活的天才音乐家舒伯特的艺术。

过了片刻，母亲仓和大姐富美子又回到客间里来，太宰讷讷地对她们说自己已经与家里分了家，一贫如洗，已经有八年没有回老家，但以后如果再有十年，无论如何能独立的。

对此，母亲仓反复说着这样的意思：好啊好啊，今后全身心地投入自己的工作是最好的。

太宰眼下面对的最大难题，是如何应付甲府独有的“斟酒”仪式。

在举行婚礼前，女婿方要出一名长辈媒人带着酒去，新娘方全族集中在神前供酒等候着。这酒要在神前与男方带去的酒掺和在一起，在婚礼上举行三三九度杯的仪式[①]。……

斋藤家希望这次在女儿须美子和高田英之助祝词时，务必拜托

---

① 举行神前结婚仪式时，由神女献上三三九度杯。新人接过三三九度杯喝交杯酒，必须将酒杯内的神酒喝得干干净净，否则不吉利。

井伏先生担任媒人的角色斟酒。

太宰也希望如果方便的话还是拜托井伏先生。然而从书信的字面来推测，井伏在天下茶屋喝酒的夜里好像已经交代得很清楚：自己的任务到此为止，以后就不再操这份心了。

因此，太宰提出自己的监护人北芳四郎如何，但斋藤夫人很不理解，说这门婚事原本就是把井伏先生的信带到石原家去才谈起的，所以一定要请井伏先生……

见大家都很为难，斋藤文二郎看不下去了，提出如果井伏先生工作或因什么事不方便，怎么也不能答应的话，自己也可以代理。太宰有一种绝处逢生的感觉，但夫人还是坚持说要拜托井伏先生……

以上的经过说起来很啰唆，于是太宰向井伏求助。

> 只是“斟酒”仪式想听斋藤先生的。真的只是这件事，以后烦琐的事就不再麻烦您，所以拜托您了。您因工作抽不开身的时候，如果能写信请斋藤先生代理就再好不过了，所以恳求您无论如何即使光口头上也暂时接受下来。

在这封长信里，另外还有一段，说什么——

> 尽管形式上相亲结婚，似乎也变得像恋爱结婚一样。

石原的女儿说得稍有不同：

> 总觉得他独自一人看起来很痛苦的样子，我很喜欢他。

婚事的进展也许可以说，与经人介绍相亲后结婚相比，的确已经渐渐地像是恋爱结婚了。

面对太宰的殷切恳求，井伏写回信的核心部分好像是说，如果再发生离婚那样的事，自己无法向石原家交代，只要你写一份不再离婚的保证书，我就去甲府参加你们的订婚仪式。

对此，太宰以《写给井伏先生及全家·手记》为题，同意写一份下面的书面保证书。

> 这次在与石原小姐订婚之际，奉上一份书面文字。我自认为是个家庭型的男人。无论在好的意义上还是在坏的意义上，我已经不堪忍受没有着落的生活。我不是在夸耀。只是，我的迂腐、不善交际的性格，是我的宿命，才注定这样的。与小山初代离婚，我很难过，心里久久不能平静。我自从经历那时的痛苦以来，对人生多少有了体会。了解了结婚的本义。结婚、家庭，我觉得都需要努力。我相信是持之以恒的努力。不能有浮躁的情绪。即使贫困，也要慎重地努力终生。如果我重蹈覆辙再次离婚，就请把我当作完全的疯人抛弃我。以上这些话虽然很平凡，但从此以后，我在任何人面前都能斩钉截铁地

说出来。即使在神的面前也能毫无愧意地发誓。无论如何请相信我。

昭和十三年十月二十四日

津岛修治（印章）

寄给井伏的信与这份保证书装在一起。太宰在信的前半部分提到了收到石原家母亲和大姐寄来的长信。

母亲在力挺太宰的信里写着：“我们都不喜欢贪图虚荣，凡事都不要隐瞒，要脚踏实地地走在正确的道路上，不要勉强自己，这是最好的。对人真诚和对职业的热情，比什么都好。”

大姐用毛笔在长卷纸上写着鼓励的话：我们已经知道并接受了所有的一切，事情全都取决于未来，所以请不要有自卑的情绪。……

太宰很感激石原家每个人的真诚而纯真的爱。他发誓道：“我要成为一个好作家。即使成不了走红作家，也一定要把工作做出色。我保证！”

有过这样的交流，终于在十一月六日下午，在甲府的石原家，井伏鳟二、斋藤文二郎夫妇到场，举行了订婚仪式。在壁龛放置一对高把酒桶。

如上复杂的经过，在小说《富岳百景》里，描写得极其简洁并得到了升华。得不到津轻父母家任何帮助一事，已经很明确。

若是如此，婚事即使谈崩了也毫无办法。我抱着这样的打算，心想总要去对方家里把事情的缘由说清楚。于是我孤身一人下了山岭，到甲府去拜访那位小姐。幸好小姐也在家。我被带到客间，坐在小姐与石原家的夫人两人面前，说出了所有的事情。常常因为语气说得像演说，便不由得闭上了嘴，但对方反而觉得我说得很真诚。

小姐歪着头平静地问我："如此说来，你们家不会反对？"

"不会。不是反对。"我把右手掌轻轻地按在桌子上，"我想，意思是要我自己办。"

"没关系，"石原家的夫人优雅地笑着，"你也看到了，我们也不是什么有钱人，仪式搞得太豪华反而会很尴尬。只要你自己对爱情、对职业有追求，我们就很满意了。"

我甚至忘了道谢，呆呆地望着庭院好一会儿，感到眼睛发热，心想要好好孝敬这位母亲。

如果和实际经过对照着来读，兴许读者也会与我一样，从心底感叹小说家太宰治的神来之笔。

在亲事有些举步维艰时——估计是太宰去石原家直言相告自己身无分文、得不到老家任何帮助以后，美知子独自一人乘坐巴士去了御坂岭。

在同一辆巴士上，偶然遇上东京女子高等师范学校同届生雨宫高子的丈夫井上政次。一番久别的寒暄之后，美知子对挚友的丈夫说道："郁子小姐一定长得很高了吧。"

高子在女子高等师范学校毕业以后，在东京的大森高等女子学校当老师，两年后与美学家阿部次郎[①]的弟子井上政次结婚，翌年有了长女郁子。

美知子在天下茶屋门前下了车。不久，美知子给高子写信，简单地写着"与津岛修治结婚，家在甲府"。

"我不可能知道津岛修治就是太宰治吧。"井上高子在追忆的文章里写道。

美知子下车后，映现在她眼里的人和心理状态，在《回忆太宰治》的开头《御坂岭》一节里写得很详细。

> 太宰治穿着茶店里备有的粗条纹棉袍系着角带坐着，一个五岁左右的男孩在他的膝盖上爬上爬下。
>
> 太宰比上次在甲府我的父母家见面时精神得多，显得很轻松，但在我上了二楼的房间之后，我还忘不了刚才从巴士上下车时迎接我的、估计是茶店的实权者年过三十的老板娘，和大个子老板娘的妹妹两个同性的目光。缠着他撒娇的孩子名叫元

---

① 阿部次郎（1883—1959），哲学家、美学家。主要著作有《人格主义》《美学》《德川时代的艺术与社会》等。

彦，对他会是一种干扰。

太宰不断地抽着烟，一边用明朗的语气说着前几天还滞留在这里的井伏先生夫妇，这家茶店的丈夫应征正在服役，有个小女孩喊他“田代先生”，现在正在写的小说女主人公姓“高野”，名字是从茶店妹妹的名字“隆之”小姐中取的，等等。

立即就能看出作者的观察能力和写作能力都非等闲之辈，用简洁的笔锋纯真地表现出内心的情绪，的确是篇好文章。

在二楼的房间里，好不容易只剩下两人时，元彦走进房间，抱着他的膝盖撒娇，对他很亲近。在太宰离开天下茶屋那天，元彦拉着他的衣袖拦着他“别走”“别走”。两人坐上巴士后，元彦还紧追在巴士后面，直到不远处的御坂隧道中段，简直就像依附在汽车后部似的。

不仅是孩子，与他接触的人一般都很喜欢他。不知何时成为热心支持者的茶屋老板娘和妹妹，对初次见面的美知子是否适合做太宰的结婚对象，无意中露出严厉审视的目光。

而且，孩子的思维远比大人敏感得多，所以才爬在太宰的膝盖上，做出“这个人是我的”这种示威行为，同时想要代替母亲和阿姨担任监视的角色。

写下“会是一种干扰”的美知子，在只剩下两人时，肯定有重要的事情想平心静气地向太宰说清楚。

可是，对方却说什么现在正在写的小说里，女主人公的姓是从茶馆老板娘的妹妹的名字中取的……

从太宰的性格来看，应该也告诉过隆之本人。

也有担心婚事进展的缘故，那部小说《火鸟》，他怎么也写不下去了。在给井伏的信里，他报告说，到九月三十日还只写了十二页稿纸，到十月四日才终于写到二十页，无论如何也想写到一百页以上……

在小说《富岳百景》里有段描写，女儿说："每天早晨把客人随意写下的稿纸按顺序编号整理起来，我会非常快乐。如果写得很多，我会很高兴。"

按太宰的性格，他应该没有不让照顾自己起居的美知子看自己创作的作品。隆之在整理桌子上的稿纸时，总会对稿纸里的内容看一眼吧。

在《火鸟》这个标题后面，作为章节标题写着"序编　记女演员高野幸代当女演员之前的往事"，所以一眼就能看出这好像是和自己的名字同姓的女主人公成为女演员的故事……

此后不久，有一幕是以帝国旅馆为舞台而殉情的情节，这对在御坂岭生活的隆之简直是另一个世界。接着一段这样开头：在殉情中幸存的"高野幸代出生在奥羽的山里，身体里流淌着祖先高贵的血液。……"紧接着后面又写道："高野幸代在山间的云雾和回响中长大，喜欢在山谷间的云雾底下散步。"

如果是对小说创作手法的复杂和奇妙还缺乏悟性的少女，即使感到自己成了小说中原型的一部分，也不会感到大惊小怪，将山枫红叶细心地铺在笔轴底下，也会觉得很自然。

这部小说《火鸟》最后没有写完就搁笔了，要问为什么，后面会谈及，先再次回到前面提到的美知子的文章。

接着前面的引用部分。天下茶屋虽说是茶店，也是相当宽畅的二层楼房子。美知子对天下茶屋的结构和店内摆设、与御坂隧道的方位距离、从那里可以看到的富士山和河口湖的景色，都描写得十分鲜活，仿佛清清楚楚地浮现在眼前。接着，美知子这样叙述道：

> 茶店背后临近山谷，靠着山一侧的壁龛茶橱的门稍稍打开着，看得见淡茶色的包，我松了口气，这是因为曾听他讲过“空无一物”这样的话，所以看到有个包在让我感到很欣喜。但是，是因为借来的包，所以后来就再也没见过了。

提起亲事后大致过了三个月，这期间美知子读了两本太宰的作品集和刊登在《文笔》杂志第九期上的微型小说《满愿》，加上发行没多久的《新潮》第十期上刊登的《姥舍》。

其间，《姥舍》刚拿起来读，一眼就能看出是写与小山初代殉情的小说，所以美知子在阅读中肯定会被唤起其他读者体会不到的紧张情绪。

太宰写这部小说，是开始谈论起婚事的八月上旬到中旬——他应该意料到美知子和石原家的人都会读到，不知是否这个原因，他以非常简洁的淡彩画风格的笔致描写的分手经过，实际上牵扯着复杂而深刻的爱憎情感。

作品中的主人公嘉七和数枝出发去自杀的动机是——

> 爱抚犯错者的妻子和把妻子逼到如此地步、过着如此颓废生活的丈夫，双方都想以死来做个了结。

但是，在正午的荻窪车站前，接触到数枝乘上电车前流露出来的充满生气的挚爱言行（用寥寥数行就鲜明地勾勒出来），嘉七早就拿定了主意。

> 这个女人不能死。我不能让她死。她没有像我这样被生活压垮。她体内还残存着能支撑自己继续活下去的生命力。她并不是打从心底渴望死亡，只是产生了想死的念头而已，世人应该对她会有补偿。这就够了。她会得到原谅的。那就好。就让我一个人去死吧。

在新宿下车，买了安眠药，去浅草看了电影之后，数枝说想吃东西，走进寿司店。这期间数枝的言行表现出天生的不凡气度，富有魅力，招人喜爱。

走进已经客满的、站着观赏的漫才[①]馆，用目光追随着在人群

---

① 两人组成一对，进行滑稽性对话的日本曲艺。类似于我国的相声。

中被挤开了一些距离的数枝，嘉七思考着。

这个女人对我百般照料。这是不能忘记的。责任全在我身上。如果世人嫌弃她，我都会不顾一切地保护她。她是个好人。这我很清楚。我坚信。但是——

> 这次的事呢？啊！不行，不行。不是我笑笑就能了结的事。不能像没事一样。只有这件事，我无法平心静气。我受不了了。
>
> 原谅我。这是我最后的自私。伦理，我能够克制。感觉是无法忍受的。我真的受不了了！

于是，最后在从谷川温泉的宿驿走进树林的小草地上，嘉七只给了数枝少量的药丸，自己服下的药丸数量多得手掌心都捧不下，但两人都得以幸存。

这部小说里没有出现任何坏人。数枝和嘉七双方的心情都很好理解，作为在生活中重新开始的通行礼仪，不得不进行颇有仪式感的殉情。从小说的角度来看，事情的经过也写得大致能够理解。

作品发表的当时以及以后，作为太宰的作品评价并不高，甚至有人认为是失败的作品。但是，如果将此看作被告人向小山初代和石原美知子以及石原家人的自我辩解，不也可以说是成功之作吗？

不！即使不施加如此讽刺性的解释，现在重新读一遍，《姥舍》生动地描绘了数枝那率真得无可挑剔的性格，会令人想起初期杰作《鱼服记》里生活在大自然中的孩子思娃，因此数枝不得不遭遇的命运的悲哀，更深深地铭刻在读者的心里。在这一点上，《姥舍》不是一部可以被轻易否定的作品。

《姥舍》发表后不久，美知子读到了这部作品。即使想象到她能够理解太宰上次婚姻失败的经过并相信太宰的诚实，这不会是太离谱的。

根据美知子自己的文章说，虚岁已经二十七岁却缺乏深刻思考，只会读他的作品，从未曾谋面的时候起就迷恋上他的天分……

就是说，最重要的是首先被小说家太宰治的才能所吸引。

此事在相亲后太宰寄给中畑庆吉的信里“娶妻的事，听说对方的女儿在读我的作品集，对我的事一清二楚，经过苦思冥想，最后说，如果有缘，想出嫁”这一段，也可以得到印证。

在《新潮》上读了《姥舍》之后，美知子觉得这个人尽在写自己的事，“好像是自己在雕琢自己”。

况且，她也许还怀有一种硬气的、类似于义务感的感情，为了从人世间的艰辛中守护敏感而自虐的、缺乏生活能力的作家，希望自己能起到温情而有力的保护者作用。

不知道美知子贸然拜访天下茶屋时，有没有把心里无论如何想要表达的意思告诉了太宰。

《御坂岭》也能作为整篇框架经过再三斟酌的短篇小说来读。

太宰收到的读者来信中，附着抄写的一段《回忆》，这令他十分喜欢。然而——

当时A君的这部长篇小说“F”很出名，我见到太宰时说起“F”。只是提起“F”，但这就不行了。当时他什么也没有说，但事过很久以后，他是一副“你说什么A的‘F’很好吧”的语气，责怪在名叫太宰的作家面前说起其他现有作家的名字和作品。

这段文字里的“F”，指的应该是阿部知二的《冬宿》。两年前在《文学界》连载后作为单行本发行的《冬宿》，集中了以与太宰因缘不浅的川端康成为主，丰岛与志雄、伊藤整、森山启[①]、永松定[②]等名家的赞誉，那年由丰田四郎[③]执导拍成了电影。

作为太宰来说，只要听到标题，就会无明火起。

即使不至于恼火，在他面前提起太宰治以外的作家和作品名字，也是禁忌，是绝对不允许的。

举行订婚仪式的十天后，太宰受不住御坂岭的寒冷，离开天下茶屋，搬到石原家母亲为他寻找的甲府市西坚町的寄宿寿馆。

---

① 森山启（1904—1991），诗人、小说家。

② 永松定（1904—1985），作家、英国文学学者、熊本女子大学名誉教授。

③ 丰田四郎（1906—1977），导演、编剧。执导的影片有《野天鹅》《雪国》《地狱变》《衰落的年代》等。

供两餐二十二元，朝南的六叠[1]房间。被褥和褥垫全套都从石原家搬来，石原家全家总动员，为太宰缝制外褂和棉袍，编织围巾。

只带着夏季服装作为出客衣物的太宰，因此而备齐了过冬的用品。但是，已经潇洒惯了的太宰，无论如何也想要一件和服外套（袖子宽大的防寒防雨的和式大衣）。不久，他向五所川原的中烟庆吉要钱时，催促他拿件和服外套来。

> 这个冬天如果有一套和服外套和冬季衬衫，其他东西就都不需要了。和服外套无论多么不合身都没关系。敬请惠送。
>
> 十一月十六日
>
> 和服外套为什么不能送过来？如果有现成的，无论半新旧还是稍长一些、合不合身都不是问题。其他任何东西，我都已经、已经不需要。务必，务必，和服外套一件，请送到甲府来。
>
> 没有和服外套，天冷时，外出访客也不能去了。拜托了。
>
> 十一月二十二日

而且，终于从中烟那里得到承诺的回信，太宰这样表现自己的喜悦。

---

① 叠，日本计算房屋面积的单位。1叠为1张榻榻米。

今天早晨，收到来信，完全像个孩子似的高兴得不得了。和考进中学、第一次买大衣时一样高兴。说起十二月七日、八日，还有一个星期，所以欢天喜地地忍一下。请买一件好大衣。

十一月二十七日

当然，无论多么洒脱，他不可能满脑子都是一件和服外套的事。太宰的书桌摆放在朝南窗户边的向阳处，右边抽屉里放写好的稿子，左边抽屉放空白稿纸和从文具店里买回来的蘸水笔。

《火鸟》终于写到将近一百页，他在给尾崎一雄的信里说："我知道在这部小说写完之前不会去东京。"对井伏鳟二也事先告知："我想在明年三月之前写完。的确是一部好小说，所以成书时请务必读一读。"

然而，这部小说在第一〇三页就中断了，最后没有完成。

这到底是为什么呢？

前面提起过，小说就是从住在帝国旅馆的须须木乙彦和高野幸子的殉情场面开始的。若是已经读过太宰《小丑之花》和《虚构之春》的读者，一定会联想到里面描写的殉情事件。

长筱康一郎的力作《太宰治七里浜殉情》里记载，关于在镰仓与津岛修治殉情的女人——田边静美，若是知道详情的后辈读者，也许能更清楚地感觉到高野幸子的背后有她的影子。

短发和西服这一当时最时尚的打扮，昂首挺胸、趾高气扬地走在广岛街上令人诧异的美少女田边静美，和志愿当新剧演员的文学青年高面顺三一起上京，在打工谋生的银座咖啡馆里，遇见了与朋友一起来的客人、帝国大学学生津岛修治。

在《火鸟》开头就出场的恐怖主义者须须木乙彦，在帝国旅馆订好房间后，黄昏时分去街上溜达，回旅馆时带回了一个随意走进银座的酒吧里坐在他座位上的短发女子，两人共度一夜，翌日晚上又规规矩矩地并肩坐在沙发上服毒。

小说写到这里——或者与现实中的事件演变相反，男子死了，女子活了下来。

高野幸子不久成为新剧团“鸥座”的女演员，出演契诃夫《三姐妹》里的长女奥尔迦，大获成功……

我在前面提到过，在太宰到御坂岭来时带的包里，除了稿纸外，还放着米川正夫翻译的岩波文库本《三姐妹》，就是为此。

《火鸟》按未完成的形式收录在只收录后来创作的作品集《关于爱与美》里。对《火鸟》，大多数人的评价是失败之作。人们的分析大体上是一致的，即太宰擅长主观性“叙事”，还不具备创作客观小说的方法和技巧，这是最终导致未完成的根源。

我认为太宰借助在镰仓殉情事件中死去的田边静美作为《火鸟》里的高野幸代得以复活，并作为女演员大获成功，希望自己作为作家得到新生。

为了打开自己的新天地，他想创作以女性为主角的小说。

会这样分析，是因为太宰在苦心创作《火鸟》期间撰文写了一篇随笔《女人创造》。如果将写法也改为我自己的话来概括。

男人和女人是不同的。也许有人会哑然失笑，认为这不是理所当然的吗？既然那样就会很痛苦，把自己置换成女人，就要揣测女性的种种心理。

在日本的作家中，在写真正的女人的，大概是近松秋江[①]吧。秋江描写的女人大多很乏味，没有头脑。不过，这是千真万确的。

就是莫泊桑[②]，也会不加修饰地突然冒出个现实中的女性来。不是很高傲。因为他也是个那样的男人，所以才意识到这一点，嫌恶自己的才能和健全的人格。他在作品背后的忧郁和苦恼是最严重的。发疯了。那里有着莫泊桑毅然决然的男性气质。

男人不能成为女人、扮女装可以，大家都在这样做。陀思妥耶夫斯基[③]他们，是连多毛的腿都暴露无遗的女装，但还是一本正经地表现着。斯特林堡[④]他们也常常在全神贯注地表演

---

① 近松秋江（1876—1944），小说家、评论家。私小说代表作家之一。作品有《疑惑》《黑发》等。

② 莫泊桑（1850—1893），19世纪后半期法国优秀的批判现实主义作家，与契诃夫和欧·亨利并称世界三大短篇小说巨匠。

③ 陀思妥耶夫斯基（1821—1881），俄国作家。作品有《被侮辱和被损害的》《罪与罚》《白痴》《卡拉马佐夫兄弟》等。

④ 斯特林堡（1849—1912），瑞典国宝级的剧作家，瑞典现代文学的奠基人，世界现代戏剧之父。

时落下假发，但还是若无其事地卖力表演着。

没有写女人，这怎么也不是那部作品关键性的耻辱。不是不会写女人，是不写女人。那里面有着理想主义的勇猛奋斗。我好一段时间想要借助这样的态度。即使能生动地描写女人“哎呀，好久不见”之类寒暄的本质，也感觉不到任何感激和欣喜，这是没有办法的。我即使成人后，也会描写理念中的女性吧。

我没有打算喋喋不休地写这些不得要领的事。最近开始写小说，多少领悟到一些描写女性的秘诀。我没有值得夸耀的作品，所以不能把话说得太满，但那些写法有些拙劣。也许还不能说。我不愿意说得不好而遭到曲解、受到伤害。还是不说吧……

这是随笔《女人创造》的要点，说“领悟到描写女性的秘诀”，实际是还没有领悟到吧。如果已经领悟到了，《火鸟》就不可能没有完成就放弃了。

关于《火鸟》，有不少批评说出场人物都是理念性的，作者自己已经意识到这一点。

关于作品的长度，他在十月四日寄给井伏鳟二的信里说，“无论如何也想写到一百页以上”，在十一月十六日寄给中畑庆吉的信里却写道：“我现在正竭尽全力写一部长篇小说。计划至少写三百页，已经写了一百页。我想，这部稿子成书以后，无论如何也要等到明年春天才能从书店里拿到钱吧。”

一百页的中篇和三百页的长篇，小说的框架从一开始就完全不一样。

如果是胡思乱想，那么结婚有了新家庭却得不到原本可依靠的父母家的援助、迫切需要钱的太宰，不就产生了靠写女性为主人公卖钱的长篇小说成为走红作家的愿望，想把预定一百页的小说拉长到三百页吗?

如此分析的依据，就是寄给井伏的信里“即使成不了走红作家，也……”这句话。

原本就想成为像菊池宽[①]那样的优秀作家，这是他从读中学时起就在脑海里描绘着的未来前景之一。

可是，要说《火鸟》是纯文学，明显美中不足，说是娱乐小说，观念性太强。无论哪一个都是半桶水，发展前景难以预料，正因为他自己也有所察觉，所以才不能写下去了……这是我个人的看法。

再回到在寿馆的生活状况，一到傍晚，太宰几乎每天都从那里去离得不那么远的石原家，一边吃着家常菜喝着酒，一边进行着妙趣横溢的交谈，爽朗地说着自己将来的抱负，令石原的家人高兴。

有时他一时兴起，让人拿来砚盒和卷纸，左手持纸，在卷纸上

---

① 菊池宽（1888—1948），小说家，戏剧家。主要作品有《无名作家的日记》《珍珠夫人》《新珠》等。

唰唰地笔走如飞，写下风格与年龄不相称的文字给大家看，令大家心悦诚服：文人毕竟不一样……

他总是说三壶酒是适量的，一眨眼就喝完了，其实不但没有适量，而是像抽水泵不出水时为引出水而注入的水似的，接着要在甲府夜晚的街道上四处游逛着继续喝酒。

以上是美知子写在文章里的情形。太宰恐怕在斋藤家也有个边喝酒边说话的机会，还从那里产生了与下面这样的婚礼有关的方案。

十二月过半，太宰又给井伏写了很长的信，主要内容是这样的。

这是我们大家的愿望。我陪新娘、岳母大人一起从这里去荻窪的宅邸，斋藤夫人、中畑先生到场时，如果由井伏先生对结婚致辞，简单地喝杯誓约酒，作为我来说，作为石原家来说，这都是万分感激的，气氛也会变得严肃，所以务必拜托井伏先生。

请无论如何答应我，如果能做到这些事，我没有比这更幸运的事了。斋藤先生也说，这里的事情如果能拜托井伏先生，那是最好的。说是仪式，只是由井伏先生致辞和接受誓约酒，以后宴请等一切都不办了，所以一个小时多一点儿就结束。

我如果有钱就好了，原来指望的约稿全都落空，不可能有稿费可拿了。您有什么柳暗花明的良策吗？

彩礼，我想尽办法也拿不出来。请原谅我。无论石原先生还是斋藤先生，都了解这些情况的。

那边的情况就不能请井伏先生向中畑先生提一下吗？我想花不了三十元。就是婚礼上的酒和大家回家的车马费，还有结婚后暂借住处、买些必须用的炊具家具这些花费。

钱的事，想必会不愉快吧。我也非常苦恼，考虑再三，直冒冷汗，请明鉴。

我也很荒唐，尽想着自己不上台面的事，觉得由中畑先生向岳母大人说，也许会有少许带彩礼性质的物品，对石原先生也多少强硬些，但这样的话根本行不通吧？

即使没有彩礼这种形式，您就不能帮我点儿什么吗？

稍过段时间我如果有什么小说卖掉哪怕一部，就可以不用这么烦恼了。我不会沉溺于酒色，也能全身心地投入工作了，对自己的行为也要加以注意。同时，这次婚事，尽管说得有些夸张，我还是四处奔走，去斋藤先生那里，去石原先生那里，卖力表演，不停地游说，还要给各方写信，局面怎么也不是一下子打开的，不过新娘真的是个很好的姑娘，所以不知道这是多么幸福。

如果有什么良策，请通知我。如果您说太奢侈了，忍一下！那我就一定忍一下。

像是发牢骚，今天的太宰虽然不太潇洒，但请不要骂我。这两三天我非常烦躁。

信实际上写得比这还要长几倍，（即使小说卖不掉，从老家的父母家每月还收到九十元的生活费）喋喋不休地诉说经济上的困境，不断地写着哭诉哀求的话。总之是说希望在井伏的家里举办婚礼，彩礼凭自己的力量无法办到，所以请井伏向津岛家的代理人中畑庆吉说一说，无论如何帮帮忙。就是说，婚礼的所有一切，全都靠井伏来搞定。

这个结果写得像是经过大家商量的……但基本思路是太宰想出来的，要让我来说的话，的确是个绝妙的主意，所以会赞成无论在斋藤家还是在石原家，如果方便的话就那么做……

总之，无论如何要结婚就不能不办彩礼，所以井伏给太宰送去了二十元作为彩礼钱。

太宰收到后写了答谢信：

今天的深情厚谊，我激动得喘不过气来。我会下决心做出更加不懈的努力。

十分感谢。

不知是不是事实，那天的报纸运势栏目里写着：太宰的一白星[①]“心中花开之日，万事皆成，家中有悦”，美知子的太白星[②]“有

① 一白星，九星之一。北为本位，属水星。
② 太白星，金星。太阳系八大行星之一，以西方为本位。

如从土中挖出黄金一般的好运”。结尾如下：

今天，斋藤先生的夫人已经替我把彩礼给了石原先生。所有一切全都是托了井伏先生及全家的福。感激的话就不说了。我会扎扎实实地干。做个了不起的人。

感激涕零之日　　　　　　　　　　　津岛修治

普通人怎么也写不出这样的夸张表现，能使人感觉到他独有的可爱。

这也许就是构成太宰治魅力的核心部分。无论他怎样耍性子，无论他给人添多大的麻烦，心里极其嫌恶，都很难当机立断、割袍断义。

过年后的昭和十四年（1939年）一月六日——

太宰从寄宿寿馆搬到了还是石原家母亲仓为他找到的御崎町五十六番地的出租房。

那里地处甲府北边的町尽头，再往前有御崎神社和县立甲府中学、甲府49联队的司令部和兵营，走过附近相川的御崎桥，对面是一个广阔的练兵场。

出租房在走进御崎神社对面小巷的最深处，前面是种着蔷薇的小院，背后是桑田，环境很安静。

房间布局是八叠和三叠两间房，还有厨房和库房。玄关的格子门和南侧的外廊以及厨房的地板都已经很旧，但干净得像洗过一样，不要押金，房租是六元五十钱，很便宜。只是，没有安装自来水管道。

搬家的第二天，即婚礼的前一天，太宰早走一步，去杉并区清水町的井伏鳟二家。

在那里，按中畑庆吉的安排，已经送来婚礼用的黑羽双层纹和服和裙裤，再加上一套绢制和服。这在第二天令美知子感到有些意外。

在商量仪式时，太宰对美知子反复说自己身上只有一件衣服，无衣可换，所以对方也可以穿普通衣服。因此美知子听从太宰的话，也没有穿婚礼服，而是普通的出客打扮，没想到一月八日当天去井伏家一看，太宰准备了一套带黑纹的服装。后来石原家那边因顾忌太宰而没有戴家徽……也后悔不已。

婚礼由为新郎新娘做媒的井伏鳟二夫妇、代表津岛家的中畑庆吉，以及在东京充当监护人的北芳四郎、从东京赶来代表石原家的山田贞一和宇多子（三姐）夫妇、斋藤仓夫人共计九人进行。

在仪式后的小宴上，摆上了盛宴上用的、盛日本式菜肴的漆器食案，食案上摆着连头带尾的鲷鱼[①]。

中畑庆吉道谢词：

> 今天的菜肴很简单，失礼了，这是北芳四郎和我为修治临

---

① 在日本，鲷鱼作为吉祥鱼，在祭神或喜庆仪式上使用。

时准备的，请大家尽情品尝。

宴席大致快结束时，中畑庆吉和北芳四郎把太宰喊到无人处，问他还剩多少钱，太宰回答说彩礼的还礼收到了十元，不过后来只剩下二元。

两人一副吃惊的表情，把好不容易凑起来的钱交给了太宰。

其实津岛家对太宰的婚事不可能拿定主意一毛不拔的。

根据井伏鳟二在《亡友》的文章里说，相亲之后，井伏收到太宰想要结婚的信，马上用电话将此事通知了北芳四郎。

北先生向津轻的中畑先生寄出快信。当然，太宰也应该向中畑先生发出了通知。中畑先生立即动身赶到东京，和北先生一起来到我家。两人都很动情，大声地讨论在哪里举行马上要来临的婚礼。北先生说担心修治会泄气，要选个隆重的会场举行。中畑先生说，举行仪式的会场不是问题，但修治一旦知道费用由哥哥出，有可能会退缩。两人的意见不一致，但必须时刻盯着，不能掉以轻心这一点，两人是一致的。

估计两人因此才委托井伏转告太宰，说津岛家没有丝毫资助。

而且，太宰恐怕从一开始就已经看透了这背后的隐情。

在新宿站，太宰和美知子用山田夫妇为他们买的二等车票踏上回甲府的归途，当天夜里很晚到达御崎町的新居。

开始新生活后，根据美知子所说，太宰简直是“迫不及待似的”马上动手创作的，就是《黄金风景》的口述。

这部作品将参加国民新闻社主办的“短篇小说竞赛”。新闻社委托执笔的，是包括已经获得芥川奖的鹤田知也和小田岳夫[①]，以及伊藤整、上林晓、叶山嘉树[②]、森山启、新田润[③]、浅见渊等三十人，全都是实力雄厚的新锐作家。

太宰不可能自甘示弱。

投票由参赛作家互选，再加上新闻社代表读者投出三票，选出选票最高的作品，奖金一百元，这也是很有吸引力的。

太宰在《黄金风景》的标题后面写着题记：

> 海岸边有棵绿色的橡树
>
> 那橡树上系着金黄色的细锁链
>
> ——普希金

“这么写好吗？美知之。”就算他这么问美知子，美知子可能也无法立即做出回答。

---

① 小田岳夫（1900—1979），小说家。著有《鲁迅传》等。《城外》获第3届芥川奖。

② 叶山嘉树（1894—1945），作家。作品有短篇《卖淫妇》、长篇《生活在海上的人们》等。

③ 新田润（1904—1978），小说家。无产阶级现实主义作家。作品有《烟管》等。

这是契诃夫《三姐妹》第二幕中玛莎在台词中唱的诗句，在米川正夫翻译的岩波文库里，附着“摘自普希金叙事诗《鲁斯兰和柳德米拉》”这样的注释。

普希金在俄国人中如日中天，若是在俄国的剧场里，大多数观众都知道这首诗，只要听到一两句诗句就能理解其中蕴含的玛莎的心情，但对不知道原诗的日本人来说，光看这句台词，真不知道是什么意思。

读者即便不清楚诗句的正确含义，太宰用弥漫着高深莫测的诗句做题记，首先会使读者莫名其妙地产生敬畏情绪，这是太宰擅长的手法之一。

紧接着，丈夫开始口述：

> 我在小时候不是个品格良好的人。欺负女用人。不喜欢磨磨蹭蹭的，因此尤其喜欢欺负干活慢吞吞的女用人。阿庆就是干活迟钝的人。

新妻可怜又紧张地一字字拼命地记录着丈夫口述的文章。

第五章

新生活

若是太宰治的粉丝就已经知道，三十名参赛作家（实际是二十四人投票）的互选中再加上主办方的三票，《黄金风景》合计获得与上林晓的《寒鲋》并列的最高票数四票，结果与《寒鲋》分享了国民新闻社主办的“短篇小说竞赛”的优胜。

然而，越是太宰的书迷就越会产生这样的疑问：《黄金风景》作为太宰的作品并不那么出众，为何会获得新锐作家们如此的支持？更何况他们对同辈人的评价都特别苛刻。

若是现在，这篇仅数页稿纸的超短篇，与其说是短篇小说，还不如说是小小说。其实如果讨论以何种形式在报纸上发表，这个疑问不仅会化为乌有，而且肯定会变成感叹。

四百字的稿纸共计八页的参赛作品，好歹要分两天即每次四页分两次刊登。

以这样的形式从当时读者的角度重新阅读一遍《黄金风景》试试。

刊登在昭和十四年三月二日早报学艺栏的作品前半部分，题为《黄金风景（上）》，接着上一章写着的题记，大致如下叙述下去。

让（女用人阿庆）削苹果，不知道她在想什么，好几次停下手，不“喂”地喊她一声，她就一手拿着苹果一手持刀在那里发呆。我想，她不会是不愿意吧。看见她在厨房里什么也不干，只是动作迟缓地站立着的身影，即使在孩子的眼里，也觉得有些不像样而莫名地发脾气，带着大人的腔调不近情理地喊道：“喂！阿庆，白天很短的啊！”现在回想起来背脊都会发凉。尽管如此，有时候很不愿意地喊一次阿庆，让她把我绘画书里画着的阅兵式数百名士兵，一个个用剪子按它的形状剪下来。笨手笨脚的阿庆从早晨起连午饭也不吃一直剪到日落时分，才终于剪了大约三十个人，每次把大将的胡须剪掉，或者把士兵持枪的手剪得很大，像个钉耙似的，就会被我斥骂。夏天时阿庆爱出汗，剪下的士兵们都因为阿庆的手出汗而湿淋淋的。我终于发火，踢了阿庆。记得应该是踢到肩膀，阿庆却按着右脸颊痛哭流涕，她哭哭啼啼地说：“就连我父母都没有踹过我的脸。我会记住一辈子的。”她用痛苦而呻吟似的语调断断续续地这么说道，所以我还是感到了讨厌。除此之外，我几乎像是受之于上天的使命似的折磨着阿庆。即使现在或多或少也是那样，我怎么也不能忍受鲁钝无智的人。

前年，我被家里赶了出来，走投无路，在街头巷尾徘徊。我刚开始觉得自己可以靠写作谋生的时候，我得病了。靠着人们的情谊，在千叶县船桥町大海附近租了间小房子。每天晚上都要和湿透睡衣的虚汗做斗争，尽管如此，同时还必须工作，脑袋也痛得要命，以至于把院子里盛开的夹竹桃花朵错看成火在燃烧。

有时近四十岁的小个子警察来查户籍，打量着账本和满脸胡须的我的脸，问我："哎呀！你不是……的孩子吗？"他的话语里有着浓烈的家乡口音。

警察东拉西扯地说，在将近二十年之前，他在同一个乡里的K村当马车夫。

"你说得没错。"我一笑不笑地回答着警察，"我现在也落难了。"

"真是出人意外。如果是写小说的话，那是出人头地。"

我无奈地苦笑着。

"可是，"警察稍稍压低了声音，"阿庆一直在传说你的事。"

"阿庆？"我没有马上领会。

"是阿庆呀！你忘了吧。你们家的女用人。"

我想起来了。我不由得轻声"啊"了一声，我蹲在玄关的台阶板上，垂着脑袋，在这二十年之前，我对一个动作缓慢的女用人的恶行，一件件地、清晰地浮现在我的脑海里，简直是无地自容。

标题名写着“上”的前半部分，到这里就结束了。

现在来看，忍受不了良心谴责的幼少年时期的罪恶记忆——相当多的人对这种事是深有体会的，只是程度上有差别。就是说，这个主题对普通人来说是感同身受的。

对小说家来说尤其如此。暂且不论他们是否具有比社会上有理智的人更容易犯错误的性情，而是可以说，这与很多人会忘却的、或幼少年时期无意识的罪孽有关，小说家是内心敏感的人更容易选择的职业。

当时的主流是私小说，在创作过程中更重要的是反刍以往的记忆。完全可以想到，开始时能回想起来的恶作剧的记忆碎片，每次在脑海里得到复苏，其体量和厚度就会不断地增加。

在《黄金风景》的前半部，作为叙事者的主人公犯下的恶行，首先说的是因种种琐事呵斥反应迟钝的用人阿庆，处于主人地位的年少的“我”，劈头盖脸地进行现在回想起来会背脊发凉的训斥，接着差遣她用剪子剪下绘画书里多达数百人的士兵，对对方的拙笨勃然大怒，用脚踹她。

在日本，对主仆关系的意识，自从遭遇马克思主义激流的时候起，就已经发生翻天覆地的变化。在这以前，即使是孩子，把年长的用人看作微不足道的下等人对待，并不是那么罕见。以前认为是理所当然的行为，由于革命思想带来的阶级意识，变成了难以容忍的大罪。

说起来也许会觉得很夸张，这部作品里出现的阿庆（和当警察的丈夫），其实就是应该会到来的未来一代无产阶级的象征，而且“我”是走向灭亡的资产阶级代表，当时属于知识阶层的读者，肯定是大致如此理解隐含在作品背后的主题的。

那时，日本的共产党先后遭到镇压而被迫陷入毁灭状态，太宰自己也亲自出面，去青森的警察那里保证转变立场，但在很多文化人的心底，依然渗透着这样的信念：马克思主义本身就是不容置疑的真实。

基于这样的意识，对读者来说，这不是一户特殊人家的个人私事，而是隐含着更普遍更广泛的社会性意义的故事。

然而，小说既要处理与任何人都有关的主题，同时也不得不说读者不知道的特殊事件。

于是就说到了使唤女用人从绘画书里剪下多达数百人的士兵，并用脚踹她，但是在字斟句酌地细读的读者眼里，大概能看出这个事件虚构的色彩很浓吧。

极难相信会有在阅兵式场面里画了数百个士兵的大型绘画书，即使有，也不会用剪子把那些细小的人像一个个地剪下来。

假如将士兵的数量从一开始就设为“几十人”，也很难与我对拙笨得花了一天时间的工作大为恼火而用脚“踹”她的情节联系起来，不可能特地连暴力都用上了。假设只是简单地骂几句，得知来查户籍的警察是阿庆的丈夫时，脑海里却清晰地浮现以前的恶行，“简直是无地自容”这个前半部分的结尾就会失去说服力，就是说，小说本身就很难成立。

把绘画书的士兵数量设为数百人，这样的夸张应该说也是作者的本事，在四年前创作的《青年的奇态》里，有这样一段：

所谓的自我意识过剩，比如，道路两侧有几百名女学生排成长队，自己偶尔插进她们的队伍里，独自满不在乎地在其间穿行过去时，举手投足全都在生硬的目光注视下，整个脖子都会变得僵硬，开始手忙脚乱，想象一下在这种情况下的心情。

道路两侧有数百名女学生排着队，自己一个人从这中间穿行过去，这样的事态在现实中不可能发生。如果是重视真实性的职业写手，也许会在心里涌动着想要给笔设置自动刹车的情绪：说几百人，不管怎么说，不算过分吧？

可是，假如很真实地将它设为几个人、几十个人，那么就会完全失去这个恰如其分且极其巧妙地分析自我意识的核心或精髓的价值吧。

这个明知失真也敢于设为几百人的地方，其实平庸的作者就连在稿纸上这样下笔的胆量都不会有。

太宰在个人生活中小心翼翼，但一到文章表现上，就是一个特别大胆且果敢的作家。那样的大胆，常常令作家同仁们惊叹不已。（要说为什么，因为普通读者不会像专家那样在乎夸张、失真和现实性的缺失……）

在职业上，小说家对以前犯下的桩桩罪过不得不敏感，而出现在小说家面前的，是已经成为幼少年时作恶对象的丈夫，是个警察——这个职业设定又是很绝妙的。

以后到底会怎么样？……

作家们极可能比普通读者能更强烈地感受到这里产生的悬念。

这对承担口述笔记的新妻来说，也是如此吧。

叙述到这里的，是今后将要陪伴一生的丈夫的过往经历，接着要陈述的，无疑是启示未来的故事。

读者对前半部分的结尾满怀期待，心神不宁地煎熬了一整天，在翌日早报上刊登的《黄金风景（下）》，如下展开了。

我抬起头，脸上浮现出罪人或被告那种卑贱的笑容，唐突地问道：

“她幸福吗？”

他爽朗地、毫不在意地肯定了这个问题，说道：下回我带她来一次，好好地感谢你。听了他的话，我颇感意外：不！那是……“不用了！”我扭动着身体强烈地拒绝着，感到莫名的屈辱。

警察侃侃而谈地说起自己的家人：四个孩子中，长子在这里的车站工作，小女儿今年上小学了，阿庆也很辛苦，在你们家那样的大户人家里学过规矩的人果然不一样，那个阿庆经常提起你……他说了句“下次休息一定一起来感谢你”就走了。

三天后，为了工作更是为了钱，我一筹莫展闲待不住，便拿起手杖准备去海边。打开玄关门，门外站立着三个人，穿着棉布和服单衣的警察和身穿红色洋装的女孩，以及已经成为优雅中年夫人的阿庆。

我发出了连自己都感到意外的怒声。

“现在我有事要出去。对不起，请改天再来。”

我逃跑似的离开那里，一边用手杖不停地横砍着海边的杂草，一边捶胸顿足似的走着。走到街上，抬头漠然地望着绘画招牌上的活动照片，窥看着绸布店的橱窗装饰，从自己内心的某个角落里，传出喃语声：我输了！我输了！

过了有三十分钟，我朝家的方向返回。

最后的结局部分，我想引用原文：

走到海边，我停下脚步。看呀！前面有一幅平和的图画。阿庆亲子三人，悠然地朝海里投着小石块，兴奋地笑着。笑声一直传到我这里。

“那个人，”警察用力甩出小石子，“脑瓜子非常好啊！他将来会有出息的。”

“是啊是啊！”是阿庆高亢的带着骄傲的声音，“他从小就与众不同，对下人也很亲切，很关照下人。”

我呆呆地站立着流着眼泪。百感交集，激动的情绪简直像是因为眼泪才稍稍得到了化解。

我输了！这是件好事。否则是不行的。他们的胜利，又为我明天的起航增添了光彩。

这个结尾的场面，就是题名《黄金风景》。

我们现在一般接触到的文库本或全集，从头到尾通读一遍，那完全是通俗性的美感教育。人物关系的设定，情节的展开，处理方法，一切都按定式，故事令人觉得陈腐而俗不可耐。

对明显让人联想到作者自己的“我”来说，从其他出场人物的口中说出“头脑好使的人”“将来会有出息的”“他从小就……”也许会让人产生俗不可耐的感觉。（这种大多数人怎么也做不到的写法，可以作为前面提到过的太宰大胆的一个明证。）

即使以相当偏爱的目光来看，也难以抹去这样的印象：这是一部对当事人来说恰到好处的小说。即主人公的罪孽，与其说是由于对方阿庆还不如说是由于作者靠着自己的编排驾轻就熟地构筑故事的方式而得到原谅。

但是，小说在正中间被截成两半，分成前半部分和后半部分，中间隔着一天的时间来阅读，读后感就会有天差地别。

关于幼少年时期的罪过，等候着主人公的，究竟是什么样的命运……再也没有像自己也感同身受的读者那样怀揣着不安和期待，心神不宁地度过一天之后，迫不及待地打开了第二天的早报。

读者尽管自己都没有意识到，但感情已经完全移植到主人公的身上，所以没有想到“哎呀！还是老一套的结尾……”简直像是自己得到了原谅似的有一种释然的感觉。

以电影为例，无论理念性的文化人怎样鄙视，自古以来都是制作精良、以大团圆谢幕的情节剧，对全世界所有国家的大众都发挥着压倒性的效果。这是因为越是在现实生活中惨淡经营的人，就越是在心底强烈渴望着现实中难以得到的幸福。

希望自己被看作艺术家的作家，知道会被人们接受，觉得很心安理得，连想写那种东西的欲望也没有了。

太宰治与其说是一副满不在乎的样子……还不如说是个出手不凡做得很出色的作家。真的敢于用笔勾勒出绘画似的普普通通的结尾场景。如果意识到是纯文学，就会感到畏惧而什么也写不出来了。那是因为当时他自己无论在精神上还是在肉体上，都深深地沦陷在底层，迫切地希望得到那样的（实际上是奇迹般的）解脱吧。

他的确将八页稿纸的超短篇很好地运用了分两天连载这一发表形式。

同仁们钦佩的是作者的胆量胜过文章的主题，是隐藏在背后的算计，是不露山水的技巧。

写到这里，不难想象《黄金风景》获得的四票，不就是各种动机相互牵制着投出去的吗?

太宰在同人面前另有一个必须首先让人佩服的对象，那就是奋力疾写口述笔记的新妻美知子。还有在文化水准方面远远高于当时平均水准的石原家的家人和亲戚。

以御坂岭为界，太宰的作品，文章的架构能力和人物对话都得到飞跃性的进步，这是因为他意识到有着具有如此高的修养和社会常识的人们，是他身边最亲近的读者。

在这新的挑战方面，太宰一定会获得了不起的成功，以后再娓娓道来。

在《富岳百景》中，有一段讲到来御坂岭天下茶屋拜访的青年们。概括一下。

> 名叫新田的二十五岁敦厚青年，在岭下叫吉田的町上邮局工作，说因为邮件才知道我来到这里，便来拜访岭上的茶店。
>
> 他后来带来形形色色的青年。新田和擅长唱短歌名叫田边的青年是井伏先生的读者，因此我觉得很安心，与这两人关系最好。……

以下根据这期间出版的新田精治《甲府的时候》这篇回忆文章，昭和十四年初春，太宰写信给他，表示这样的意向："最近生活很有规律。早晨七点准时起床，迎接你们。请来玩。或许会有令你们稍感意外的惊喜。"

新田精治和田边隆重一起，去信上写着的住址甲府市御崎町五十六番地太宰家拜访，在那里经介绍认识了美知子，第一次知道太宰结婚了。

“结婚也不来通知我，这不是太见外了吗？”新田埋怨道。

“下次来时，带只鸡来呀！这就可以了。”太宰这么说着，笑了。

像是证明信上写着的“生活有规律”似的，太宰的指尖已经不颤抖了。在天下茶屋时，新田注意到太宰夹香烟送到嘴边的手指在微微地颤动。

太宰的桌上放着用米粒般的小字写得密密麻麻的、厚厚的像是信件似的东西，好像直到刚才太宰还在读它，于是问他是什么。他解释说是朋友写的从战地寄来的小说，要誊写到稿纸上推荐给出版社（后来才搞清楚那是田中英光的《锅鹤》）。

以后，新田和田边每逢休息日就去拜访御崎町，一起外出，在附近的名胜古迹溜达，再回到家里，聊天一直聊到末班车时间。

当时还谈起了有三十名作家参加的、参赛作品陆续发表临近结束的“短篇小说竞赛”。

“我从正月起就收到《国民新闻》，但没有读过，不知道投谁的作品好。”新田对太宰说道。

“上林晓很好啊！上林的《寒鲋》……”田边如此推举道。

“是的。上林很好，上林是个好人。”太宰很介意。

不过，不可能不看作品就乱投票的，如果有人投票，报纸马上就会做报道。

上林晓的《寒鲋》，大致是这样的故事。（括号里的文字是我自己添加的）

截止期迫在眉睫，我正在工作，胜部先生来访，邀我说“现在正在烧鲋鱼”，一起走上了寒峭凛冽的夜路。

我当杂志记者的时候，胜部先生为我写过两三篇文章介绍德国文学。据说去年年底，他关了家门，和家政女子学校上学的十五岁女儿两人，在荻窪站附近叫秩父庄的旅馆租房间生活。

最近胜部先生正在赶稿子。他曾经心悸加快，心脏骤停，人向后仰去。他被医生诊断为神经衰弱以后开始垂钓，说要请我吃在收费的钓鱼处钓来的鲋鱼。

他最初想当医生才考进（旧制）高中，在与其他学校棒球比赛开始时的啦啦队群架中，被石块砸伤了右眼，不能看显微镜了，不得已将志愿改成德国文学科。此后，胜部先生的人生看来也很不顺。

在荻窪边上的空地上，布着帐篷的马戏团结束演出后，在昏暗的马厩里约有十匹马似乎累得筋疲力尽，静静地垂着头。马也很可怜啊……路过的女人们叹惜不已。

“散场以后，会有会觉得很感动吧。”

我附和着说道：“令人感动的东西，最后比太耀眼的东西更凄惨。”

走进寄宿的房间，房间里弥漫着煮鱼的香味。

胜部先生爱吃的寒鲋，在架在火盆上的小锅里咕嘟嘟地煮着。在八叠房间里，门边铺着被褥，枕头上，读到一半的少女物语打开着。感觉直到刚才女儿好像还一直睡着，现在却不见她的踪影。

我读的是全集。到这里的行数正好是全篇的一半，这是第一天的结束。

在这之前，“我”在担心胜部先生在心脏骤停倒下时他女儿的惊讶和无助是怎么样的……这成为伏笔，虽然没有特别的戏剧性变化，但前半部分的落幕还是能使人感到有些悬念。

接下来后半部分从“问‘孩子怎么样了’，听到胜部先生回答‘在洗澡吧’，我松了口气”的地方开始。（这是我个人的推测，但用《国民新闻》的微缩胶片查看，后半部分是从“走进寄宿的房间，房间里弥漫着煮鱼的香味”开始的。）

胜部先生端下煮鲋鱼的锅子，把斟有一升酒的热酒壶挂在炽热的炭火上。用筷子从锅里取出鲋鱼，放在递给我的、代替碟子的茶碗盖上吃着，连骨头都已经酥软，非常好吃。

据胜部先生说，把鱼钓起来后放在水里游两三天，让鱼把肚子里的脏东西全都吐干净，稍稍烤干后，先用水好好煮一下，最后像现在这样用酱油和砂糖调味，再正式煮烧。

两人吃着鲋鱼喝着酒时，传来敲门声。还以为是他女儿，不料出现的是个年轻女佣。“今晚有客人，不行。明天晚上来。”胜部先生说道。女佣轻轻地关上门走了。

据说女佣今年十八岁，还没有小学毕业。胜部先生每天晚上教她国语，现在学到小学三年级的程度。

正在这时，额发修剪得很整齐的女儿穿着单浴衣，表情明朗地走进来，微笑着鞠躬行礼。

她面对着墙上的圆镜，在脸和手上涂上化妆水，喝了口冷茶，马上躺在床铺上看书。

我和胜部先生在餐桌上开始下将棋。不久开始传来呼呼的稳健的酣睡声。在走棋的空隙间，我朝后边瞥了一眼。在我身后，少女把脸搁在高枕上，稍稍露出洁白的牙齿，一脸稚气地熟睡着。

幽静的夜晚，中国面馆的唢呐声在远处响起。我们下第二盘将棋，两盘都是我赢。

这是全篇的结束。

在当时的文坛上，认为只有不加修饰地拼接作者日常生活的私小说、心境小说才是正道。这种在当时占据着相当版面的文学观念，如今已经成为遥远的过去。以现在的感觉来读，与现实的严峻一起，感慨人生的情感，也可以称之为直逼胸膺的佳品吧。总之，能得到参赛作家而且大多是私小说派的作家两人以上的支持，这也是很自然的事。

当时的文坛潮流是，如果用私小说的手法创作，人们都会把作品中描述的事认作真实的事情。太宰的作品反其道而行之，一边设置大体上的环境，使读者以为主人公或者叙述者就是作者自己，同时细节上用虚构和变形来填补。上林晓的《寒鲋》则与太宰的作品不同，相信直至情节的细枝末节都肯定是大致按事实的原样来描述的。

使人感到微妙的悬念，同时渐渐地变成美感教育，最后结束时前景一片灿烂或者令人感觉到微弱的曙光。在这样的架构方面，两者似乎很相似，但这种技法的内核却正好相反。

参赛作家的作品在四月十一日全部刊登完毕以后，投票于十八日截止，两天后进行投票的审核。

结果太宰和上林各得四票，有三人获两票，九人获一票，决定当选的同票优胜者两位，分享一百元奖金，每人各获赠五十元。

太宰在《国民新闻》刊登的《当选之日》这篇文章里，描述接到当选通知的快递后的情形。他这样写道：

> 去步行十五分钟路程的车站，购买公布竞赛结果的报纸。早晨快八点时，急着上学的中学生队伍黑压压地络绎不绝。我一边走一边渐渐地高兴起来。考进中学时的喜悦也是如此。瞬间好像周围的景色顿时变得亮堂堂的，自己突然身高长了一尺，仿佛成了不同的人种似的，还觉得很难为情……

可是，前面提到的新田精治在回忆里关于《黄金风景》写道：

这部作品是夫人做口述笔记的，据说先生没有任何拖泥带水，一气呵成，那样的口述简直就像蚕宝宝吐丝，中途和结束之后都决不进行修改。这是听当时去太宰家拜访的人说的。

不知道“当时去太宰家拜访”的是什么人，但对像蚕宝宝吐丝那样孕育文章的才能产生的敬畏，应该是做口述笔记的美知子比其他任何人都先有切身的体会。

《黄金风景》也可以解读为描写无赖派在与家庭派的对抗中失败的故事。

太宰的口述无疑是向夫人表明决心，即毅然决然地与以前的无赖生活告别，今后将献身于健全的家庭生活。

在磕磕碰碰地挨到结婚之前，太宰向井伏鳟二写道：

我自认为是个家庭型的人。无论在好的意义上还是坏的意义上，我已经不堪忍受没有着落的生活。结婚、家庭，我觉得都需要努力。我相信是持之以恒的努力，不能有浮躁的情绪。即使贫困，也要慎重地努力终生。以上这些话虽然很平凡，但从此以后，我在任何人面前都能斩钉截铁地说出来。即使在神的面前也能毫无愧意地发誓。无论如何请相信我。

这份保证书最初变成的作品，就是《黄金风景》。

一进入新生活，太宰便“迫不及待似的”先让美知子做《黄金风景》的口述笔记，也许就是出自那样的心态。

可是，美知子自己在晚年回忆新婚生活的文章里写道：太宰工作结束后晚酌要喝六七合[①]酒（这是相当大的量），然后猛地倒地熟睡——

> 我在邻居们全都进入了梦乡，在夜深人静的水井边洗东西时，才觉得太宰始终在说的“孤单”，难道是这样的感觉？

到底是什么才使美知子寂寞到那种程度呢？

---

① 合，日本旧制重量单位，1合为75克。

第六章

第一个读者

本书第一章里曾提到井伏鳟二《亡友》里开头出场的“竹下康久”，这个人是否真的存在，是很值得怀疑的。

但是，根据住在大宫市的诗人榊弘子送来的许多资料得知，确有其人。

要说到得知这个信息的原委，就要提及井伏和太宰两人的为人与作风的差异，以及师徒关系的微妙，所以再回到前面提到过的话题。

在太宰去世几个月后，井伏写了题为《亡友——在镰泷的时候》的追忆文章。

> 在太宰治的《富岳百景》这部作品里，写着和我一起登三之岭时的事。说我在三之岭顶上露出颇感扫兴的神情在放着屁。这作为读物也许颇有情趣，但没有事实根据。关于放屁一事，当时一位陌生的朋友、新内的竹下康久来信，他在信里说：“我不相信先生您在三之岭放屁了。我的朋友也这么说。我作为太宰先生的读者，又作为先生您的读者，殷切希望您能

要求太宰先生慎重收回这句话。”

据说井伏把这封信给太宰看。太宰为了把话说得很风趣，故意使用敬语说道：“真的放屁了。不仅放一个，并且还放了两个。放得声音很轻。当时山间小屋的大胡子爷爷偷偷地笑了。”他这样信口胡言，大声地笑着。

我第一次读到这篇回忆文章时，感觉名为“竹下康久”的读者来信，极有可能是井伏为了把故事写得有趣而虚构出来的。

我少年时代就是井伏鳟二的粉丝，井伏的文章具有多层次的真实感，这种感觉随着年龄的增长越来越强烈，这也是产生这种疑问的一个因素。

竹下康久是真实存在的。作为其证明，榊弘子送来的是他刊登在杂志《博浪沙》和《素面》上的几篇诗歌和随笔的复印件。

《博浪沙》是拜井伏鳟二为师的作家田中贡太郎[①]主持的月刊，《素面》是与井伏的好友添田知道[②]为主发行的季刊。关于添田知道，不用多说了吧，他是演歌的革新者添田哑蝉坊的儿子，是个不仅会写小说还因撰写颇多的著作而闻名的作家。

---

① 田中贡太郎（1880—1941），作家、散文家。主要作品有《旋风时代》、译著《聊斋志异》等。

② 添田知道（1902—1980），演歌师、作家、评论家。主要作品有《利根川随步》《朝风街道》《香具师的生活》等，《小说教育者》获新潮文艺奖，《演歌的明治大正史》获第18届出版文化奖。

太宰的《富岳百景》是昭和十四年（1939年）早春发表的。两年后，《博浪沙》刊登了竹下康久的随笔《鳟二君和我》。摘抄内容如下：

初夏时，我在鳟二先生家院子前的石制洗手盆前，悄悄地播下了太阳花的种子。

太阳花不久长大，开出了五光十色的花朵。鳟二先生炫耀说，它是自己长出来的。

我没有说是我播下的，而是撒了个好像很有道理的谎："一定是来喝水的翔食雀，一不小心把尾巴上粘到的种子掉在这里的吧。"

有一对蜥蜴带着它们的宝宝在洗手盆边上玩耍，不时地追赶着蠓虫，不停地跳跃着飞起来。

"如果蜥蜴再大些，以它的速度追逐人类的话会很恐怖的吧。"鳟二先生说道。我也如此想象一下，那是非常恐怖的。

"它们是我家的蜥蜴。"鳟二颇感爱怜地望着一只还以为要跑进太阳花丛里却不料已经在洗手盆边际的蜥蜴说道。

竹下康久的随笔无论构思还是叙事的语气，感觉都和井伏鳟二一模一样。也许他的感受性原本就和井伏有共同之处，所以才成为井伏鳟二的书迷吧，或者在越来越沉迷于隐含着独特魅力的井伏文学时，就连措辞都相似了？

若是如此，竹下康久读过《富岳百景》后写信给井伏，信的内容俨然是一副井伏的口气，这也不是不可能的。

《素面》于昭和三十六年（1961年）创刊，到昭和五十五年（1980年）停刊。送复印件来的榊弘子在《素面》的后半期发表诗文，还帮着做编辑，所以她虽然没有直接与竹下见过面，但对竹下康久的名字和作品是很熟悉的。

如果把事情发生的时间放回到现在正在进行的故事里，估计在刊登《富岳百景》前半部分的杂志《文体》第二期，摆放到书店后不久的一月二十四日，太宰向井伏寄出了如下道歉信：

> 今天你严加斥责，真是汗颜至极。对不起。我想用那部小说向井伏先生表达我的尊敬和谢意，我相信对井伏先生不会产生丝毫伤害才发表的，现在细想下来，在小说里不管情况如何也不能说出真名，给井伏先生的心情添加了某些烦恼，反倒觉得很失礼，我诚惶诚恐。是我疏忽了。
>
> 请一定要原谅我。
>
> 以后无论在什么样的场合里，这种过错都绝对不会再出现。

道歉信里开头时说的“严加斥责”，是井伏对太宰毫无根据地写他在三之岭顶上“放屁”一事提出的抗议。

太宰以前也收到过井伏同样“严加斥责”的来信，写过辩解的回信。在药物中毒最严重、神经极其错乱的昭和十一年，他把前辈和朋友、编辑、读者写给自己的私人信件，汇总拼接成一百五十页稿纸的中篇小说《虚构之春》，发表在《文学界》第七期上。

“严加斥责”的内容估计是指责太宰擅自发表私人信件。作为井伏来说，他实在是担心太宰将老师佐藤春夫写来的书信挑选对自己有利的片段随意地写进小说里。

这次“严加斥责”的起因，从道歉信的内容来看，不难推测是对出现在虚构小说中的人物用真名表示异议。小说靠虚构来构筑，随笔写的是真事，这是井伏的一贯主张。

不过，如此想来，又会产生其他疑问。因为在井伏鳟二的初期佳作《鲤》里，早稻田大学读书时代的至交青木南八就是用真名出现的。

《鲤》最初作为随笔发表在大町桂月[①]主编、田中贡太郎编辑的随笔杂志《桂月》里，但那多半是为了获得变成铅字机会的权宜之计。正统的小说就是依靠想象力使原来的事实得到夸张而成，相信读者一眼就能看出来，这一点连作者自己也毫不怀疑。（在《鲤》的稿子里，只是在作为随笔发表的初稿的基础上，结尾处增加了一个新的场景，整体结构几乎没有改变。）

这应该如何解释呢？

再更加细细地品味井伏“严加斥责”和太宰“消除误会”之间的关系。

---

① 太町桂月（1869—1925），近代日本诗人、歌人、随笔家、评论家。

太宰在《虚构之春》里擅自公开发表私人信件遭到斥责后，回信解释是在七月六日。他坚信一个月后，自己的第一部作品集《晚年》将会入围不久就要公布的第三届芥川奖。

实际上这届芥川奖设立了一个特例，即往届芥川奖的入围者要从候补名单中删除，因此太宰的《晚年》最终没有进入入围的八部作品中。据说太宰满心欢喜地期待着《晚年》获奖的消息，并充满自信且一厢情愿地认为自己获奖是板上钉钉的事。

八月十日芥川奖评选委员会召开会议。太宰几天前就滞留在群马县水上村的谷川温泉疗养馆，准备在那里迎接获奖的喜讯。在十一日早晨打开的报纸里，公布的受奖者是《城外》的小田岳夫和《柯夏玛因记》的鹤田知也两人。太宰陷入错乱的状态，写下《山上通信》这篇乱七八糟的文章寄给“朝日新闻记者”（虽不是记者却是学艺栏的老作者）杉山平助①。杉山平助当然没有理睬他，把文章退了回去。《新潮》第十期刊登太宰的《创生记》时，太宰把这篇文章添加在《创生记》的结尾处。

《创生记》这部小说，凡是读过的人，都能感觉到它是一部标题与内容完全没有关联的作品。

从标题来看，最初的创作意图，估计在于尽量严肃地陈述，在远离东京的深山温泉疗养馆里接到芥川奖获奖喜讯时的感动和从此将要开始新生活的决心。

---

① 杉山平助（1895—1946），评论家。

他满怀期待地前往谷川温泉疗养馆当作绝佳的舞台，不料却在那里失去了所期待的希望，所以导致他所写的作品毫无条理，断片性地拼接对同乡石坂洋次郎[1]的埋怨和简直没法收拾的内心混乱，作品的内容变得与题名一样似是而非。

加在结尾的《山上通信》里，有这样一段：

> 前几天收到佐藤先生那里发来的“有话要说快来”的电报，所以我去见了一下，说是大家都把你的《晚年》这部短篇集推荐给芥川奖，我很难为情，觉得回报小田君他们长期耐心工作的努力也不赖，所以暂时先拒绝了。你想要吗？我思考了五六分钟之后做了回答。话已说出了口，先生，如果不是非正常的情形，那就给我。在这一年里，我为了芥川奖，受到了不为人知的伤害。

就是说，这是一篇辩解文章，是向为了购买药品而不断借钱给我的亲戚、前辈、朋友们解释，自己的确从佐藤先生那里听说这次获奖会轮到我的头上，我以奖金五百元做担保……

中条百合子[2]读到这篇文章后，在《东京日日新闻》的文艺时

---

① 石坂洋次郎（1900—1986），小说家。历任日本文艺家协会评议员、三田文学会会长、直木奖评选委员。曾获第14届菊池宽奖。作品有《麦子未死》《绿色的山脉》《石中先生行状》等。

② 中条百合子（1902—1970），作家、画家。

评上，用刻薄的语言批评文章背后隐含的文坛上的师徒规则。

佐藤春夫从别人那里听说这个批评后，将最初读《创生记》时的述评，以“芥川奖——只有愤怒才是爱的极致（太宰治）”为题，发表在《改造》第十一期上。其中关于前面提到的《山上通信》部分，大致做了如下陈述：

> 《创生记》里说，我发过一份“有话要说快来”的电报，问太宰想不想得到芥川奖，太宰自己也不清楚是否想得到芥川奖，甚至还被喊出来，他好像已经忘记了这件事。
>
> 不过，打“有话要说快来”的电报喊他出来，这事的确有过。太宰从看见那份我随意发出的电报，心里顿时怦怦直跳，更加觉得自己能获得芥川奖。他的胡思乱想，大概就是从那时开始的吧。我喊他出来完全是为了另一件事，估计当时太宰自己也立即就想起了那件事，打回了颇为传神的电报：
>
> “好，我一定会来的。”
>
> 这份电报交给了那件事的相关者，所以现在不在我手上。多半是富泽有为男或《东阳》编辑室拿着吧。[①]

---

① 当时太宰把《文艺春秋》退回的《狂言之神》委托佐藤春夫交给《东阳》编辑室采用，同时约定给《新潮》杂志第九期的稿子如果来不及交稿的话，再把《狂言之神》取回来交给《新潮》杂志。此事被佐藤春夫得知后，太宰被佐藤春夫用电报喊去，受到了严厉的斥责和训诫。

会不会是太宰治明明心里很渴望得到芥川奖，却故意等了五、六分钟才给回信呢？这个人，若是别人的事，始终都是装疯卖傻地蒙混过去，事情一旦落到自己头上，立即小题大做，说出什么“拼上性命的真诚”的话来。这是很不地道的做法。我要奉劝他换副眼镜用“拼上性命的真诚”看待他人，以鸟羽僧正[①]的方式凝视着自己。

在如上解释用电报将太宰喊出来的前后经过之前，佐藤这样描写到访的山岸外史如何当着另一位客人的面拿着杂志开始阅读《创生记》的场景：

“你这可不好办，不好啊。被写得如此信口开河胡编乱造。——简直是瞎想。要如实报告。这种手法任何时候都会很困难。如此功利性。被利用了。比起笔者的常识来。有良心的人。首先要怀疑吧。”

他自己一边断断续续地一句一顿地说着，一边从页面的一半读到下页一半处的一段，读了有二三十行。

“真不爽啊。这个人物令人头痛。”开始时就好像这个人就在眼前似的说道，最后还是改变了语气，“难怪，如果把

① 鸟羽僧正（1053—1140），源隆国第九子，天台宗僧人。擅长绘画，著有《古今著闻集》《长秋记》等。

这当作真事来读，即便是中条百合子，对这样的师徒制度也会觉得很生气。姑息这样的状态渴望得到芥川奖，令人感到心酸啊。”

而且，佐藤说，把太宰作品中所写的事全都看作事实，这是——

一种幼稚愚蠢的错觉，让人深信所有的梦境都是事实。但是，太宰把它作为创作的契机，以一种使人把胡思乱想当作真事的方式写出来。也许是太宰自己在把自己的妄念认作真事。他自己说自己是个令人头痛的人，主要是想表达这一点。

尽管三年前受到过老师佐藤春夫如此严厉的批评，但在从药物中毒中重新振作起来的今天，他还在小说里以真名对出场人物毫无事实根据地任意编造。

自己被太宰写“放屁”，井伏更担心太宰今后还会随意使用这样的手法给别人添麻烦，心想现在就应该整治他一下……于是他就对太宰进行了相当严厉的“训斥”。

在甲府郊外的出租房里，开始新生活的第一项工作就是口述《黄金风景》。这项工作结束后，太宰立即着手口述《富岳百景》的后半部分。

做口述笔记的美知子还没有读过刊登在《文体》第二期上的前半部分。

> 特地选择月见草，是因为我觉得这株草和富士山都有着很相似的气韵。

对这样的开头，美知子有一种很唐突的感觉。

读者已经知道，《富岳百景》前半部分（正篇）结束时，就是“我”当着天下茶屋女儿的面，在后院里撒下了月见草的种子。而且以这样的写作手法作为续篇的开头，就算是放眼于太宰的整部作品里，也算得上最有名的了。

“我”按三天一次的频率到御坂岭山麓的河口村邮局去，取出寄给“我”的邮件。在坐巴士回家的路上，响晴薄日下的富士山令售票员不由得发出赞叹。有位老婆婆却对此美景瞧也不瞧一眼。“我”对老婆婆内心里隐藏着深深忧虑的身影感到强烈的共鸣。

紧接着出现的，是不仅仅在太宰的作品里，即使在整个日本文学的作品里也是出类拔萃的、会鲜明地铭刻在读者脑海里的情景：

> 老婆婆不知为何呆呆地说了一句：
>
> “哎！月见草。”
>
> 大概与我很有缘分吧。
>
> 她这么说着，用纤细的手指指着路旁的一个地方。巴士

"嗖"地疾驶而过，我的眼里现在还残留着那惊鸿一面的月见草，那金黄色的花朵，花瓣如此的艳丽。

堂而皇之地与3778米高的富士山对峙，毫不怯弱。怎么说呢？那月见草简直像金刚草那样勇敢地挺立着，真好。月见草与富士山很相配。

想到死后作为文学碑的碑文，如今就连不读小说的人也都知道的最后一句，顿时觉得《富岳百景》的立意就在这里，并开始释放出名作不朽的光辉。

可是，在小说里，在天高气爽的大白天，在巴士经过的路边盛开的一轮月见草，果真是作者在现实中亲眼看见的吗？

这也许不久会迫使我修正，但关于本书第一章里提到的那个疑问，现在重提一遍。

很多人都知道，月见草有傍晚开花、天亮凋谢的习性，而且真正的月见草是"白色花朵"。作品中出现的"金黄色月见草"应该是"红萼月见草"，在日本一般只有红萼月见草才被称为"月见草"。夏季从傍晚到翌日清晨开出硕大的黄色花朵，沐浴着太阳的光辉而凋谢的红萼月见草，在富士山麓遍地都是，尤其在山中湖畔和河口湖畔更多。

我在平成十年（1998年）夏天，获得了亲眼证实山本大二郎在《富士山之花》里如此描述的机会。因为那年八月中旬，我要去

NHK电视台节目组而住在河口湖畔的旅馆里。

和节目组的人同坐在一辆汽车上，上午九点从旅馆出发，在湖畔的道路上大致绕了半圈，在去外景拍摄地的途中，路边到处簇生着红萼月见草，还盛开着黄色的花朵，但在上午十点开始摄影的时候，周边的花开始凋谢，到将近中午结束时，已经完全蔫了。

接着汽车从湖畔一带朝御坂岭爬去，在迂曲的山路上行驶，与路边到处可见的花儿一样，种植在天下茶屋前的红萼月见草也垂下了凋零的头，未见一朵开着的花。

阳光明媚，夜里开放的花朵只有一轮，简直像向日葵似的，金黄色的花瓣也很艳丽，勇敢地挺立着……倘若这是现实中的情景，不得不承认是个奇迹般的例外。

这月见草不会是只在作者的脑海里才浮现的吧?

倘若真是如此，那被佐藤春夫批评“也许是自己在把自己的妄念认作真事”的太宰，真的是一厢情愿地信以为真，才能孕育出蜚声文坛的罕见场面。

木山捷平的《太宰治》里有一段文字说，太宰指着一棵树问木山：“知道这是什么树吗？”木山回答说：“不知道。”“这就是你在小说里写到过的辛夷树呀！”木山虽然知道辛夷花，却不知道有辛夷树。太宰这个人对植物竟然熟悉到这样的程度。

根据相马正一的《评传太宰治》记载，在太宰家乡的山野里和海岸边，红萼月见草丛生，当地人把它称为“月见草”。

太宰不会不知道它傍晚开花、翌日凌晨凋谢的习性。

然而，除月见草之外，任何花都没有这样的习性。从语言和形象的对位法[①]来看，能勇敢地与富士山对峙的，不管怎么说都必须是月见草。

太宰在私生活方面即使再怎样谨小慎微，一旦到文章上就表现得极其胆大心雄，如此过人的胆量，在写作上发挥得酣畅淋漓。

让白天不可能开花的月见草在阳光下开放，读者会疑窦顿起……如果是以欠身哈腰仿佛辩解似的姿态，再加上畏畏缩缩的托词，就不会产生如此鲜明的形象。

一旦拿定主意，就毫不迟疑地这样写下来。让金黄色的月见草笔直地挺立着，与响晴薄日下的富士山对峙。这是作者“拼上性命的真诚”。

太宰就这样不遵循一般常识，靠着其他任何人无法模仿的坚韧的想象力和文章构筑能力，创造了只能在创作的领域里才会出现的奇迹。

富士山和月见草并立相容的图景，读者甚至能真切地感受到，甚至有映现在自己眼帘里的真实感，那是因为这样的情景在现实中是不会有的。

根据美知子的回忆，太宰每天坐在桌子前工作到下午三点左

---

① 对位法，又称配合旋律、旋律配合法。将两个以上独立的旋律线（声部）配合起来的多声部音乐的作曲技术。

右，然后去附近的澡堂里洗澡，傍晚起开始喝酒。下酒菜始终是汤豆腐。太宰除了以独特的思维相信“豆腐消酒毒”之外，他的牙齿也不好吃硬物，所以这样看来这是他最理想的食物。

尽管如此，一连几天吃掉的豆腐数量较多，甚至引起街坊邻居们在背地里议论：“津岛先生只有两个人，买了好几块豆腐怎么吃啊。”这果然不是常人的生活方式。

“一旦认定就要拼上性命”的个性，在这样的生活细节里都表现得淋漓尽致。

酒一下肚、情绪一高涨，太宰就唱在弘前的高中读书时记得的义太夫[①]调的一段，或者模仿歌舞伎的声调。

义太夫的拿手绝活是《御俊传兵卫》著名台词，“传兵卫不在场……”的后面一段，和《朝颜日记》里深雪的哀叹之类的唱词。

这些唱词被认为与太宰今后的风格和文体的变化有着极深的关系，所以先来看一看到底是什么样的内容和结构。

《近顷河原达引》一般被称为《御俊传兵卫》，它的大体情节是这样的。

井筒屋酒家的独生儿子传兵卫与京都最大的伎区祇园的娼妓阿俊相恋。武士横渊官左卫门爱恋着阿俊，横刀夺爱设奸计陷害传兵卫。传兵卫甚至还挨了打，受尽各种羞辱，终于忍无可忍斩杀了官左卫门。

---

① 义太夫，“男旦”的敬称。歌舞伎、新剧中饰演女性角色的男演员。

传兵卫当场想要自残，但被阿俊和帮闲久八制止，便躲了起来，阿俊也因为担心会牵连到打工的店铺而躲到了堀川的父母家。

父母家的母亲和哥哥害怕会祸及阿俊，无论如何想要割断她与传兵卫的情缘。这时偷偷来访得知此事的传兵卫想自己一个人去死。

对此，阿俊悲切地诉说内心真情的一段，这时传兵卫不在场……就是从这里开始的一段名曲。我希望读者一边回味一边想象着太宰在新婚妻子面前声嘶力竭的模样：

> 尽管我词不达意，但从初次见面起一直叙到最后，相互吐露心声，即使毫无顾虑地暗中蒙受关照也不知图报，只以为是真正的夫妻。
>
> 在深爱的丈夫危难之际，怎么能抛弃他呢？无论活下来的道路通向幸福还是不幸，我都通通放弃，只想与你共赴黄泉。

这一段当然必须以阿俊——女性的心情来演唱。

《朝颜日记》说深雪哀叹的场面也是一样的。

武士的女儿深雪和在宇治采萤时认识的阿曾次郎发誓终生相伴，不料却屡次失之交臂，结果不断地擦肩而过最后鸾分凤离，为了坚持自己的恋情离家出走，到处流浪，万分悲痛终日以泪洗面而成为盲人，现在以朝颜的名字被街上的客栈喊去，沦落到卖艺卖身的境地。

某天，有两名武士结伴而来招呼朝颜，其中一人就是恋人阿曾次郎。然而，已成为盲人的深雪不知道对方是谁，阿曾次郎也不能当着一起担任主公归国先锋任务的同僚的面说出自己的名字。

就这样，深雪在恋人面前一边弹琴一边倾诉自己的悲惨身世……

这一段又必须完全扮成深雪来演。对意志顽强的太宰来说，这样的感情移植和人格转换，也许并不那么困难。

在这样的情景里，人格转换同时又是性别转换。要把自己转化成女性，运用七五调的韵律来诉说内心的悲情。在那样的过程中，心理和生理产生的官能性快感，不又是从高中时代起就依附在他身上的义太夫热的重要诱因吗？

美知子回忆起新婚当时的情景，记录着如下令人印象深刻的插曲：

> 太宰在《叶》里写着“想当演员”。我想他若是当演员，不会是想演男旦吧？他这个人有着“女性”的一面，男人即女人，女人即男人，看来他能在那里感受到难以言喻的情趣。
>
> 一个寒冷的夜里——
>
> 从夜晚起就不停地喝酒，过了九点，我觉得他已经是最后一杯便收拾餐桌，正准备就寝，太宰也许是想起了什么，突然说是穿上棉睡衣还不如说是披着，开始做出舞蹈动作。

现在已经不太穿用，棉睡衣就是絮棉花并且设有衣袖和衣领的睡衣，卧具大多都是大身量的，有“像褥子似的”说法，颇有气派。

穿着那种很气派的棉睡衣，说是跳舞，也是边唱边将身体前后左右摇晃着。那身姿就好像吉原花魁[①]的盛装打扮，又像是穿着男旦长罩袍的舞台装。只是歌曲却不是正宗的，而是当时的流行歌（佐藤惣之助作词）。

亲爱的妹妹，莫要哭泣。

若你哭泣，年幼的我们，

背井离乡，便无意义。

表现出这样的醉态，只有那天夜里这么一次。即使想穿女装，家里的衣服也不合他的尺寸，因此估计是看见棉睡衣才冲动地穿上后又唱又跳的。

太宰平时喝酒总是喝到晚上九点左右，喝六七合酒，酒足饭饱后，便哈欠连连。

这是预示酒精已经充分地渗透到他全身每个细胞，好像紧张的情绪完全得到了化解，一旦越过这个界限再痛饮下去，即使在陪同客人的时候也毫无顾忌地躺下便睡了。

---

① 吉原花魁，以前在江户吉原妓馆区内的高级妓女。

一个人独酌时不用说了，一达到界限便倒下，即使头顶上灯光明晃晃地照着，他也会烂醉如泥地陷入深层的睡眠里。看着他那张睡脸，美知子也感到怀疑：

他这样喝酒，难道是为了使神经完全陷入麻痹的状态里？

以下的叙述，还夹带着我个人的想象。

铺好被褥，帮丈夫换上睡衣后让他睡下，再盖上棉睡衣和盖被后，妻子端着餐具走到户外。

房租低廉得只有六元五十钱的出租房里没有安装自来水管。在一月寒冷的深夜，在空无一人的水井边洗餐具，身心两方面都会感到刺骨的寒冷。

妻子从早晨起就在家里的厨房间和水井边要来回奔忙几次，准备盥洗和膳食。小说的口述一开始便神情极度紧张，同时还要穷尽所有的注意力和想象力，鼓足精神和毅力，生怕出错。在丈夫去澡堂洗澡期间还要准备晚饭，在漫长的晚酌时间里还要留意酒壶里剩多少酒并为他烫酒，还要担任他在酒足饭饱以后的义太夫或歌舞伎的唱段的听众。

他最喜欢逗人高兴。

在后期作品《正义与微笑》里，丈夫希望把这句话作为自己的墓志铭，并将有着演员志向的年轻人设为主人公。作为丈夫，表演自己的拿手好戏，也许是想尽己所能努力奉献的，妻子最初也一定很感动，觉得很有趣，但由于想法不同，丈夫从早到晚从头到尾一个人唱独角戏，妻子只是一味地被迫迎合着丈夫……这样的情景也不是不可取。

妻子对文学和艺术的关心和修养，远远超出当时年轻女性的平均水准。她也许梦想着和新锐小说家共进晚餐之后，能经常讨论文学和艺术。

她和心爱的哥哥佐源太在学生时一起和声歌唱的，是舒伯特的《魔王》和《菩提树》等德语歌曲，谈到文学就是海涅①、歌德②、塞万提斯③、高尔斯华绥④、乔治⑤、艾略特⑥等人的作品。

对那个听不见的传兵卫……的世界一无所知，只有丈夫独自喝着酒又说又唱，猛地倒下睡着了之后，她独自在寒夜里的水井边洗

---

① 海涅（1797—1856），德国抒情诗人、散文家。被誉为德国古典文学最后一位代表。

② 歌德（1749—1832），德国思想家、作家、科学家，魏玛的古典主义最著名的代表。作品有《少年维特之烦恼》《浮士德》等。

③ 塞万提斯（1547—1616），文艺复兴时期西班牙小说家、剧作家、诗人。小说《堂·吉诃德》是文学史上第一部现代小说。

④ 高尔斯华绥（1867—1933），英国小说家、剧作家。作品有《福尔赛世家》三部曲、《现代喜剧》三部曲等。

⑤ 乔治（1804—1876），法国小说家。作品有《安蒂亚娜》、20卷回忆录《我的一生》以及大量书简和政论文章。

⑥ 艾略特（1888—1965），英国诗人、剧作家和文学批评家。作品有《荒原》《四个四重奏》等。

着餐具。在她的心底涌现的，是酒宴后的悲凉。

甲府49联队近在咫尺。早早结婚的美知子感觉联队的——

兵营熄灯号也在天空中消逝，我在邻居们全都进入了梦乡、在夜深人静的水井边洗东西时，才觉得太宰始终在说的“孤单”，难道是这样的感觉？

美知子会产生这种感觉，不是也有那样的原因吗？

小说的口述在两人之间隔着桌子进行。太宰以稍快于美知子，但也能让美知子记下的速度叙述着，所以，美知子只能拼命地做着记录。

除此之外的时间他还能开一开玩笑，一旦开始工作，他就立即变得非常严肃，一副很可怕的样子。

在描述月见草敢于和夏季的富士山、响晴薄日的富士山对峙之后，作者结合秋季的富士山、夜晚的富士山叙述自己的心境。

睡觉前轻轻拉开房间里的窗帘，透过窗玻璃望着富士山。有月亮的夜晚，富士山呈青白色，以水中精灵似的身影耸立着。我叹了口气。哎呀！看得见富士山。星星很大，明天是晴天啊！只有这样，才能稍微感受到活着的喜悦。于是又悄悄地合上窗帘后躺下睡觉，但想到明天虽然是个好天气，自己也会有什么别的感觉，很奇怪，竟然独自躺在被窝里无奈地苦笑了。是痛苦。与工作——纯粹是码字的那种痛苦相比，不！码字反而是我的乐趣所在，不是指这种事，是指我的世界观、艺术，指将来的文学，说起来就是新潮的东西，我对这些东西反应还是很迟钝的，我愁肠百结，实在感到郁闷。

妻子在月见草的场面之后继续做着笔记，同时会感觉到这个人的确不是普通人，是个文学天分令人惊诧的艺术家。

隔着桌子相对而坐，作者胸中涌现出的创作中的艰辛和欣喜立即就能面对面感应到，伴随着自己也在参与和现实世界不同维度的文学创作，这种微妙的战栗，兴许无意中还会怀有一种自豪感。

在很多人看来，丈夫是个丑闻不断的无赖汉，不停地重复着殉情和自杀的行为，因药物中毒甚至住进了医院，性格也有缺陷，但在丈夫的内心深处，深埋的痛苦沾染着天真烂漫的情愫，这份天真也令美知子觉得，自己的心灵似乎得到了洗涤。

而且，在口述的过程中，作者一定是希望眼前认真做着笔记的妻子——这部作品的第一位读者而且是最佳读者，能这样来理解他。

《富岳百景·续》的故事，转换到描述从山脚下的吉田町坐巴士来御坂岭的一群娼妓的场景上，看见一名三十岁左右的瘦削娼妓超然独处，在摘花草，便向富士山祈愿，“那个女人很空虚，她的事也顺便拜托了”之后：

我牵着孩子的手，疾步走进隧道里。隧道里冰凉的地下水滴落到我的面颊和脖子上……

口述到这里时，丈夫突然说后面我自己来写，便停止了口述。

这是为何？后来才知道。从这里起，太宰用自己用惯了的蘸水笔，继续写下去。

作品中的"我"下山去甲府拜访相亲女方的家，不时地用演说的语气如实诉说从家乡父母家得不到任何资助的事，得到石原家的夫人的鼓励："没问题。只要你自己对爱情、对职业有追求的话……"

接着，对送他到巴士终点站的"女儿"问有没有什么话要问，她问"富士山已经下雪了吧？"

我对这个提问感到很失望。

"下雪了。是在山顶上……"我刚这么说道，下意识地抬头朝前方一看，看得见富士山。我感到很诧异。

"什么话！从甲府不是也能看到富士山吗？是把我当傻瓜！"

姑娘低下头窃窃地笑着：

"我想你住在御坂岭，不问问富士山的事不好。"

真是个奇怪的姑娘。

作品发表后，美知子的妹妹爱子读到文章，抗议道："你看！问出这种蠢话的人，是我呀！"送太宰到巴士终点站的，是美知子和爱子两个人，问"富士山已经下雪了吧"，是妹妹爱子。

真实的人物按作者的思路在行动，作品不知不觉地又进入了太宰自己的世界。

果然如相马正一在《评传太宰治》里的推测，这里是很难当着当事人美知子的面进行口述的。

《富岳百景·续》脱稿后，一月底，事隔很久上京的太宰，带回了陌生的年轻女粉丝寄到以前寄宿的杉并区天沼碧云庄的日记本。

当时十九岁的女粉丝名叫有明淑——是一名爱好文学的少女，居住在东京练马。父亲是微生物专家。有明淑在女子学校毕业前不久失去了父亲，与母亲两人相依为命。她在信浓町的伊东西式服装研究所走读时，受到太宰作品的影响开始写笔记。她把日记风格的文章按照《虚构的彷徨·青年的奇态》作者简介里的现住所，寄到了杉并区天沼的碧云庄。

美知子读到《虚构的彷徨·青年的奇态》这本书时还不认识太宰治。美知子自己写道：太宰从初期起就拥有尽管少数却热忱文学的书迷。不能不使人感叹具有个性的文学魅力的人，真的会将自己的魅力散发出去。

太宰根据这个日记本写下了《女生徒》。这是一个太宰文学极具特征性的标题，是一部使“女性第一人称独白体”得以立足的重要作品。

美知子夫人生前向青森县近代文学馆捐赠了有明淑的日记本。有明淑于昭和五十六年（1981年）去世。青森县近代文学馆在得到有明淑遗族同意公开的许可后，附上相马正一的详细解说，于平成十二年（2000年）作为《资料馆（第一辑）·有明淑日记》翻印出版。

因此，如果把太宰的作品和有明淑的日记原文仔细比对着阅读，就能清清楚楚地了解作者完全进入女性角色书写的、独特文体的创作过程。

第七章

华丽转身

从此，女性第一人称的叙事方式贯穿了太宰治的整个写作生涯，并最终成为太宰治独特风格和创作手法的最重要特征之一。

最初以零星片段来表现的作品，就是昭和九年在杂志《鹳》上发表的《猿面冠者》。这部作品早就饱受争议，只是太宰的学籍还在东京帝国大学法兰西学科，他提心吊胆，生怕不能毕业。

这篇《猿面冠者》翌年发表在《日本浪漫派》杂志上，强烈渴望获奖的他，被第一届芥川奖候补排除在外，与导致他失去理智的《小丑之花》一样，是论述作者想在小说中表述的小说的本质——用现在的话来说就是元小说[①]。

在内心里经常把自己称为“他”的作品主人公，在文章开头就这样介绍道：

有个桀骜不驯的男子，无论让他读什么样的小说，都只是

① 无小说，又译为“超小说”或“后设小说”。从广义上说就是“关于小说的小说”，是后现代主义小说中的一种奇特的小说形式，颠覆了传统小说的内容形态和结构，并对小说这一形式和叙述本身进行反思和解构。

飞快地读开头两三行字，就好像已经猜透了整部小说的内情，嗤之以鼻地合上了书。

主人公是个具有如此批评眼光的人，所以自己的作品还没有定稿就写不下去了，对缺点一目了然，实际上什么也写不了。在陷入这样的状态之前，主人公已经废寝忘食地写了十年。他把塞进抽屉里的上千页稿纸从头到尾反复阅读，其中称为“通信”的二十六页短篇留在了脑海里。

这个故事讲述主人公在生活难以为继时，就会有莫名其妙地来信帮助他摆脱窘境，但不知道寄信人是谁，信件是从哪里寄来的。主人公是个新人作家，眼下正一筹莫展，什么也写不出来的，收到来信后便想要重新拿起笔来开始锤炼构思。

首先，立志当文豪，失败时来了第一封信。

接着，梦想当革命家，失败时来了第二封信。

然后当上了工薪族，对家庭的安逸生活开始产生疑问和烦恼时，来了第三封信。

主人公“男子”这样设定大致的构思，把标题定为“风捎来的信”，如下描述年轻时梦想当文豪的“他”。

……他考入北方某城下町的高等学校，刚入学就用擅长的英语作文，令同学们大吃一惊。

老师布尔先生是个英国人，长着一张很像契诃夫的面庞，传说还是享有盛名的诗人或是军事侦探。他在黑板上出题“什么是真正的幸福？”，要求学生用英语自由发挥作文回答。主人公写下了“葛西善藏是当代最不幸的日本小说家之一，他说过……”的小论文，在一星期后再次上课时，受到了令人诧异的称赞。

布尔走进教室，用不可思议的重音喊他的名字，作文的成绩显著，给予最高评价：“最棒的！”然后布尔先生用英语问：这篇随笔是原创的吗？他扬起眉毛说道：“当然。”于是周围的同学们齐齐发出惊叹声。

我（长部）插句嘴：这个场面不会是无根无据的编造。

津岛修治在旧制弘前高中文科甲类一年级一班读书，当时的英语作文被当事人慎重地保存着，收进筑摩书房版本的《太宰治全集》里，读起来全都非常不错。于是就有了下面的情节：

布尔教授在返回答卷时，在答卷末尾用钢笔写下“Most Excellent（最棒的）”的评语。这是对“The Real Cause of War（战争的真正原因）”这道题目的答案，的确紧接着发问：“这篇随笔完全是原创的吗？”写着：如果是原创的，作者不仅将来前途无量，还显示出背后隐藏着的特有的智慧。

小说里将此作为教室里实际进行的对话来描写，周围发出了惊叹声。

写出“我国最不幸的作家葛西善藏所云”，是对“应该限制酒精饮料Sake[①]的销售吗？”这道题目的回答，这个答案也得到了

---

① Sake，日本清酒。

“Very Good[1]”的很高评价。

颇有意思的是写出“日本最不幸的少年之一修治·津岛，是五年前去世的严父G. 津岛的儿子”的短小说，布尔教授尽管还是评价为“Very Good”，但提出一个疑问：“不过，这是你自己的事，却为什么要写成‘他’？这样的主题还是用第一人称‘I’好吧。”

七年后，太宰把自己写成“他”的形象化手法，即使在现在提到的元小说《猿面冠者》里，也依然未变。

接连获得布尔先生的好评，他心满意足，暑假回乡后，用收藏着的旧版人名辞典查看世界文豪的生平。拜伦[2]十八岁出版处女诗集，席勒[3]也是十八岁创作《群盗》，但丁[4]九岁就有了《新生》的腹稿。

他也……太宰这么思忖着，把桌椅搬到院子里的大栗树底下，孜孜矻矻地开始写长篇小说。这是一个从天才的诞生到悲剧性末路的故事。

他向父亲要来二百元，自费出版脱稿了的《鹤》，签名送给县内主要报社，四处奔跑，五册十册地分发给街道上的书店，到处张

---

① Very Good，很好。

② 拜伦（1788—1824），英国19世纪初期伟大的浪漫主义诗人，代表作品有《恰尔德·哈洛尔德游记》《唐璜》等。

③ 席勒（1759—1805），德国18世纪著名诗人、哲学家、历史学家和剧作家，德国启蒙文学的代表人物之一。

④ 但丁（1265—1321），13世纪末意大利诗人，欧洲文艺复兴时代开拓人物之一，以长诗《神曲》而闻名。

贴宣传招贴。一早醒来，自己肯定会在社会上一鸣惊人。

他去宿舍的饭厅吃晚饭，寄宿生们发出异样的喊声迎接他，顺手把晚报塞到他的手上。他一边用小刀和叉子切着炸肉饼，一边开始读着晚报上刊登着的有关他作品的评论：

> 这部小说彻头彻尾都是观念性的，有血有肉的人物一个也没有描写出来。
>
> 尤其是主人公哗世动俗自以为是的言行，完全像是多处缺页的百科辞典。这部小说的主人公好像明天假冒歌德，昨晚又把克莱斯特[①]作为唯一的老师，有着全世界所有文豪的真髓……但作者恐怕连歌德的《浮士德》和克莱斯特的《彭忒西勒亚》都从来没有读过。
>
> 小说的结尾描写鹤被薅掉毛后“叭嚓叭嚓”扇动着翅膀的声音。
>
> 作者或许想仰仗这种描写给读者完美的印象，以此来迷惑读者，使读者以为是一部杰作。但是，面对这只畸形丑陋的鹤，我们只能转过脸去。

他把炸肉饼切得粉碎。他越是在心里叮嘱着自己别在意、别

---

① 克莱斯特（1777—1811），德国剧作家，现实主义诗人。作品有喜剧《破瓮记》、超人暴力剧《彭忒西勒亚》、浪漫主义剧本《海尔布隆的小凯蒂》及心理剧《洪堡王子弗里德里希》等。

在意，自己的动作就越是拙笨。完美的印象。迷惑读者以为是部杰作。真受不了了！要纵声大笑吗？哎呀！仍然低着头，那时的十分钟，他老了有十年。

作品遭到严厉批评。朋友们也取作品的标题喊他“鹤”。他每天晚上没完没了地去街上把到处张贴着的招贴撕下来。

冬季放假回家，老家也感染了报纸批评的毒素，简直要把自己变成岩石或牛。在虚岁十九岁的元旦，他发现枕头边放着一枚贺年卡，是没有寄信人签名的明信片：

> 我不是要干什么坏事才特地写明信片给你。我猜你慢慢地又该萎靡不振了。因为你稍稍碰到点儿事便垂头丧气的，所以我不太喜欢。再也没有像丧失斗志者的状态那样丢脸的事情了。不过，请你不要折磨自己。你的身上具有对抗恶势力的精神和寻求充满情谊的世界的心灵。这些事即使你不作声，远方的某个人也一定知道。你只是有点儿柔弱，我觉得大家都应该保护并珍惜柔弱而正直的人。

这份贺年卡写了足足两张，紧接着第二封“风捎来的信”，用下面这句话连接：

> 再见，公子哥儿。要做更坏的人。

接着空开两行，写下这样的结尾句子：

男子将目光落在刚开始要写的稿纸上，思考了片刻后，把标题定为“猿面冠者”。因为他黔驴技穷，觉得这才是十分贴切的墓碑。

以上是四百字稿纸约四十页的作品梗概。尽管是极其简要的抄摘，也能窥见小说写手将失败作品的作者设为主人公的“自我嘲讽”。这是需要非同一般的才气才能写出的作品。

同时，主人公陷入最失意的状态里时，在抚慰、鼓励主人公的第一封“风捎来的信”里，已经鲜明地表现出自虐、自怜、软弱无力、松懈、自私，以及想要超越这些的上进性和理想主义，等等，尤其是强烈吸引思春期读者的太宰文学的特征。

可是，信上没有署名，即使知道寄信人是位女性，也很难说那种叙事的语气和措辞里还渗透着独特的个性。

只是纯粹用女性的语言（而且还不太细腻）进行叙述，能够清楚地感觉到站在背后的，一定与故事的写手是同一个人。

在《猿面冠者》中，以最后出现的女性叙事语气，从头到尾一挥而就的第一部作品，是昭和十二年发表在杂志《若草》上的、十五页稿纸的短篇小说《灯笼》。那时候，太宰曾因药物中毒神经错乱住进精神病医院后出院，与小山初代分手后，和自己的朋友、后辈们逗留在杉并区天沼的下宿那里，开始过上了精神萎靡、自甘堕落的寄宿生活。

我越说，别人就越是不会相信我。每逢遇见人，人们都在提防我。只是，即使朝思暮想地上门拜访希望见一面，也是用一种“有何贵干”似的眼神迎接我。我感到很难堪。

光这个开头，虽然不清楚叙述者是何许人物，但随着读下去，模模糊糊地浮现出女性的身影。不久，身份便昭然若揭。

我是贫穷的木屐匠的女儿，还是独生女。

那个时期，作者的精神状态还没有从错乱和混沌中摆脱出来，但是只要一拿起笔启动想象力，太宰的叙述就会变得像短篇小说那样拥有同样细腻的肌理，所以要介绍十五页的概要，叙述者诉说的内容是这样的。

我偷东西了。这没错。我不认为是好事。但是——不！我从头说起，我对着神灵说。我不求人，相信我话的人就会相信。

就是说，诉说的对象是读者和神灵。从古时起就有个说法叫“向天地神明发誓”，无疑是类似于这样的心情。

如果是太宰的粉丝，其中“从头说起”的地方，会有人联想起三年后发表的杰作《越级申诉》里“我说、我说”的开头吧：

> 到今年二十四岁之前，我不嫁人，也不招女婿，这是因为父母在一起生活之前，我被社会上当作不能见人的人对待。尽管如此，我不怨恨父母。父亲和母亲都是软弱的人。软弱的、惴惴不安的人，必须温和地给予同情。但是，和水野先生相识以后，我对父母的孝行就有些懈怠了。
>
> 说起来很羞愧，水野比我小五岁，是商业学校的学生。在眼科医生的候诊室里偶尔看到，左眼戴着白色的眼罩在翻阅辞典，样子很可怜。我一眼就喜欢上了。
>
> 水野的父母经营药种批发店。失去父母以后，水野成了孤儿，寄养在原批发店掌柜的家里，好像有诸多的不便，他说只有和我一起散步的时候才会快乐。
>
> 他说今年夏天与朋友约好去洗海水浴，尽管如此却丝毫也快乐不起来，反而无精打采的，所以那天夜里我就偷东西了。在一家大商店里偷了一件男式游泳裤。
>
> 很快被店里的男子发现，我被打脸，带到派出所。我很不情愿地接受了可怕的讯问。这样下去我会承担很重的罪名，被关进牢里。我感到害怕，便叫嚷着：
>
> 不能把我送进牢里！我不是坏人。我快二十四岁了。二十四年来我一直在孝敬父母。我一直很小心地服侍着父母。

我坏在哪里？我从来没有被人在背后指指点点过。水野是个很出色的人。早晚一定会成为一个了不起的人。这一点我很清楚。我不想给他蒙羞。他和朋友约好去海边的。我想让他跟大家一样去海边。这怎么成了坏事？

一开始叙述，便絮絮叨叨地停不下来，没完没了地说着：

不能把我关进牢里，不能因为我只是瞬间犯了一次傻伸了手，就毁掉我以前二十四年来，不！我还年轻的人生。区区一件游泳裤，会给硕大的商店增添何种麻烦？有人甚至诈骗别人一两千元却还受到大家的赞赏，监狱到底是为谁设立的，尽是没钱的人才被关进牢里。哈哈哈哈！奇怪，奇怪。怎么会这样……

我被警察当成了精神病患者，在拘留所里被关了一夜就让我回家了。

看到那天晚报的报道，我面红耳赤。就是因为"偷盗也有三分理，变态左翼少女巧舌如簧滔滔不绝"这个标题。我不堪忍受世间的目光，躲在自己的家里把门关了。

我收到了水野寄来的信。

我是这世上最相信先子的人，只是先子没有受过良好的教育。先子是个正直的人，但在环境方面有不尽如人意之处。我一直在努力修正这些缺点，但还是有无法改变的东西。人类需要有学问。前些天和朋友去洗海水浴。在海滨，关于人类需要上进心，我们相互间交换了看法。我们将来会变得很了不起吧。先子今后也要谨慎行事，哪怕是所犯罪孽的万分之一，也要进行补偿，要深深地向社会道歉。社会上的人憎恨其罪孽而不憎恨其人。水野三郎。

读完这封信，我发现自己忘记了水野原本就是在有钱人家长大的。

每天过得如坐针毡，入秋后某一天，父亲说电灯这么昏暗，不能死气沉沉，便把六叠房间里的灯泡换成明亮的五十烛光灯泡，亲子三人在这灯光下吃晚饭。母亲手上拿着筷子挡在额头上，欢闹着“太扎眼、太扎眼”，我也为父亲斟酒。

而且，这个情节像下面这样连接着：

我悄悄地对自己说，我们的幸福，归根到底也就是像这样换个房间里的灯泡而已。丝毫也没有感到有那么寒碜，相反点亮这个俭朴的灯泡，我们全家便产生了像绮丽的走马灯似的感觉。哎呀！若要偷窥那就偷窥吧，我们亲子三人是美丽的！我胸膛里涌现出平静的，甚至想要告知在院子里鸣叫的昆虫般的喜悦。

以女性第一人称一气呵成诉说的变故令读者感到意外，后半部分弥漫着神奇的幽默，所以能很流畅地读下去，但如果静下心来按常识思考一下，这个故事是很牵强的。

钟情的小男友说要去洗海水浴，“我”便一厢情愿地认定他无精打采是因为没有游泳裤，才动了偷窃的念头，动机是正当的，所以坚持说我“不是坏人”。这个名叫先子的姑娘，果真如警察想的那样，脑子有些毛病吧。

然而，对太宰的作品与现实生活有某种程度了解的读者，在先子那不可理喻的争辩里，应该能感觉到与作者自己的主张重叠了。

首先，说说关于现实生活。在先子莫名其妙的叫嚷背后，隐隐地透露出太宰因左翼运动被警察带走接受讯问时的恐怖感，和被亲近的人强制送进精神病医院的怨恨。

接着，来说说作品，先子义正辞严地说“我坏在哪里”，这令人想起在最晚期的代表作《人间失格》的后半部分接二连三地隐含着悲愤的发问：

> 敢问神灵，信赖会是罪过？
>
> 无邪的信赖会是罪过！
>
> 敢问神灵，不反抗也是罪孽？

面对被世间诘难的罪孽，说自己是无罪的，至少是轻微罪，我只是想要爱，只是想要相信，那为什么就不行？……这是太宰终生未变的极其主观的困惑。

不用说，这不是让世间接受的思考方式。即使在人们的眼里太宰像是加害者，他自己内心里也经常是受害者的意识先入为主。昭和十六年（1941年），太宰为宫崎让的诗集作序，序文标题就是“不能犯的罪”。这个标题弥漫着的郁怀，是他作品和骨子里始终贯穿着的通奏低音[①]。

“我偷窃是不容置疑的事实，我不认为是好事，但这究竟是多大的罪？”……先子一家之言强词夺理的理论，实在是无法说服现实社会中的伦理常识。

太宰治尽管心里明白现实世界的伦理常识，但是，他在作品中描写的不容于世的弱者在阴暗处抱团取暖，把在暗处点亮的五十烛光灯泡看作灯笼，来与人世间的虚伪常识形成鲜明的对比，凸显主观性的真实……他在作品中把这种螳臂当车式的冲击性价值观展现得淋漓尽致。

这样的尝试是否成功，由读者的评价决定吧，但要说由女性第一人称做叙述的手法在这里已经形成他的写作风格，这还很难说。

以“先子”作为第一人称成为叙事者的“我”，肯定不是小说创造出来的，而是作者女性化的影子，这在大多数读者的眼里已经是一目了然的。

---

① 通奏低音，有一个独立的低音声部持续在整个作品中。是巴洛克音乐最重要的特征之一，贯穿欧洲古典音乐一个重要的时期即巴洛克（Baroque）时期。

在甲府建立新家庭以后，太宰治靠着美知子夫人做记录，口述完成了第一部作品《黄金风景》和《富岳百景·续》的大部分。接着很快就先后发表了《女生徒》《越级申诉》《奔跑吧，梅洛斯》等具有代表性的短篇佳作，迎来了辉煌的高产期。其中《女生徒》是根据粉丝的日记创作的，此事由于夫人的解说文章而早就人所共知。

我在读中学时就读到过八云书店版的太宰治全集月报［昭和二十三年（1948年）十二月］。在月报上，夫人大致做了如下陈述：

> 昭和十四年一月底的时候，太宰从御崎町的住处去东京时带回了一本笔记本。是写在伊东屋大开本笔记本上的日记。日记的主人是一位名叫A. S子的陌生读者，估计是太宰来甲府居住期间，送到杉并的住处去的。
>
> 根据这本日记，太宰完成了八十页稿纸的《女生徒》。S子的日记是从四月三十日写到八月八日，太宰在日记本里到处都加了“○”的记号，封皮背后用小字写着密密麻麻的笔记。
>
> 标题是从岩波文库弗拉皮埃[①]的《女生徒》取的。当时这本书就放在桌子边。太宰还把岩波文库的《女生徒》《咪咪潘

---

① 弗拉皮埃（1863—1949），法国作家。《幼儿园》获龚古尔文学奖。

松》[①]《叶甫盖尼·奥涅金》[②]等爱读的书推荐给别人去读，送人后再重新购买。

成为《女生徒》标题由来的那本文库本的去向，我已经忘了，但十年后的前些日子，听田中英光说，当时田中英光正在中国大陆当炮灰，书是放在慰问袋里从御崎町寄给他了。

再有，美知子在《关于〈女生徒〉》的文章里这样描写太宰治拿到日记后的情景。这篇文章在美知子晚年被收录在《回忆中的太宰治》（增补修订版）里。

那时候正好以前约定的新作出版与新的约稿撞在一起，所以他觉得意外地得到这本日记是天意，便立即着手以这本日记为基础开始写小说。（中略）

S子的日记是从春天写到夏天，太宰的《女生徒》以初夏的一天早晨起到夜晚，文章的开头和结尾部分，S子的日记里根本没有。

从这些解释中可以得知S子日记的事，但从文体的一贯风格来说，我一直觉得这仅仅是作为素材使用，文章肯定是太宰自己的再

①《咪咪潘松》，法国诗人、小说家缪塞的短篇小说。
②《叶甫盖尼·奥涅金》，普希金的诗体小说。

创作。

因此，平成十年二月，有一次在NHK电视台的社会大学“寻找太宰治的足迹”节目里提起《女生徒》，我还自信满满地说道：

> 这部作品是以女性读者送来的日记为基础创作的，但绝妙的表现不断地填满细节，这恐怕就是太宰治这位作家天马行空的想象力吧。

可是，两年后，我全部读完青森县近代文学馆翻印出版的《资料集（第一辑）·有明淑日记》的原文，这种自信就变得很别扭。

比如，在刚才提到的电视节目中，作为太宰特有的文笔出彩的例子，我列举了女主人公“我”一边打扫一边唱《唐人阿吉》[①]的情景，这部分的原文是这样的：

> 早晨打扫时，忽然唱起了《唐人阿吉》。我猛地回过神来，平时自己喜欢喋喋不休地谈论古典音乐呀、交响乐呀……竟然下意识地唱起了“唐人阿吉”，有意思。

这在太宰的小说里：

---

① 《唐人阿吉》，指同名电影里的歌曲。电影于1930年7月上映。沟田健二导演，梅村蓉子、山本嘉一主演。

一边打扫一边忽然唱起《唐人阿吉》。羞得我赶紧看了看四周有没有人，平时自己总会哼起莫扎特啦、巴赫啦，想不到竟然下意识地唱起《唐人阿吉》，有意思。

虽然进行了极少的润色，但大致接近摘抄，连标点都一样。

还有，这也是我在少年时代阅读时印象极深的、关于眼镜的叙述。这次先看太宰的文章吧。（敢于大段地引用，其理由读完后就能明白的。）

自己的脸上，我最讨厌的就是眼镜，但眼镜也有旁人不知的好处。我喜欢摘下眼镜眺望远方。整个画面很朦胧，像在梦境里窥视一般，美极了。污泥、浊水什么都看不见。只有庞大的物体，鲜明强烈的色彩、光亮摄入眼帘。我还喜欢摘掉眼镜看人。对方的面容全都显得很温和，优雅地笑着。而且，摘下眼镜时绝不会想与人吵架，也不愿恶语伤人，只是默默地发呆。

（中略）

但是，我还是讨厌眼镜。戴上眼镜，脸的感觉荡然无存。脸上产生的各种情绪，浪漫、美丽、激动、柔弱、天真、哀愁这些表情全都被眼镜遮挡了，而且我再也不能用眼睛说话，真是可笑。

眼镜，是妖精。

也许是一直在讨厌自己的眼镜的缘故，眼睛长得漂亮是最好的。即使没有鼻子，即使嘴被遮挡着，如果是眼睛，一看见那双眼睛就觉得自己应该活得更洒脱的那种眼睛，就觉得很好。（中略）我希望遇见很多长着蓝色湖水般眼睛、躺在蓝色草原上望着天空的眼睛（中略）、长着美丽眼睛的人。

下面是日记原文：

自己的脸上，我最讨厌的是目镜[①]，目镜有别人不知的好处。我喜欢摘下目镜，望着远方，整个画面很模糊，像梦境似的很美丽，看不见任何污浊的东西。只有庞大的物体，只有强烈的色彩、光亮摄入眼帘。

我还喜欢摘掉目镜看人，对方的脸全都显得温和、优雅地笑着，而且，摘掉目镜时，绝不会想和人吵架，也不愿意出口伤人，只是默默地发着呆。

但是，我还是很讨厌目镜，戴上目镜，称为脸的感觉就没有了，从脸上产生的各种情绪，美丽、激动、柔弱、悲哀这些表情，全都被目镜挡住了。

而且我再也不能用眼神来传达自己的情绪了。

---

① 目镜，即眼镜。

目镜，是妖精。

也许是一直在讨厌自己的目镜的缘故。最好是眼睛长得漂亮，即使没有鼻子，即使露出嘴巴，如果是眼睛，一看见那双眼睛就觉得自己应该活得潇洒的眼睛，就觉得很好。

我希望遇见很多长着蓝色湖水般的眼睛、总是泪汪汪的忧伤的眼睛、躺在蓝色草原上凝望着寥廓天空的眼睛、美丽的眼睛的人。

这部分在“资料集”的解说中也正是相马正一指出的地方，几乎等同于抄写。在小说的引用里“中略”的地方做了若干润饰，其他使用的语言、众多标点的位置、有效的改行，可以说是完全一样的。

在刚才提到的电视节目里，我还作为最有太宰特色的部分大段引用（朗读的是奈良冈朋子）的，就是去那所学校的途中，在路边被四五名工人戏弄的场面，日记原文是：

那些工人照例会向我倾吐说不出口的脏话。我寻思着怎么办才好。要赶快通过那里就必须从那伙工人中间穿过去。这么说来，我不可能一直默默地站着，我全身猛地发热，眼看就要哭出来。

哭出来会很难堪，我便朝着他们笑着，而且跟在那些人的后面慢慢地走去。

当时事情就这样结束了，但那种不快在我进教室以后也没有消失。我希望尽快坚强起来，对那种无聊的事能够平心静气地对待。

小说里是怎么样的呢？其实只要翻翻书页，就能明白这一段也是大致按原文的。我每次阅读，都能感受到巧妙捕捉女学生曲折心理的方法和“那些工人”“那些人”的措辞方法，的确是太宰特有的风格，没有想到那里也是原文的模样。

除此之外，从日记原文里随意引用的还有：

放学回家，和寺院住持的女儿一起去好莱坞剪头发。没有剪出我要求的样子，颇感失望……

从我房间里的窗口向院子望去，只能看见一个花匠。浑身上下都是花匠打扮，但相貌的感觉却与花匠怎么也不相配（中略）。黑色遮阳礼帽啪地戴在头上，觉得遮阳礼帽下面那张脸当花匠太可惜了。

我向母亲问过三四次，说那个花匠是不是就是以前那个花匠，结果挨母亲骂了。

还有，自己的优点是：

偷别人的东西，把它好好地改成自己的东西，这是耍滑头吧。我其实很讨厌这种滑头，如果每天都是失败蒙羞的话，也许会变好。可是这次，就连这样的失败也找到了正儿八经的理论，似乎还要得意洋洋地演苦肉计（连这样的语言，也在哪本书上读到过）。

如此这般，原封不动地用在小说里的地方不胜枚举。

共同点如此之多，即使被人怀疑是抄袭，也无法抵赖吧？

可是，只要是关于这个疑问，我判断，太宰的确是无罪或微罪。

其证据是，因为无论怎样细读有明淑日记的原文，最终体会不到像太宰治的《女生徒》给予读者的那种小说特有的情趣和情感的净化。

这不是否定有明淑极其细腻的独特感性和才能。当时她十九岁，书写的日记里充满着她那无可比拟的观察能力和丰富的表现能力，但如果不到太宰的手上，小说《女生徒》就不会诞生在这个世上，这可以说是绝对的、确凿无疑的。

同时对太宰来说，如果不把它写成小说，有明淑的日记就会湮没不彰，不会被人世间和后人知道，这也同样是确凿无疑的。

尽管如此，太宰为什么如此大胆，或者如此满不在乎地将陌生读者的日记大部分原封不动地抄写、移植到自己的作品里呢？

其秘密就在有明淑的原文里没有的开头部分和结尾部分里。

看看它的开头吧。虽然会引用得很长，如果在阅读过程中，不是一口气读到最后的话，就完全体会不到太宰那天才般第一人称的“叙事”魅力，尤其是绝妙的节奏感：

早晨，睁开眼睛时的感觉很有趣。好像玩捉迷藏游戏时，一动不动地蹲在壁橱的漆黑里躲着，突然壁橱门被小孩“咔啦”一声打开，阳光猛地照射进来，小孩大声叫嚷：“找到了！”一阵目眩眼花，然后莫名的尴尬，然后胸口扑通扑通地跳着，整了整衣襟，害羞地从壁橱里钻出来，突然怒火直冒。那种感觉，不！不一样！不是这种感觉，不知为何，是更加无地自容。好像打开盒子，里面又有个小盒子，把那小盒子打开，里面又有更小的盒子，再把它打开，又……又有小盒子，打开那个小盒子，里面又有盒子，就这样打开有七八个盒子，结果最后出来个骰子那样的盒子，把那盒子猛地打开，里面什么也没有，空空如也，有点儿接近那样的感觉。说什么眼睛一下子睁开，那是胡说。是混浊不堪，这期间如同淀粉渐渐往下沉淀，慢慢地变得清澈，才终于疲惫地睁开眼睛。早上，不知为何提不起精神。伤心事源源不断地涌上心头，难以忍受。真是讨厌！真是讨厌！早晨我最丑陋。两只脚累得迈不动步子，就这样，什么都不想做。也许是没有睡好的缘故吧？说什么早晨身体状况良好，那是胡说。早晨是灰色的，永恒不变的。是最虚无的。早晨躺在床上，我总是厌世的。会变得很不耐烦。尽是各种令人厌恶的悔恨，结成块垒猛地堵在胸口，令人喘不过气来。

早晨，是相顾惨沮的。

读到这里，一般人会禁不住地感叹：多么高明啊！难道不是吗？

而且，为什么能写得如此富有魅力？

一般用汉字书写的地方，太宰治经常以平假名开头，有时几乎每一词都打上逗号。同时，从容不迫地经常使用体言结束句子，在近代散文家中，几乎没有人用这种方式写作。

由此产生了与日本小说常见的文言体相差悬殊的、口语独有的亲切感，以及音乐的韵律感和节奏感。

如果想要成为太宰，用自己独特的、不同于其他任何人的文体创作到这个程度，那么以后就是自己的东西了。

作曲家在没有发展前景而放弃作曲以后，会成为技艺精湛的编曲者、演奏者。就好比把原作日记里包含着的各种主题，按照自己作家的本能自由地选择和取舍，从容自若地编排时间，将三个月的光阴荏苒浓缩到仅一天里，用高超的演奏，使原文里隐藏在字里行间的细微的情感皱襞，超凡脱俗地浮现出丰富的表情来。

尽管如此，也许会觉得与原文不是太像了吗？……然而，前面引用的关于“眼镜”的部分，将两者的叙述再次仔细阅读比对的话，就能发现由于文字使用的微妙差异，在作为文章的完成度上有着明显的不同吧。这种极微妙的差异，就是职业作家与业余作者的差异。

有明淑的原文里逗号特别多，是因为有明淑把日记寄到《虚构的彷徨·青年的奇态》的作者简介里写着的、太宰当时在杉并的住址之前，就受到了太宰文章的影响。

女性第一人称独白体的技巧，在《女生徒》里表现得很精彩。在这背后，已经不是男扮女装的作者。

虽然有明淑的年龄比自己小很多，但太宰也许是找到了一个小小的志同道合者，他收到的日记里具有的感受性与自己非常相似。而且在反复细读的过程中，太宰不知不觉地替代对方，简直像施行招魂术的巫女似的开始用自己的声音来陈述有明淑的对白。

也可以这样说，对内心里一直想当演员的太宰来说，“书写”，也就是装扮成作品中的人物表演给读者看。这在扮演与自己不同的性别——女性时，就会更有效果。不仅仅是对读者，对作者本人也是如此。

在《女生徒》的最后，作者凭想象力尽量地使日记原文里没有的意象变得丰满，极其鲜明地描写出渐渐入睡的“我”的心情之后，这样结束：

> 晚安，我是没有王子陪伴的灰姑娘。明天，会在东京的哪里，你知道吗？我不会再见你。

这时候，太宰肯定丝毫也不怀疑这个故事全部都是自己的原创。

不过，如果总是这样说的话，会有点儿言过其实吧。

根据山内祥史编的极其详细的年谱记载，在《富岳百景·续》脱稿的第二天一月二十四日，靠着井伏鳟二的斡旋，已经约定把写好但没有发表过的作品组成小说集由竹村书房出版，讲好一个星期之内把稿子送去。

必须赶紧凑齐能集成一本书的稿子。再加上《文学界》的截稿日期也临近了。

心中还没有任何腹稿，截稿期却在一天天逼近。这种时候，作家会烦躁不安，像热锅上的蚂蚁一样。

何况，太宰以前还有过擅自把前辈、朋友、编辑以及读者来信进行拼接、完成一百五十页稿纸的中篇小说《虚构之春》，在《文学界》上发表招致社会议论的往事。

美知子在晚年的回忆里，把拿到有明淑日记的事写成“天助我也”，就证明两人当时都有这样的紧迫感。

在最早采用女性第一人称叙事的《猿面冠者》里，太宰曾写到过作品中的主人公因写不下去而焦头烂额时，收到不知从何处寄来、不知寄信人是谁的来信会帮助他的情节。

这个极端自私的情节，五年后变成了真事。

陌生的年轻女孩的日记就是“风捎来的信”。正在太宰一筹莫展之际，它真的带来了帮助太宰打开作为作家的新局面的运气。

第八章

救赎

昭和十四年第四期《文学界》上发表的《女生徒》，作为太宰治的作品，前所未有地获得了如潮般的好评。

不久后，《三田文学》杂志的“今月小说”栏目里，写着“《女生徒》得到各方好评，这是理所当然的，但这样的东西被人故意追捧，说明文学的花园越来越荒芜了”，这反证了小说的评价之高。

抄录各报刊登载的评论摘要，外村繁在新闻时评的刊栏上说：“人们通常认为太宰先生的作品是颓废或虚无的，但我在他的作品深处却经常感觉到质朴的乡土气息。在《女生徒》里，对最至高纯洁的狂热追求，让他在追求的过程中，产生了仿佛要将自己毁灭的痛苦，都一一消散了。而且如果打个比喻的话，美丽得像是摇曳着一茎花的风。”佐佐三雄在《早稻田文学》的“文艺时评”里毫不掩饰地称赞道：“《女生徒》其实是毫无保留地暴露出太宰的才华，我读到一半就真想为他祝福。他挥洒自如地展示自己的才能，将才能流露得天衣无缝。这在他众多作品中也称得上是杰作了。”

其中发生那起“芥川奖事件”——太宰认定是由于川端康成的阻挠，才使自己踌躇满志的作品《小丑之花》从第一届芥川奖入围中被淘汰。他为此发表了言辞激烈的谴责文章——以后，川端康成在《春秋文艺》的文艺时评的刊栏上，开场白说："遇到《女生徒》这样的作品，是时评家难得的幸运。因此赞词或多或少有些夸张，这是文学爱好者必然会有的心病。"尽管背后隐藏着辛辣而冷峻的目光，但他接着用相当长的篇幅对太宰的作品进行评论，说日本正是罕见且难以培育"青春读物"的时候，认可《女生徒》具有最优秀的特质和"意识流"式的创作手法，同时给予很高的评价。他还说，这种创作手法自古以来就是日本《枕草子》和连歌等的精神内涵，对自己也是颇有吸引力。这使太宰治长期以来在心里郁结的芥蒂，些微地得到了化解。

好像有不少人以前讨厌太宰，后来却喜欢上了太宰。宫内寒弥[①]对他获得天才名分的初期作品嗤之以鼻，颇有微词，觉得他是个令人讨厌的天才，但太宰写出《女生徒》那样的作品后，宫内却喜欢上了太宰。他评论说，如今他创作了《女生徒》《满愿》《畜犬谈》等佳作，再回顾他的初期作品，也可以说那是今日艺术家太宰降生时的阵痛……

继而，保田与重郎说，在甲州创作的《女生徒》，好像改变了读者对太宰的作品和人品的看法。随后他指出了下面值得关注的特征：

---

① 宫内寒弥（1912—1983），小说家。作品有《中央高地》《蜃气楼》等。《七里浜》获平林泰子文学奖。

在《女生徒》之前，太宰出版了《晚年》和《虚构的彷徨》两个集子，紧随其后的是《女生徒》。就是说，是船桥时代之后才是《女生徒》。我想，当今的年轻作家，能够以诸如船桥时代、甲州时代等某种重大的时代感觉来称呼的、又想称呼的作家绝无仅有，这只有太宰治才有。在这一点上，太宰治这个人物也是很少见的……

这个看法不是很久以后回顾太宰整个生涯时说的，而是在《女生徒》发表的第二年昭和十五年（1940年），保田与重郎很早就用这样的视角展望太宰风格的变化。

可是——

以上引用的众多作家对太宰的评价、对太宰作品的评价，不是靠我自己的博闻强记摘录的。太宰的研究家山内祥史，查尽了与太宰治所有的文章和讲话有关的“首发”和“收录”，涉猎极广地搜罗了所有能得到的当时报刊上的“同时代评论”，出版了令人敬畏的鸿篇巨著《太宰治著述总览》。不用说，我主要是根据自己的需要对《太宰治著述总览》进行了概括。这部史料翔实的书留给后世的珍贵价值，随着时间的流逝，一定会放射出更耀眼的光辉。

《女生徒》在报刊上好评如潮，这与四月二十二日《国民新闻》（学艺栏）上公布《黄金风景》在“短篇小说竞赛”中获胜的消息，时间几乎是重合的。

太宰因此受到巨大鼓舞，决定从甲府去东京，于五月下旬委托住在东京府下小金町的鳍崎润寻找出租房。

关于此事，以后再详细叙述。鳍崎润是个年纪比太宰小的青年。他和小馆善四郎（太宰治姐姐郁弥的丈夫小馆贞一的三弟）是在帝国美术学校西洋画科读书时的朋友，在太宰治因药物中毒人格濒临崩溃的船桥时代曾去拜访过太宰，借给太宰无教会派塚本虎二[①]的过期杂志《圣经知识》，以及内村鉴三[②]的《求安录》和《基督教徒的安慰》等，在太宰住进精神病医院后，间接制造了太宰向《圣经》求助逐渐重新振作起来的契机。

很快，六月一日早晨，太宰收到了详细转告有关租房的快递，他在回信的后半部分这样写道：

> 三处房屋中，最小的三室是否合适？我明天早上从甲府出发，想去国分寺看看。到达国分寺是九点或九点半左右。这个时候你如果有空的话能否去国分寺驿？如果你有其他事情，我不勉强。我自己从国分寺的一端摸过去，这一点请你不用担心。

太宰在收到鳍崎快递的第二天一早就出发了。可见太宰再次上京的迫切和侠胆。对鳍崎来说这又是一件很紧迫的事。应充分想到鳍崎拿到太宰来信的时候就很有可能已经过了二日上午九点半。

---

① 塚本虎二（1885—1973），基督教无教会主义传道者、新约圣经研究家。
② 内村鉴三（1861—1930），基督教思想家、文学家。

看当时的列车时刻表，甲府—立川间的所需时间是两小时四十分，立川—国分寺之间是十分钟，所以如果上午六点离开甲府，的确在九点或者最迟九点半是可以到达的，但这时候太宰和美知子在国分寺的站台上没有找到鳍崎润的人影。

于是，太宰拿着信摸索到新修建的租家，找到了房东却遭到了拒绝，理由是全部合同已经签订完毕。然后两人漫无目标地寻找有房产出租的标志，一路沿三鹰、吉祥寺、西荻……直到杉并区清水町井伏鳟二的家附近，足足走了六日里①。

在不停的搜寻中，太宰渐渐地失去了兴趣，流露出想尽快从这些杂事中逃避的神情，美知子也感到孤寂难耐。

太宰大概是打算与在国分寺站等候的鳍崎润一起拜访预定的租家，见到房东后当场拍板。从他以前长期的生活习惯来看，这种时候有人替他事先从头到尾准备好，自己只要去个人，事情就能全部办妥是最好的了。

美知子觉得小说家居住兼顾工作的房子要考虑各种条件，做决定必须慎重。然而，太宰不管房间有多么狭小简陋，只要能放进家具就行。

一直走到腿脚僵直，在井之头公园的麦田里，找到六幢新建房产的出租人家。听说房租一律二十七元，太宰面露难色，觉得有点儿贵。房东说，预定在六幢的前面将建三幢二十三四元的房子，因

---

① 日里，日本的长度单位。1日里约等于3.927公里。

此太宰决定在那三幢房子开始修建的时候再来。

他在寄给鳍崎润的信里详细讲述了以上的经过，还写道：

> 打算六月底再到那里去。鳍崎先生如果有空时到那里散步的话，请帮我先看一下。如果其他还有好地方，就请通知我。房租超过二十三四元，我就很难应付。

在人们生活中不能缺少的衣食住上，太宰对酒、食物、自己的衣服简直不在乎金钱，然而一到住房的房租，三元或四元的差别，就会寸步不让。

鳍崎去太宰上次说好的地方察看，向太宰告知那儿以后的进展。太宰和美知子于七月十五日再次上京，在房租便宜的三幢房子中决定选最里面的一处。约定八月初搬家，但房子的修建完工推迟，搬家的预定只好也延迟。

房租六元五十钱的平房建造在甲府盆地的一角，盛夏的阳光强烈地照射在平房的薄铁皮屋顶上。盆地特有的酷暑难受得催人晕眩。太宰从七月到八月，顶着酷暑完成了《美少女》和《畜犬谈》等佳作。《美少女》诙谐地勾勒了他在汤村温泉男女混浴的大众浴场看见的美妙女体，喜剧《畜犬谈》则幽默地叙述了他对狗的恐怖心理和曲折情感，令人捧腹大笑。

出租房终于修建完成，九月一日能搬到东京府北多摩郡三鹰村下连雀一百十三番地的房子里去。

房租如愿以偿是二十四元。关于这所房子美知子在文章中回忆到：

出租屋是六叠、四叠半、三叠的三间房间里配有玄关、檐廊、浴室约十二坪[①]半的小房子，可取之处就是房子是新建的，加上光照很好。太宰用毛笔在点心盒的盒盖上写上户籍名和笔名，当作门牌挂在玄关左侧的柱子上。在门柱边的紫薇枝头上配上用皱纸做成的花。

南侧是一片旱田，连着院子，直到远处围着对面房东家的小树林，印象深刻的是红色的唐辛子和随风摇曳的薯叶。西侧也是旱田，太阳毫不吝啬地照进三叠的起居室和厨房间，直到夕阳落山擦到地平线。

于是，紧接着甲府时代之后，太宰的三鹰时代开始了。

搬家那天，鳍崎润来帮忙。

他是太宰在三鹰时代伊始最早的来访者。此后一段时间来得最频繁的客人，就是信仰塚本虎二无教会派基督教的鳍崎润。

在太宰药物中毒的船桥时代，鳍崎润曾把内村鉴三的书和塚本虎二主笔的《圣经知识》过期杂志借给太宰治。根据与太宰有过直

① 坪，日本土地面积单位。1坪约3.3平方米。

接交谈的田中良彦著书《太宰治与〈圣经知识〉》里记载，就是在太宰与小山初代分手以后的镰泷时代，鳍崎润也带着《圣经知识》杂志与太宰谈论基督教，当时山岸外史也常常在场。那时候山岸外史正在写《人间耶稣记》。

即使太宰住在三鹰的时候，鳍崎润每次来，也都会把特地多买的《圣经知识》送给太宰，太宰也终于成了这本杂志的定期读者。

每次拜访太宰在三鹰的住处，会绘画的鳍崎润带来的不仅仅是《圣经知识》，还有收藏的米开朗基罗[①]、伦勃朗[②]、格吕内瓦尔德[③]等人的画集。

太宰于十一月中旬开始创作的《俗天使》，是从叙事者“我”一边吃着饭一边注视着边上摊开着的米开朗基罗《最后的审判》大幅照片时，突然灵感闪现便放下筷子停止用餐的场景开始写的。

根据美知子的回忆，说鳍崎润和太宰他们两人注视着画集时，鳍崎润几乎是自言自语地讲解的语气娓娓而谈地说了几个小时，不

---

① 米开朗基罗（1475—1564），意大利雕塑家、画家、建筑家、诗人。意大利文艺复兴时期的巨匠。作品有雕塑《哀痛的圣母像》《摩西》《大卫》等，绘画有西斯廷教堂天顶画和《最后的审判》等，晚年从事罗马圣彼得大教堂的圆顶设计。

② 伦勃朗（1606—1669），荷兰画家、版画家。作品有《夜巡》《浪子回家》《解剖学课》等。

③ 格吕内瓦尔德（约1470—1528），德国文艺复兴的代表画家。作品有《伊萨汉姆祭坛画》等。

喝酒时不善言辞的太宰则专心地当着听众。直至太阳开始落下，两人才站起身结伴走出家门，如果在井之头公园的茶店里喝点儿啤酒，“说话者和听众的角色就会发生逆转”。

表现太宰喝酒时和平时判若两人的绝佳例子，就是在那篇《追思善藏[①]》里描写的，与同乡栋方志功[②]（作品中没有出现他的名字）的事情。

太宰搬到三鹰居住后不久，青森的县报《东奥日报》东京支局寄给太宰一封需要回复的座谈会邀请信，说，想召集在东京的青森县艺术家在晚上舒舒服服地召开一个关于“家乡的秋天”的座谈会，因此尽管知道您很繁忙，给您添了麻烦，但还是希望您务必参加……说九月二十日夜里在日比谷公园内的松本楼举行的座谈会内容，将要在东奥日报社发行的《月刊东奥》上刊登。

太宰寄出了“出席”的回信。尽管他在《追思善藏》里说参加的理由有三个……絮絮叨叨地诉说当时内心复杂的情绪，但主要还是想趁这个机会试图挽回自己的声誉。

太宰作为担负着乡党期望的秀才，毕业于旧制弘前高中，考进东京帝国大学后不久便殉情自杀未遂、致使对方女性死亡（此事《东奥日报》大肆报道），因支持非法政治活动而向青森警署自

---

① 善藏，指日本作家葛西善藏。

② 栋方志功（1903—1975），版画家。曾任日本国画会会员和民艺馆馆员。在各类国际性画展上多次获奖。其作品刀法豪放，刚健洒脱。1970年获日本文化勋章。

首，失踪事件和自杀未遂，又因药物中毒而向周围人屡次借钱不还，住进精神病医院……接二连三地惹是生非，丑闻不断，家乡人对他的评价自然不会好。

想必津岛家的户主长兄文治、从事家族实务的二哥英治，已经出嫁的姐姐们，还有年迈的母亲夕子都会感到脸上无光吧。

然而，这年一月新婚，决心开始新生活的太宰，四月在《国民新闻》的“短篇小说竞赛”中因《黄金风景》幸运地获得优胜，因《女生徒》得到众多报刊的好评。以此为开端，他再次从甲州去东京，将住处设在三鹰，愿意承担起作为健康市民的义务，希望作为小说家而大显身手。

因此，太宰参加能在乡亲们面前露脸的杂志座谈会，是为了以谦逊的姿态表现自己最近积极的且进取的精神面貌，希望或多或少能洗刷掉一些污名。

九月二十日那天，早晨就下起了瓢泼大雨，太宰总显得心神不宁。难得抛头露面一次，却想东想西，眼睛和心灵都处于不安定的状态。

在百般焦虑之中，最大的烦恼是服装。太宰自己有着最好的绸缎和服裙裤。他想穿着和服裙裤去参加可以出头露脸的聚会。他向美知子征询意见，美知子觉得绸缎裙裤配藏青碎白花纹的棉织品感觉会很怪异。于是决定穿适合季节的斜纹哔叽裙裤，但从家里冒着大雨去，到会场时会淋得浑身湿透。最后，裙裤和短布袜都用包袱皮包着带去。

还以为太宰会让美知子拿着包裹，希望美知子一起到会场里去。这样想的依据是因为美知子在有关当天的回忆里写着：

太宰几乎就像“少爷”似的，希望有个片刻不离左右、衣着打扮和来回交通工具等一切都安排妥当的随从，但他既不是孩子又不是大师，所以不得不一个人独自外出时，总感觉很不情愿。

他抱着包裹，撩起和服的后襟掖在腰带里，撑着雨伞，向日比谷走去。他在作品里写着：“总有某种不好的预感。”

一到松本楼，太宰借用玄关边的小屋重新系好腰带，穿上短布袜扣上搭扣，穿好斜纹哔叽裙裤，穿戴整齐，登上通往会场的楼梯。

已经迟到了很久。围聚在会场里的，全都是同乡的艺术家，所以大概都知道自己在《国民新闻》的短篇竞赛中获得优胜和报刊上对自己的近期作品好评如潮的消息。太宰治满脑子想的应该都是这些事。

尽管人们对坏的名声很敏感，会长久地留在记忆里，对好的名声却关心不多，很快就会淡忘，但太宰的脑海里是彻底地以自我为中心，所以他不太在乎这样的现实。他期盼着走进会场，所有人都能带着敬畏的目光注视着自己。如此想象太宰当时的心态，不会太离谱。

根据作品里的表述：“我紧张得有些怯意。就在现在。要挽回故乡十年来损毁的名誉，在此一举。”——太宰就这样踌躇满志地走进大厅里。大厅里聚集着约三十名参会者。其中有个戴着圆框眼镜的小个子男子特别显眼，引起了太宰治的注意。

聚集的许多文学家、画家、雕刻家、音乐家、舞蹈家，或多或少都有些自命不凡、唯我独尊的姿态，以致于举止都有些装腔作势的笨拙感。其中只有这小个子男子丝毫没有那样的生硬，在人群中自由自在地走来走去，不管是谁，小个子男子都会抓住对方手舞足蹈地同他打招呼，感觉那响亮的说话声能震动房间里的空气，绝不亚于报社摄影师为参会者拍摄照片时发出的镁光灯的声响。

不久，主持人宣布宴会性质的座谈会开始，站着闲谈的一些人坐到桌子边，对上座有“呵，您请坐，您请坐。”“不，不，还是您坐……”等相互谦让的，也有暗中算计的。各自在座位上坐定时，如果主席身份的长老秋田雨雀[①]就座的那里为上座的话，太宰与朋友今官一并肩坐下的，正好是最末端的末位。戴着圆框眼镜的小个子男人——栋方志功不知何时坐到了秋田雨雀的身边。

座谈会开始时，参会者由主持人点名站起身做自我介绍。每次有人介绍完，栋方志功就用响彻整个房间的嗓音起哄道：“哎呀！久闻大名啊！”“领教您的工作，铭记于心。”也许是被他的声势所压倒吧，也有人轮到后犹豫着不敢站起身，栋方志功又大声催促道：“好，下一位！”“快，请说。”

---

① 秋田雨雀（1883—1962），戏剧家、作家、世界语学者。剧作有《国境之夜》《被埋葬的春天》《骷髅的舞蹈》等。

秋田雨雀之后轮到自己被点名时，他雀跃着站起身：“青森市大町一番地一号栋方志功。搞版画的。”

去年秋天，他在文部省美术展览会上展示的《善知鸟版画卷》，作为版画获得官方展览开始以来的特选作品。翌年春季，杰作《释迦十大弟子》在国画会展中展示，获得佐分奖，该奖是授予锐意进取前途无量的画家的。他达到了作为版画家的一大飞跃，心满意足地迎来了令他意气轩昂的时期。《释迦十大弟子》后来在威尼斯隔年展版画部门成为主力作品而获得最高奖项。

太宰很早之前就欣赏栋方志功的画作，在读中学二年级时，对青森市寺町小花店里装饰的几幅油画感到很敬佩，用两元钱买了其中一幅，赠送给寄宿的丰田家房东，说“这幅画早晚会升值的”。由于栋方志功的画作成为官方展览的特选作品，这句预言自然被说中了。但是欣赏作品，和现实中见到喜欢的画家本人，完全是两码事。

座谈会上，还在自我介绍的阶段。也许是因为栋方志功带来的活跃气氛，甚至还有人受他的影响，滔滔不绝地自我标榜起来。

太宰心里很反感。他想要打消这种反感情绪，一时拿不定主意，不知道如何介绍自己才好。他无法抹去心中的烦躁，便不停地喝着酒，想要用酒来消除那种忧闷情绪。后来回想起来，这个时候他好像是已经失去了意志的控制力。

终于轮到自己，太宰怯生生地站起身，吞吞吐吐地说道：“我是写小说的太宰治。出生在北郡金木町，原名津岛修治……”

他说到中途时声音低下去，后面的话消失在自己的口中。这时，栋方志功从上座大声（小说里只写“沙哑声”，没有写出名字）嚷道：“听不见，请再大声说一遍。”

这时，太宰压抑已久的怒气爆发了。

“别烦人！闭嘴！”太宰带着一副愤怒的表情在椅子上坐下，佛然不悦地歪着嘴，喝酒的速度比先前更快了。

结果，他使留在乡亲们脑海里的无赖印象变得更加鲜明了。

当时的情形，栋方志功在自传《板极道》里这样叙述道：

> 自我介绍时，因为声音太低，我听不见，所以我说“现在的这位，请大声再说一遍”，那个嘛……他好像不再说了。那个嘛……令人想起往事的那种嘲笑的感觉很强烈，总觉得青涩的面容像是与我的性格合不来。我觉得太宰这个人还是不喜欢我吧。

太宰和栋方瞬间差点儿擦出交战火花的，就只有这一次——自我意识过剩的太宰煞费苦心地一门心思想要洗清在家乡损毁了十年的声誉，鼓起勇气参加不适合他的座谈会，被形成明显对比的、潜意识过剩的栋方那奔放的言行完全打乱了阵脚，结果事与愿违，以悔恨不已而告终。

说起这一部分的经过，太宰在题为《追思善藏》的文章里，在快结尾的时候只字不提葛西善藏，却写了下面一段：那天夜里，我终于明白了，我是不适合出人头地的人——

我一生也许只能以路边的街头音乐师而告终。只要有人想听这种糟糕的、冥顽的音乐就行。艺术不能是命令式的。艺术在得到权力的同时就死亡了。

太宰这时候是下了决心的，甚至如果能在巷子的角落里自我欣赏地演奏只有自己相信的音乐，即使像前辈同乡葛西善藏那样终生以不沾染权力和权威的街头音乐师而落幕，也完全无怨无悔。

接着，太宰在天下茶屋生活两个月、在甲府的寄宿寿馆生活一个半月之后，在御崎町的出租房里开始新婚生活，第五个月决心去东京，委托鳍崎润寻找房子。

太宰像《追思善藏》那样絮絮不休地诉说自己心里苦衷的“倾诉”，同时还喜欢在传说和民间故事、别人的日记和作品中选取题材，变换其内容，使其变得诙谐、讽刺。

《中央公论》在当时的作家眼里是最佳舞台。得到《中央公论》的第一次约稿时，太宰踔厉奋发，挑选了长期珍藏着的保留性题材。

同时，这次他也采用口述的方法，因为记录者在当时是个期望值颇高、拥有最渊博的知识和最高修养的人，所以能以想象力的极限自由自在地叙述脑海里产生的情景和字句，丝毫也不用意识到任何的限制和斟酌。

回顾当时记录的情形，美知子在八云书店出版的《太宰治全集》月报里，这样描述道：

> 《越级申诉》是太宰治在昭和十四年十二月坐在暖炉旁一边喝酒一边口述出来的。他在着手工作前，在决定腹稿和开始写作之前好像就费了很大工夫。“圣人将动，必有愚色”这句话，就是指那种时候的状态。在着手工作以前，总是将“愚色”发挥得淋漓尽致。嘴上说的是玩笑话，即使在玩也是一只眼睛里显得很苦涩、痛心。在桌子边坐下时，脑海里就仿佛已经有了思路，如同被妖魔附体的人，他的眼神简直判若两人，显得很可怕。《越级申诉》的时候也是分两次口述，没有经过润色、重新叙述。我按他的叙述做下笔记，直接就成了文章。我做着笔记，同时心里感到敬畏……

口述笔记这个方法，不仅使太宰治生就的口语性得到很好的发挥，还使深藏在他内心的、日本自古以来便有的“说唱故事”传统得以传承。

在现代文学的散文里被指应该回避的“体言终止”，太宰经常毫无顾忌地使用。由此产生有韵律的文章，格调优美，真的是口齿清晰，心情舒畅。

太宰的叙事语气和文体，靠着被近代文学史舍弃的说唱故事——历史漫长得使书写语言无法与之相比的口头语言，才能继承脉脉相传的口传文艺这一庞大的遗产，使它得到很好的发扬，才一息尚存直到现在。

就这样，太宰将经过长年推敲使之成形、最终在头脑里和嘴里再三斟酌的文章，把着酒杯用流利的语调毫不停滞地叙述出来。

美知子一边做着记录一边“感到畏惧”，也就事出有因了。

第九章

『美谈』的韵律

再回到前面的话题。太宰从精神病医院出院后，很快就发表了短篇小说《二十世纪旗手》。

生而为人，我很抱歉。

这句以题记的形式写下的、象征着太宰治的文学和人生格言的名言，并不是作者的原创。

在太宰去世的第二年，山岸外史在八云书店发行的全集月报上，一篇题为《关于“生而为人，我很抱歉”》的文章里透露，这句名言是山岸的表兄弟、诗人寺内寿太郎从那特立独行的个性和生活方式中，殚思竭虑、绞尽脑汁想出来的。

后来，山岸在《人间太宰治》里增加了这段插曲并做了更详尽的介绍：

寺内寿太郎对文学满怀憧憬，在庆应义塾大学理财科毕业后当上工薪族，幼年时因日俄战争失去了父亲，也许是在亲戚之间辗转着长大的原因，对外缺乏坚持自己主张的行动能力，常常会把自己关闭在内心世界里。

月报和单行本对这段经历的记述有些差异，因此接下来要叙述的“事件”前后顺序不详，不过有个时期寺内寿太郎把包租房二楼的个人房间从内侧钉死，在窗户搭梯子进出。看来是忌讳住在楼下和他一起生活的母亲。

他艰难地走进伊豆天城的山里试图自杀，被亲戚们组成的搜索队带回家等，也曾引起与太宰一模一样的举动。在东京的生活陷入困境，与母亲一起依靠亲戚逃离京城，落户在岩手县宫古，做渔业工会文书之类的工作苟延残喘。

几年后他回到东京，拿七八篇诗稿给山岸看，说是这期间写的作品。山岸说：“作品很少啊。”他立即回答说：“要斟字酌句，数量就少。”其中有一首诗只有一行字“生而为人，我很抱歉”，标题是“遗书”。

太宰从精神病医院出院后，山岸与他久别重逢。见面后，在夕阳下，从京桥去银座的途中，山岸向太宰介绍了表兄弟和他的诗句。太宰默默不语地走了一段路后，感慨道：“好句子啊！真是妙语！”

这是昭和十一年十一月过半时的事情。翌月下旬，刊登太宰治《二十世纪旗手》的《改造》杂志新年号一摆上书店的店铺，寺内就急赤白脸地来找山岸，说自己煞费苦心想出来的诗句，被太宰擅自用作了作品的副标题。

寺内爱读太宰的作品，但没有交往，关于那句诗句，知道的人只有山岸，所以他怀疑山岸与太宰之间好像有什么秘密交易，一副来兴师问罪的模样。

山岸当时也只是随口说了一句，没想到太宰会不打招呼就用在自己的作品里。他只好拼命地解释，说自己早晚要写篇文章来证明那是寺内寿太郎的原创。这才好不容易平息了对方的怨气。

根据之后在单行本里增加的内容，当时尽管山岸做了解释，寺内还是一张苍白的脸，说："像是被人偷了生命一般。"这个细节，月报里并没有写到。

关于此事，山岸把寺内的愤怒转告给太宰并要求做出解释时，太宰虽然辩解说："我误以为是山岸君的句子，"但还是显得很狼狈，说："怎么办才好呢？我做了件错事啊。"

作为太宰来说，他大概轻率地以为，当作题记的语言，倘若加上括号表示引用谁的句子，那就无懈可击了。

发生那起"芥川奖事件"时，佐藤春夫曾猛烈地抨击太宰治："这个人，若是别人的事，始终都是装疯卖傻地蒙混过去，事情一旦落到自己头上，立即小题大做，说什么'拼上性命的真诚'。""我要奉劝他换副眼镜用'拼上性命的真诚'看待他人，以鸟羽僧正的方式凝视着自己。"佐藤春夫这些激烈的话语，在这个场合里也适用。

寺内此后也厄运连连，屡次离家出走之后音信全无，熟人几乎都相信他自杀的传闻。

其实，有个熟人在品川站的站台上与他不期而遇，一直跟随他到借宿处，证实他还活着。在这之前，太宰也非常担心寺内的失踪和自杀的传闻，兴许自己“擅自借用”也是原因之一，不能说太宰对此事没有罪恶的意识。

现在，话题的时间要回到比现在正在进行的故事还要早一点儿的地方。

昭和十八年（1943年）的一天，太宰的堂姐利惠的第三个儿子、考进日本医科大学预科的津岛庆三，怀着不同于平时访亲的忐忑心情，去三鹰的住处造访太宰。

在老家的时候，在津岛的亲戚中，大家都把太宰当作需要提防的人。尤其是长兄文治这个当家人和负责与东京联络的中畑庆吉身上，能感觉到他们的神情都希望尽量避免与太宰接触。

亲族们不希望孩子们接近太宰，这样的想法并非空穴来风。

二姐理子的长子津岛逸朗在东京医学专业学校读书期间，堂姐利惠的长子津岛甫（庆三的哥哥）在日本齿科医学专业学校读书期间，两人也许是被太宰那独特的像魔法似的吸引力和影响力感化的缘故，迷上了太宰的人品和作品，津岛逸朗于昭和十二年十月，津岛甫于昭和十三年十月，先后结束了自己的生命。

根据相马正一的《评传太宰治》里所说，两人的自杀动机至今不详，但津岛逸朗的父亲津岛市太郎只嘀咕了一句“犬子像是被修治杀死的”。太宰也完全知道亲族们有这样的想法。

津岛庆三在青森中学读书时，在绘画课上，美术老师小馆善四郎（同样受太宰影响太深曾试图自杀）有时会偏离绘画谈论起太宰的小说，津岛庆三受此刺激一时冲动想去见见作为小说家的太宰治。在开始习惯东京的寄宿生活后，他去三鹰拜访了太宰。

如今津岛庆三是横滨市立大学的名誉教授。根据津岛庆三的回忆文章，太宰好像等候着他的贸然来访似的笑脸相迎，很快就与他结伴外出了。

此后津岛庆三每次去访，太宰把已是日本医科大学学报预科栏目编辑的津岛庆三，带到自己和杂志编辑等经常光顾的小餐馆里去。

有一次在这样的酒席上，津岛庆三用一副认真的表情问他“你为什么写小说”，太宰立即回答“书写美谈是小说家的使命”，还向他说了下面的故事：

> 暴风雨的夜晚，他从遇难船只上被抛落到波涛汹涌的大海里。被冲到海岸上时，他殊死地紧紧拉住的地方，是灯台的窗户边，里面守灯台的夫妇和年幼的女儿正在满脸幸福地享用着简陋的晚餐。
>
> 如果大声呼喊“救救我”，这户人家的团聚就会被毁了。他这么想着，倒吸了一口气，在这个瞬间，一个巨浪扑来，再次把他卷回到大海里……

太宰在昭和十九年（1944年）记录这个故事的随笔《一个约定》里这样写道：

> 世间没有一个人目睹这位遇难者罹难的全过程，包括那户正吃着团圆饭的守灯台的人家。尽管如此，只有书写那种没有人会知道的美谈，将发生在不起眼的角落里如同珍贵的珠宝那样闪光的行为长传于世，才是小说家的使命……

津岛庆三回忆说，那以后不知多少次从太宰的嘴里听到“美谈”这个词。

在这很早之前，有位青年也从太宰那里听到过同样的话。他就是旧制青森中学、弘前高中的学弟、考进帝国大学法学部、后来担任青森县立图书馆馆长等职、写下名作《如何阅读太宰治》的小野正文[①]。

小野在学生时代是个笔名“斧稜”的文学青年，加入了以太宰等主编的《青花》杂志的朋友圈子，以后又在《若草》举办有奖额的小说比赛时获奖。太宰很早就认可他的才能，并对盟友檀一雄说：“他会成才的。”

昭和十一年初夏一个晴朗的日子里，小野去拜访太宰在船桥的

---

① 小野正文（1913—2007），教育家、太宰治研究家。作品有《如何阅读太宰治》《入门太宰治》《有文学的风景》等。

住处时，太宰把小野邀到海边，眺望着眼前一览无遗的东京湾。

“我最想写的，就是惊人魂魄的美谈。”

在这前一年的春天，太宰刚刚闹出第二次“镰仓自杀未遂事件”，让长辈和亲友们大为担心。

事件引起了巨大的轰动。首先，《读卖新闻》以《新锐作家作死闹失踪？》为题进行了报道，井伏鳟二在《东京日日新闻》上发表了《务必拜托！太宰君，快回来！》的呼吁文章。

他以前这种生活方式和作品，与“美谈”这个词风马牛不相及，小野一时间很难揣测他的真正意图。

太宰的话不是灵机一动想出来的。他在同年的《日本浪漫派》杂志上刊登的随笔《碧眼托钵》里，以《我终生的祈愿》为题写道：

足以惊人魂魄且极其阳光的成功佳话，我只要写一篇。

由此便可见一斑。

不久，小野看到《奔跑吧，梅洛斯》时，才想到所谓“惊人魂魄的佳话”就是指这个？……

《奔跑吧，梅洛斯》在小说的最后引经据典“取材于古代传说和席勒的诗歌”。

其实，正是小野正文，指出小说的题材就是取自太宰在金木的高等小学[1]里读书时教科书里的一篇文章。

要说在普通小学里学习成绩出类拔萃始终保持第一名的津岛修治，为什么没有直升中学，而在高等小学里原地踏步了一年？

津岛家被称为金木的“老爷”。津岛家的男孩在小学里的学习成绩理所当然应该一直是“全甲”，但二哥英治和三哥圭治考进弘前中学后，跟不上课程的进度而不得不恶战苦斗，只好让他们转校到东京的私立中学，显然小学的学习成绩并不代表全部实力。

修治的“全甲”是货真价值的实力，但父母和周围人担心他重蹈哥哥们的覆辙，让太宰必须在高等小学里进一步增强学习能力，才迫使太宰在考中学之前补了一年的课。

对太宰来说，如果没有这次绝对不是本意的迂回，真不知道这个世上能不能诞生太宰的代表作之一《奔跑吧，梅洛斯》。

在高等小学里学习的《高等小学读本・卷一》里的第三课《真正的知己》，讲述的是下面这个故事：

以前，在意大利的西西里岛上，有个名叫皮丘斯的男子，因犯罪被拉到国王面前宣判死刑。

皮丘斯百般哀求，说：在今世的回忆中无论如何想见老父母，在死刑执行日一定回来，希望能让我现在回去与父母见上

---

① 日本1886年根据小学校令，读完普通小学课程后进入高等小学就读，学历相当于初中，简称“高小”。1947年废止，由新制中学代替。

一面，但大王没有同意。

皮丘斯唯一的朋友达蒙对大王说：

“我是皮丘斯的朋友。皮丘斯绝不是一个出尔反尔的人。请您以特别的仁爱赐他所愿。我来代替他关到监牢里，万一到时日他不回来，就请处置我。”

达蒙的心愿得到大王的应允，被关进牢房里。

约定的时日眼看就要到了，皮丘斯还没有回来。达蒙很坦然，丝毫也没有怀疑朋友的神情，心想大概是遇到了什么不测的变故。时限终于到了，达蒙被拉到刑场上。他说：

“今天在这里被杀，是为了最信赖的朋友。我没有一丝一毫的懊悔。”

他决心赴死的时候，皮丘斯飞快地奔跑而来，跑得精疲力尽。

正如达蒙的推测，被风浪阻挡而耽误了预定时间的皮丘斯，得知朋友还活着，便欢心雀跃起来，甚至忘记了自己是必死无疑的人。

大王为两人的信义和友爱所感动，赦免了皮丘斯的罪，出自内心地感叹道：

“我如果也有这样的朋友，王者的富贵和荣华都不需要了。”

虽然主人公的名字不一样，但在主题和情节上，都与《奔跑吧，梅洛斯》十分相似。

绕道而行，让你看到如果不这么做也许一辈子都不会看到的风景。

作者决心创作《奔跑吧，梅洛斯》时，在脑海里浮现的情景，就是少年时在《高等小学读本》［大正九年（1920年）十月版］里读到过的《真正的知己》的记忆，这恐怕不会有错。

而且，直接的依据，正如角田旅人所证实的那样，肯定是收录在改造文库小栗孝则译著《新编席勒诗抄》（昭和十二年七月版）里的《人质·谭诗》。很遗憾，我没有拿到过这本书，但与筑摩书房版《太宰治全集》的提要中介绍的文本做比较，从主人公梅洛斯和暴君迪欧尼斯的情节展开，到各种场景的细节描写都完全吻合，简直可以说是“描摹”。

太宰读小栗孝则翻译的诗句，肯定发觉与在高等小学里学习的课文原本就是同一个故事。他一看卷末的“注解”，注解里大致就是这样记录的。

这首诗取材于意大利的民间传说，席勒起名为“迪欧尼斯”的大王真名叫迪奥尼吉斯，是公元前四百年时在西西里岛东海岸锡拉库斯的统治者，作品中写成只是“朋友”的男子名字，传说中就是塞利努迪乌斯……

席勒以传说为基础创作了这首诗。若是如此，自己即使也以席勒的诗为基础，试着来个“故事新编”，不是也无妨吗?

同时，在这样的场合里，凭太宰的文学观、小说观，正如前面关于《女生徒》叙述过的那样，如果在开头和结尾加上自己的创作，整体上始终贯穿独特的文体，那么故事即使是描摹，也是可行的。

但是，与《女生徒》一样，《奔跑吧，梅洛斯》也不是单纯的描摹。

太宰在这部作品里想要尝试的，是文体的实验。

我如此推测的依据，就是太宰在《奔跑吧，梅洛斯》之前创作的《女人的决斗》里的开头。

太宰向亲戚借来了森鸥外全集。第十六卷翻译篇里收录了四十篇外国短篇小说。这些短篇小说的开头全都写得很出色。他对此佩服得五体投地。在分析了几个精彩例子之后，他引用克莱斯特《地震》的开头，这样写道：

> 一六四七年，智利王国的首府圣地亚哥将要发生毁灭性的大地震。有个少年这时候正倚靠在监狱的柱子上，他的名字叫塞罗尼莫·鲁杰拉，出生在西班牙。此时他已经对这世道感到绝望，正准备自缢。
>
> 怎么样？这个哀天叫地的气魄怎么样？克莱斯特果然是个大天才吧。从这第一行起，连我们凡夫俗子也能明显地领悟到已经如日中天的作者那冲天火柱般的热情。译者森鸥外在这里也是不遗余力的，那译文就像弓弦似的绷紧了才漂亮。而且，译者在译文末端附上后记，说：“一篇《地震》成为在有限的篇幅内尽收无限烟波的千古杰作。”

太宰除了在少年时代起就爱慕的芥川龙之介和井伏鳟二之外，还非常敬畏森鸥外，在昭和十九年发表的《花吹雪》里说：“历经明治、大正年间第一文豪是谁？我认为恐怕是森鸥外、森林太郎博士吧。”来到三鹰之后，他在散步途中经常去禅林寺祭拜森鸥外的墓，梦想自己肮脏的骨灰如果也埋葬在这个有点儿森鸥外文章影子的清洁墓地里，也许死后会得到救赎……

太宰是想以与森鸥外翻译克莱斯特同样的劲头，把席勒的诗句翻译成散文。

以前他擅长的风格是第一人称，靠耍嘴皮子的口语体叙事，这在《女生徒》和《越级申诉》中已经达到了作者本人也觉得大致完美的境界。

但是，在用第三人称描写主人公的客观叙事方面，太宰还从未成功过。他希望向世人证明自己也能做到。

省去所有不必要的絮聒，以极其简洁、凝重得像弓弦那样绷紧的风格，从开头就显示哀天叫地的气魄，以冲天火柱般的热情贯穿始终。设想《奔跑吧，梅洛斯》就是在这样的创作意图下执笔的。小说里这样写道：

> 梅洛斯发怒了。他拿定主意一定要除掉这个暴戾恣睢的国王。梅洛斯不谙政治。他是村里的放牧人，吹着笛子与羊度

日。但是对邪恶，他却比常人敏感。今天早晨天还没亮，他就走出村子，翻山越岭来到十里开外的锡拉库萨城。

这样风格的作品，太宰以前没有写过，此后也没有。

太宰的创作从开头起的前半部分大篇幅诠释原诗的真正内涵，此后渐渐地模仿席勒的表现，终于达到梅洛斯因暴雨水位猛涨形成激流这个高潮，变化是在渐渐地、循序渐进地、奇妙地产生。

希望读者对下面三个地方进行比较。

（一）

他在河边蹲下，一边哭着，
一边举起手向宙斯哀求。
“神啊！赶快让这激浪停下来！
时间每时每刻都在过去。
现在也已经是正午。
如果太阳下山，我不能赶回町上，
朋友就会为我而死。”

浊流越发咆哮奔腾着。
波浪滔天怒涛万丈，
时间在时时刻刻地消失。
他焦躁不安，终于愤然鼓起勇气，

跳进惊涛骇浪里，

手臂上凝聚着全身的力量，

神最终起了恻隐之心。

（二）

梅洛斯蹲在河边号啕大哭，一边举起手向宙斯哀求。“神啊！赶快让这惊涛骇浪停下来！时间每时每刻都在过去。现在也已经是正午。若不能在它下山之前赶到王宫，那个好朋友就会为我而死。”

浊流宛若在嘲笑梅洛斯的叫喊，越发地奔腾咆哮着。波浪滔天怒涛万丈，而且时间在时时刻刻地消失。梅洛斯决心已定。只有游过去。神啊，请诸神明鉴！现在我要发挥绝不输给浊流的仁爱和真诚的伟大力量！梅洛斯扑腾跳进了河流里，开始与如同百条大蛇翻滚而来的惊涛骇浪做殊死的搏斗。河流里的旋涡向他蜂拥而来。他手臂上凝聚着全身的力量，一点点地拨开旋涡连连的波浪。面对勇猛奋斗的人之子鲁莽的身影，大概是神也感到了悲哀，最终起了恻隐之心。

（三）

啊，等啊等啊等啊等啊等啊等啊，偏偏还下起了雨，这么暗的天，一个人很危险。不不不，就是死也不嫌弃。啊，啊，即使是这样，她也不会因为自己是盲人而感到危险。不不，放开她，拔剑拔剑，拄着拐杖下起雨来，总有一天会追溯她那宝贵的意念力。大名鼎沸的街道第一的大井川，在瓢泼而下的雨中，发出震耳欲聋的水声，让人感到无比的震撼。思念丈夫的意念力，道路的险峻和看不见的眼睛，珍贵的深雪倒在地上……

在列举中，“（一）”是小栗孝则译的原诗——我没有拿到原本，“（二）”是《奔跑吧，梅洛斯》，“（三）”是太宰读高中时最早学过的义太夫《朝颜日记》里的精彩片段。

美知子新婚后很早就听说过《朝颜日记》，太宰自己也在《HUMAN LOST》写道：“真正的爱的形态，比如，帝王外出，朝颜日记，迷蒙的雨中，突然，万籁俱寂，就是疯狂地紧追在后的身影。”所以，这一段应该是深深地刻进记忆里的。

“（一）”和“（二）”相比较，前半部分大致等于是描摹。从那里起意识到唯独这里才是全篇的高潮，随着原诗的解构性书写，文体越来越接近义太夫精彩片断（曲中最值得听的片段）的风格。

表面看起来，“（二）”和“（三）”没有太相似的印象。然而，总觉得有共同的回响。经过仔细研究，构成“（二）”核心的“梅洛斯决心已定”“只有游过去”是七五调，“神啊，请诸神明鉴”是七七调，接着一句“现在我将要发挥”又是七五调——同时，《朝颜日记》中“拄着拐杖下起雨来”“追溯她那宝贵的意念力”“震耳欲聋的水声，让人感到无比的震撼。思念丈夫的意念力，道路的险峻和看不见的眼睛”，尽管有部分字数偏多，但仍然还是日本古有的七五调。

立志纪实性散文才动笔的，一到高潮的地方，太宰的文章还是带有从孩子时起就特别喜欢、可说已经是刻骨铭心的传统“说唱故事”的韵律和节奏。

幼年时，替代母亲角色的叔母纪绘，每到夜晚陪着他睡觉说给他听的，就是古代传说故事，而且还是带有韵律和节奏的诗歌和音乐。就是说，从懂事的年龄起，“语言”对太宰来说，几乎是肉体性愉悦的源泉。

当时，对大多数年轻人来说，铅字是主食，音乐是副食。但是，在音乐代替文学占据主食地位的现在，太宰作品吸引年轻男女欲罢不能的原因之一，是它看起来像散文，其实在心里朗读时，就是唤醒潜伏在肉体深处的生理性快感的诗文和音乐。

考进弘前高中那年夏天，太宰崇拜的芥川龙之介自杀。太宰受此刺激，突然像被什么东西迷上一样，开始热衷于学义太夫。

近代以来的文学，铅字默读成为主流，但是在漫长得无法与之相比的时期里，在语言文字还没有普及的时候，从靠嘴叙说、听者用耳朵听的神话、传说、典故，到平家物语、净瑠璃、说经、祭文、浪花节等的说唱故事——带有节奏感的口承文艺，使即使在数量方面也多得无法与之相比的听众享受快乐、体验感动、陶冶情操。

自从只有用文字阅读的东西才能成为文学之后，那些口承文艺被迫进入更低档的艺能领域，与近代文学史分道扬镳。但是，这是文化人做出的分类。口承文艺没有受到这种分类的干扰，经过漫长得不可胜数的时代，使难以计数的人们为之感动。另一个文学流派，通过叔母纪绘的典故和向原艺伎师傅学艺的义太夫渗透太宰的身心，如今在现代文学的世界里重获生机。

如果从近代散文的写作方法来看，说唱故事的文体特征七五调和体言结句，人称“谱曲”“纸扇[①]击台声”（就像是曲艺场的讲解）等，被看作是下里巴人，不得不遭人白眼。

但是，太宰在《越级申诉》里毫无顾忌地使用体言结句，在《奔跑吧，梅洛斯》里也毫不在乎地给散文谱上节律。排除多余的情绪和感伤的散文理想，和有着很强音乐感的说唱故事融为一体，产生只在《奔跑吧，梅洛斯》里才有的独特风格。

文艺，说到底就是文体。

不知道用译本读过出场人物和主题、情节都相同的席勒原诗、并在记忆中终生不忘的当代读者，果真会有多少呢？

但是，很多人在教科书里学到过《奔跑吧，梅洛斯》，作品的大致内容如今还鲜明地铭刻在他们的心里。当时批评小说“很拙劣”“没趣”的少男少女，结果在经过久远的岁月之后，发现曾经觉得反感的故事却还清晰地留在自己心里，肯定会感到很惊讶。

文艺作品是否能留到后世，这是由文体来决定的，胜过主题和情节。

---

① 纸扇，用纸套包着的折扇，说书、表演曲艺等时用以击台。

在人称脱离铅字、脱离文学的现在，只有夏目漱石[①]和太宰治还被人追捧着，他们以口承文艺的“落语”[②]占据基本修养的主要部分，以浅显易懂的口语性，加上兼备超越时代的生命力和练达老成的独特文体所致。

《奔跑吧，梅洛斯》之所以成为名作，原因还不仅仅是这些。

本章从开头就一直在强调，太宰的真实生活与美谈有天渊之别。某些死者的面影在他潜意识里已经留下了无法磨灭的烙印。最初的“镰仓殉情事件”结果单独死亡的田边静美，二姐理子的长子津岛逸朗，堂姐利惠的长子津岛甫，还有“擅自借用”也许是导致寺内寿太郎失踪与自杀原因之一的传闻……

即使不是自己所希望的，但随着从青春期的放荡和药物中毒的疯狂中醒悟过来，他对导致他们死亡的罪恶意识和自责的念头越来越强烈，早就想写与以前的真实生活相反的“美谈”，这样的愿望变得更加迫切。

太宰常常被人仅以“虚无和颓废的作家”这一先入为主的观念看待——确实有这样的一面——在太宰的骨子里原本就潜伏着追求爱与正义的上进性和理想主义，这在收录着初露头角的《满愿》

---

① 夏目漱石（1867—1916），小说家、英国文学研究家。日本近代文学代表性作家，被誉为“国民大作家”。主要作品有《我是猫》《虞美人草》《三四郎》《心》等。

② 落语，日本民间艺能的一种，一人表演，语言诙谐，动作滑稽，逗观众发笑。类似于我国的单口相声。

《富岳百景》《女生徒》《越级申诉》《奔跑吧，梅洛斯》等新潮社“昭和名作选集28”的《富岳百景》（昭和十八年版）“序言”里，他这样写道：

明治四十二年初夏出生在本州北端的男孩天生很怯弱，尽管如此，他假装要成为别人的榜样，于是连连受挫，但只要还活着，就要带着一丝的自豪遭受徒劳无益的罪，把受到的这些罪一五一十地写出来并留存下来。这是我工作的全部主题。前几天夜里和从战地回来的人交谈到深夜，我们两人几乎同时说同一件事，即人无论在哪里，无论在做什么，只要用心做好一件“正确”的事就行。我们的心情都很舒畅。我的文学不做胡说八道、夸张等白费口舌的解释，有几个读者知道我追求终极正确却总是活得很辛苦呢？但是，作者关于自己的文学不应该说出哪怕一言半语强加于人的话来。只是期待着读者毫无掩饰的感受。

作为回应，再阐述我“毫无掩饰的感受”，文中说的“终极正确”，也请务必加上其实不是指客观真实，而是指作者的“主观真实”。

即使席勒的原诗也是如此，面对死刑，自己亲口提出让朋友当人质的梅洛斯，如果仔细想来，是个很率性的人。

幸好时间来得及，所以才得以圆满，但如果再稍稍晚到一些，为了自己个人的英雄主义和浪漫主义，也许就会使朋友丧命。

高等小学读本里的《真正的知己》不是这样的。被宣告死刑的皮丘斯为了与父母见上一面，向大王哀求推迟行刑时，朋友达蒙主动提出由自己来代替皮丘斯。

在这个故事里，完全没有描写皮丘斯冲破种种难关不停地奔跑着的身影，而是在狱中坚信朋友而坚持等待着的达蒙，成了真正的主人公。

太宰在后期死亡前发表的《如是我闻》里说：

> 我的全部苦恼，也可以说是与“爱人如己”这一难题有关。

但是，无疑只有“真正的知己”达蒙，才是配得上耶稣这个教诲的人。

即使在追求纪实性散文而创作的《奔跑吧，梅洛斯》里，结局与以前的第一人称“叙事”一样，絮絮叨叨地陈述着的，是作者自己的“主观真实”。

然而，结尾的几行，故事有了明显的变化。席勒的原诗是在这地方结束的：

> 不久大王开口了：
> “满足你们的愿望啊！
> 你们战胜了我的心。

诚实绝不是虚妄。

我能加入你们中间吗？

请满足我的愿望，

我希望成为你们中的一人。”

太宰在这后面添加了“国王万岁”这一群众呼喊和下面的场景：

一名少女把红色斗篷献给梅洛斯。梅洛斯慌了神。好友反应敏捷，告诉他：

“梅洛斯，你不是一丝不挂吗？赶快把这斗篷穿上才好。这位可爱的姑娘见你梅洛斯的裸体让大家看着，难堪得受不了了。”

勇士面红耳赤。

所谓主观的真实和正义，往往是单方面的，有时是危言耸听的。在《奔跑吧，梅洛斯》里，梅洛斯正赤身裸体着，太宰毫不害羞地以暗示梅洛斯裸体的率真，直言不讳地、诚挚地说出对正义和人类的爱，并在最后以“勇士面红耳赤”结尾，仅用一笔就给梅洛斯的单纯和正义添加了深度，只有这样才能像搭上箭的弓弦那样，把整篇故事绷得紧紧的。

放出去的箭，准确地命中了读者敏感的心。

《奔跑吧，梅洛斯》里这一画龙点睛的创作，是原诗里所没有的。由于这个点睛之笔，它才真正成为不朽的名作。

和美知子开始新的家庭生活以后，第二年随着日常生活的安定，太宰在精神上和体力上都渐入佳境，先后发表了《女人的决斗》《越级申诉》《奔跑吧，梅洛斯》等优秀作品。紧接着翌年昭和十六年也作品迭出，从前一年起锤炼构思动笔创作的《东京八景》《清贫谭》《浪漫灯笼》《新哈姆雷特》《风之信》等佳作相继问世。

> 有个男子从背后一边唱着走调的歌“我被大王征召”，一边脚步凌乱地走来。因为传来两声颇有特征的“喀喀”的咳嗽声，所以我听得很清楚。
>
> “园子在受苦啊！”我说道。
>
> “怎么回事？”于是，传来大声的说话声，“你们没有信仰，所以在这样的夜道上就会受苦。我有信仰，所以夜道也如同白昼啊。跟我来。”便快步地走到前面。
>
> 其实，是我那神情恍惚的丈夫。他到底有多清醒？

这是太宰写的《十二月八日》的结尾。

把以前从未走过的漆黑的夜道，照得像白昼似的闪闪发亮，这样的“信仰”，到底是什么呢？

第十章

花火

《十二月八日》描写太平洋战争的那天从早晨到晚上一天的生活情景。叙述者是妻子“我”，小说家“丈夫”在前半部分没有露面，后来在结束时的黑暗中突然出现，说出一句意义不明的逞强的话“跟我来”，便走在前面。

这部作品发表的第二个月，评论家平野谦[①]在杂志《文艺》上与伊藤整对谈时评时，说出了这样的感想：

“……太宰的小说本身有趣是有趣，但人还是平时的太宰治，在这两者之间能感受到差距。”“我觉得太宰治是第一次写《十二月八日》这个题材。因此被标题牵引着读下去，感觉有点儿像是上了当似的。”

“像是上了当似的……”这样的形容，据推测，在作品的结尾方式上，好像感觉到曾经常见的太宰一流的韬晦迹象。

夜里，背着年幼的女儿去澡堂洗澡的叙事者“我”，回家时因

---

① 平野谦（1907—1978），文学评论家。《艺术与现实生活》《昭和学史》《基准的确立》《政治与文学》等。

灯火管制街灯熄灭，在郊外的路上，在这么漆黑的夜道上，因以前从未走过而手足无措，怀有近似于恐惧的情绪。

这样的恐惧感本身，面对开战之初难以置信的巨大战果，作为当天夜里全日本群情激奋的情景，是截然相反的、以后来看也是最用心的表现。但从漆黑的道路背后走来的“丈夫”说：“你们没有信仰，所以在这样的夜道上就会受苦。我有信仰，所以夜道也如同白昼。”

太宰坚持阅读塚本虎二呕心沥血写出来的鸿篇巨著《圣经知识》，从昭和十五年起成为邮寄到家的定期读者，塚本提倡的乐观主义，与《奔跑吧，梅洛斯》里更鲜明地表现出太宰天生的上进心和乐天性是融合在一起的，无疑就是“信仰”的内核，把以前从未走过的漆黑的夜路，照得像白昼似的闪闪发亮。

能确凿无误地证明这一点的作品，就是太宰治在翌年一月开始创作的《正义与微笑》。

《正义与微笑》是一部日记体的成长小说。写手“我”是个十六岁的中学生，坚持写日记的时间到翌年十二月二十九日大致是一年零八个月。经过的时间不那么长，小说描写主人公芹川进在这期间考第一高等学校名落孙山，只好进R大预科班，接着在脱离梨园传统而独立成立的歌舞伎新剧团“春秋座”成为研究生的探索过程。

这部作品完成后，于昭和十七年六月由锦城出版社作为新日本文艺丛书之一出版。装帧设计是藤田嗣治[①]，封面是淡彩画法的樱花，两面扉页上画着身穿和服照看小孩的姑娘、短发少女和抱在手上的孩子。

书中写到，深受全校学生爱戴、去年不知为何离开教坛的英语老师黑田先生，在最后一次课上这样告诫学生：

> 与“牢记”相比，重要的是“造就”。教养这个东西，不是记住很多公式和单词，而是拓展心灵空间。就是说，要懂得爱。要渐渐地成为一个能真正造就的人！我想说的，仅此而已。

这里显示的，显然是小说的基本理念。

“我”没有考上第一高等学校，学完四年中学课程才进入的基督教学校R大学预科班，却对学校的氛围颇感失望，偷偷地接受新剧“鸥座”研究生考试想要当理想中的演员。当剧作家兼演出家横泽先生问“演员的使命是什么”，无法做出出彩的回答：“演员的使命吧，对外是感化观众，对内是集体生活的社会实践。难道不是这样吗？”在横泽先生的再三追问下，“我”这样答道：

---

① 藤田嗣治（1886—1968），法籍日裔画家，将日本画技巧引入油画，独创的“乳白色肌肤”裸体画受到西方欢迎，与莫迪里阿尼、夏加尔均为名噪一时的“巴黎画派”。

“这不一定是演员的使命，人人都必须努力，所以正如我刚才说的那样，那种冠冕堂皇的抽象词语，其实可以说得天花乱坠。而且，那全都是谎话。”

这最后一句又隐含着人们的真心话，是对只有上情下达的客套话大肆泛滥的时代潮流下进行的剧烈反抗。

“我”接受了考试却放弃进入鸥座研究所的机会，接着从考试及格的春秋座研究生成为准团员。在作品接近尾声的时候，“我”在日记中这样写道：

有没有人在我的墓碑上刻上下面的句子？

“他最喜欢逗人高兴！”

这是自我出生起就有的宿命。选择演员这个职业，也完全是因为与这个宿命有关。哎呀！我想成为日本第一……不！世界第一的大明星！而且，想让大家、尤其是贫困的人们喜欢到陶醉的程度。

如果把文中的“演员”和“明星”换成“小说家”和“作家”，就可以看出这原本就是作者自己的愿望吧。最重要的是，逗人高兴，这成为他后半生最大的主题。

在以后的作品里，这个特点表现得越来越明显，具有非凡的奉献精神的太宰治，在倾注全力呕心沥血只为逗读者高兴的时候，才是一个发挥最高本领、显示真正价值的称职的作家。

堤重久在东京新宿的医生世家、一个大户人家出生、成长，在旧制高中读三年级时，在纪伊国屋书店拿到了接近白色的淡黄色封面、漂亮法式装帧的《晚年》，花了三个小时读完时，惊叹不已，觉得即便同样是日语，由于不同的文字排列方式，竟然会有如此美感的小说……感觉到世界的色彩陡然改变。这种震撼与后来第一次听到莫扎特第十五号弦乐四重奏时一样。

考进东京帝国大学德文系以后，当时太宰治还鲜为人知，堤重久就在书店里寻找刊登太宰治新作的杂志来读，觉得太宰的每部作品都在不断提高艺术的纯度，能洗刷心中的苦恼，使灵魂变得清澈。他终于按捺不住，于昭和十五年十二月去拜访三鹰下连雀的太宰住处。

堤重久很讨太宰的欢心，被太宰带去喝酒。在第二家酒店，太宰说要读井伏，说井伏文学本身就是一种人生，文章的韵律与人的呼吸很合拍，自己就是被一篇《山椒鱼》感动而成了作家。

以后，堤重久以每四天一次的频率从新宿的家里赶到三鹰去与太宰见面。

堤重久的弟弟堤康久从明治学院中等部考进立教大学预科、成为筑地新剧团研究生之后，重新进入前进座[①]，从十五岁时起开始写

① 前进座，日本剧团名。1931年由歌舞伎演员河原崎长十郎等组织成立，目的是反抗歌舞伎界的封建性和垄断的演出资本。

日记，用记事本那样的黑色布封面笔记本写了有七册，堤重久有时候得到弟弟的许可也读过，弟弟对学校和老师的詈骂、对朋友的嘲弄、自我厌恶的感慨、对未来的美好憧憬，用激烈的语气写得很幽默，非常有趣。

听到此话，太宰不知为何露出尴尬的眼神，用一副腼腆的表情说道："能让我看一眼吗？对了，一定要让我看看啊！"然后一起外出喝酒，在摇摇晃晃像是喝醉的吉祥寺站分手时，太宰还是念念不忘，突然头脑清晰地说道："你弟弟的日记，就拜托你啦！"

堤重久带着日记去过之后，过了四五天，问："怎么样？有用吗？"太宰只是"嗯嗯"地点点头，那种点头方式能让人感觉到对任何人都不愿意说"有用"的、自信满满的神秘。

不久，太宰把《正义与微笑》给堤重久看，堤重久看完稿子后，感到微微的失望。弟弟日记里充溢着的稚嫩热情的气息消失殆尽，小说有一种稍稍清澈的、在某种意义上像冰凉清水似的感觉，看了很不过瘾。"怎么样？很有趣吧？"太宰问。"啊，很有趣。"堤重久不悦地答道。（在晚年，堤重久开始觉得弟弟日记里沸腾的混混沌沌的稚嫩热情在《正义与微笑》里被整理得很精致，雕琢得像清丽的雕花玻璃似的，升华成另一种截然不同的艺术品，太宰以"基调平淡"的手法改掉沉重而滚烫的热情，在那里塑造了一个平凡的、阴影深重而清纯的少年形象……）

太宰治发表的短篇小说《花火》的开头写道：

这是昭和初期，发生在东京一个家庭里的不异常的事件。

要说这是一个什么样的故事……

年轻时去巴黎游学的西洋画家鹤见仙之助，归国后与教育家女儿结婚，生下一男一女。就是胜治和节子。事件是在胜治三十三岁、节子十九岁的那年夏天发生的。

胜治从小就是个差生，跋扈恣睢，读中学时两次留级，好不容易毕业时，一反父亲“当医生”的意愿，提出想去中国西藏而与父亲发生激烈冲突，成为可怕的家庭破坏者，言行举止如凶神恶煞。

对胜治来说，每月三十元的零花钱不够用，不断地把妹妹的衣服送进当铺，还把父亲的画偷出来卖掉。

胜治结交的都是狐朋狗友。有学籍临时放在学校里、称为大学预科主管的大人物、不良学生风间七郎，每次来总要十元二十元地索要党费的杉浦透马，有不太出名但风间对他刮目相看称其为天才的新锐作家有原修作。

受他们的怂恿，开销不断增加的胜治甚至霸占了女用人松野的存款和身体，为此遭到父亲的训斥。胜治怀疑是妹妹告的状，将妹妹痛打一顿。

胜治放荡不羁且不知收敛，因为麻将赌博两次被警察扣留，在外打架浑身是血地回家，节子衣柜里的值钱衣物拿完了就卖掉母亲的首饰，偷用父亲的印章抵押家里的电话借钱。一到月底，高额账单从附近的荞麦屋、寿司屋、小餐馆等蜂拥而至。

盛夏，在东京郊外的井之头公园里，那起事件发生了。节子接到哥哥打来的电话，哀求说：“如果不付二百元就会坐牢，服刑五年。没有二百元的话，一百元也行，七十元也行，求你了。哥哥也许会死。”节子从母亲那里要来折叠得很小的一百元纸币，在日落时赶往井之头公园内的餐馆里。

节子和拿到钱后付了餐馆账单的胜治、有原修治一起走到餐馆外。

月光明亮的夜晚。在杉林里走着时，冷不防从树荫后出现一个穿着白色浴衣的小个子。是西洋画家父亲。

胜治借着醉意跳进岸边拴着的一条小船上，说“我在湖里划一圈就回来”，“我也上来！”父亲紧跟在后，敏捷地跳上船去。

小船消失在黑暗中，返回岸边时，船上只有父亲一人。节子问“哥哥呢？”父亲平静地答道：“在桥那边上岸了，好像醉得很厉害。”

翌日早晨，胜治的尸体在桥桩间被人发现了。父亲、母亲、妹妹、有原，大家都接受了调查。是烂醉如泥后的跌落，还是自杀？不管如何，事件的处理显得很简单。

然而，警方查出胜治在两年前参加过生命保险，超过两万元的保险金受益人是鹤见仙之助。相关人员再次受到传唤，这次被警察扣留了，人们相信仙之助是无辜的，但仙之助的陈述开始变得混乱。

事件意外地变得复杂而可怕……最后的场面，原文是这样写的：

但是，诉说这起不愉快的事件，不是作者的本意。作者只是在下面把一个少女不可思议的话传递给读者。节子最先被释放。检察官在与她分手之际，用悄然的语气说道：

“以后请多保重。哥哥再怎么坏，如此死法，毕竟是亲骨肉，你也很悲伤吧，还是要振作起来。”

少女抬起目光做了回答。那句话不禁令人陷入沉思。在世界的文学里，也是从来未曾有过的、令人耳目一新的话：

“不！”少女抬起目光答道，“哥哥死了，我们才能幸福。”

如果搁置道德判断，最后一行出乎这部作品的几乎所有读者的意料，效果很明显。

若是熟悉作者风格的后期读者，围绕着主人公胜治和他的人际关系和性格的设置，总以为这部小说是太宰的初期风格。同时也许会稍感疑惑，觉得为何会被认为是“不愉快的事情”。

然而，如果是同时代的敏感的读者，从这部小说里兴许马上会联想到现实中的事件。

当时堤重久拜太宰为师，经常与太宰见面。在他的眼里，山岸外史是老师的第一位挚友。山岸外史在后来的解说里这样叙述道：

这部作品是根据当时报纸上闹得沸沸扬扬的事件——父母

与长女三人杀害不争气长子的事件——编写的。这部小说最后一行是如实采用了那起事件在报纸上刊登时的长女的原话。太宰对这句话感触极深。出自这样的感动，他才写了这部小说。

从昭和十年到昭和十三年，现实中“日本大学生遇害”在社会上被大肆渲染的事件，的确是极其凄惨的。

开始时报纸上作为抢劫引发的杀人事件做了报道，后来查明其实是当医生的父亲对放荡儿子束手无策，他为儿子买了六万六千元巨额保险，与妻子及女儿共谋杀害了无药可救的儿子。

父亲在桦太[①]投入全部财产的医院经营失败，先是计划诈骗付给医院的二万八千元火灾保险金失败，终于图谋杀害儿子，逼迫妻子和女儿动手。不管怎么想，这样的父亲都不是具有正常人格和道德感的人。

最初尝试用毒药谋杀没有成功，最后妻子和女儿挥起菜刀杀害儿子……

报纸对这个事件进行了追踪报道，对事件的侦查和审判过程也进行了详细介绍，但是在筑摩书店版《太宰治全集》的提要里和详细得令山内祥史惊叹的调查汇总的报道里，都没有找到与《花火》最后一行完全一样的话。

如果一定要牵强附会的话，也就是在昭和十一年一月十五日的

---

① 桦太，现为库页岛，又名萨哈林岛，由俄罗斯控制。

《东京朝日新闻》里，作为“忏悔录”刊登着为重罪而苦恼的女儿的手记长文，其中有一段：

“母亲找我商量杀害放荡哥哥时，我觉得这是为这个社会除去一个应该受到世间诅咒的恶人，同时又是拯救可怜母亲的唯一途径，便没有任何犹豫就同意杀掉哥哥。”

将这段话压缩、改写过来，不就成了《花火》最后一句台词？

根据当时在堤重久之前不久拜访三鹰太宰的住处后、一直在太宰身边拜师的小山清[1]后来的评论里说，这部作品最初是为小山书店出版的《八云》第二辑创作的。

编辑加纳正吉读过原稿后认为这是一部优秀作品，但估计内容与时局相悖，暂缓刊登，委托他另外再写一部。

加纳正吉的判断很准确，太宰改换标题后送到改造社《文艺》杂志，《花火》一文遭到了“全文删除”的厄运。

小山清读过作品后，对太宰不被时代潮流裹胁的作家精神印象深刻，一说起作品中长子胜治被刻画得惟妙惟肖，太宰立即答道：

“那就是我呀！我的亲属肯定都巴不得我死了才好。”

真实事件被报纸大肆渲染，女儿的“忏悔录”刊登在《朝日

---

① 小山清（1911—1965），小说家。作为太宰治的弟子而闻名。

新闻》上，这个时期正是太宰处于药物中毒最严重的时候，为了买药，只要是能借钱给他的朋友知己，他都写信哭泣哀求，甚至没有底线地撒谎借钱，肆意地给家人和亲戚添麻烦。

那时是太宰治精神错乱最严重的时候，所以不知道他对这起谋杀事件和当事人女儿的手记怀有何种感想，但却深深地铭刻在他脑海的某个角落里了。

时光流逝，随着从错乱中清醒，根据女儿的手记，“酗酒玩女人、抵押妹妹的物品、不断让母亲为他的债务擦屁股的”放荡儿子的形象，与自己曾经放荡不羁的形象重合了。

受命全文删除的《花火》后来收录到单行本里时，标题改成了《日出前》。由此推测，这部作品的创作动机是太宰想埋葬自己的过去。

而且，最后一行“哥哥死了，我们才能幸福”，无疑就是亲自刻进自己以往墓碑上的墓志铭。

第十一章

Last one

太宰药物中毒越来越严重时，田中英光[①]还是无名之辈，尽管他后来创作了日本罕见的青春文学兼体育文学的杰作《奥林匹斯之果》，但当时他只是在与朋友们创办的杂志《非望》上发表作品。

田中英光在早稻田大学政经学部毕业后，进横滨橡胶制造株式会社工作，赴京城（现为韩国首尔）[②]的朝鲜办事处任职期间，曾收到一封风格独特的信，写着大致如下的文字：

> 读了你的小说，有个人哭了。这是前所未有的事。在你的昏暗竹林里，住着一位辉夜姬[③]。而你，帮我剃掉那懒散的胡子。我现在独自流放地望着月亮。

---

① 田中英光（1913—1949），无赖派作家。以1932年参加洛杉矶第十届奥运会为题材，创作了表现纯真爱情的青春小说《奥林匹斯之果》。另有《黑暗天使与小恶魔》《野狐》等。

② 1910年日本吞并朝鲜半岛并把汉城改名为京城府。

③ 辉夜姬，日本《竹取物语》里的女主人公。来自月亮世界的神仙美女，诞生于竹子中，由砍竹老翁夫妇抚养长大，后拒绝众多求婚者，于8月15日夜晚回到月都。

寄信人的住址是千叶县船桥町五日市本宿，寄信人是太宰治。一位默默无闻的文学青年，在遥远的异乡收到这封信，心情会是多么激动啊。

昭和十年秋天，田中英光收到了这封信。年底，太宰在《日本浪漫派》上连载的随笔《思考的芦苇》一文里这样写道：

> 追记。文艺册子《非望》第六期刊登出方名英光的《吹过天空的风》，值得一看。在采用这篇文章时，如果状况再悄悄地变得严酷一些，那就更好了。

出方名是田中英光笔名的姓。在早稻田大学的游艇部里有两个“田中”，个子小的叫“小田中”，个子大的他被人称为“出方名”，于是田中英光就将它直接用在了笔名上。

太宰不会向没有丝毫关系和交情的新人表示出这样的好感。但他向《非望》的好友推举田中的才能。当时津轻同乡的后辈有两个人，其中编辑鸣海和夫是与金木的津岛家隔街相望的医院院长的儿子，从小就熟，他们在去船桥的家拜访太宰时，田中以前的作品就已经得到诗人北川冬彦①的认可。

田中立即开始表明感谢之意，把自己的过往和盘托出，写了封长信寄给太宰，如果换算成稿纸有二十几页，包括自己从幼年起的

① 北川冬彦（1900—1990），反战诗人、电影评论家。作品有小说《噩梦》等。

身世、进W大学游艇部成为奥林匹克选手去美国参赛的事、回国后四处奔走、现在工作的公司内情，等等，甚至还有被人知道的话会很尴尬的隐私。

几个月后，田中在《文学界》杂志上读到太宰擅自拼接挚友私信发表的《虚构之春》里，几乎原文不动地插入他长信里的内容而感到无比羞愧，万分厌恶。

“唯独这一点，无论在以前还是将来，这都是太宰先生让我觉得不愉快的一件事。不过现在我已经不在乎了。”田中在后来的回忆里写道。

此后，田中写了五百页的长篇处女作寄给太宰，想要刊登在《日本浪漫派》上，得到了“若是这篇文章，我想能够发表”的回音，但突然就音信全无了。后来才知道，正好那个时候，太宰住进了精神病医院里。

不久，田中又收到从杉并区天沼的镰泷方寄来的信，说长篇的刊登因是同类作家的反对而作罢。太宰把那五百页的稿子整齐地装订起来，一直保管到几年后第一次与田中见面。

田中趁受命出差去东京之际，拜访了太宰在镰泷方的住处，正好太宰不在家，于是田中把从京城出来时带在路上读的画家弗罗芒坦[①]终生唯一的私小说、岩波文库版《多米尼克》，放在房间里杂乱

① 弗罗芒坦（1820—1876），法国画家、小说家。绘画作品有《鹰猎》等，游记有《昔日的巨匠们》等。

的书堆上就回去了。

田中把自己创作的小说以信的形式寄给太宰好几次。出现在太宰《富岳百景》里的新田青年在拜访太宰甲府御崎町的新居时，在桌子上看见的就是那一部。也许因为太宰对他以前的作品评价太苛刻，这次是田中干劲十足地写出来的，用米粒般的小字写得密密麻麻，太宰让夫人美知子誊写清楚，随推荐信一起寄给了《若草》编辑部。

过了一段时间，美知子随太宰走进一家书店。在店铺里发现《若草》第四期上刊登着《锅鹤——出方名英光》。她发出欢叫声并且告诉了太宰。太宰没有露出她期待中的微笑，只是默默地板着他的侧脸。美知子再次知道在太宰面前最好不要提起其他作家。

昭和十五年年初，太宰在《国民新闻》连载的随笔《这时候》的一节里写道：

> 有个朋友叫T。和我从未谋面，但从五六年前起就有信件往来。五六年前他在一家小小的杂志上发表过很好的小说。我对那部小说在某家杂志上稍稍评论了几句，以后我们就开始通信。

文章中还写着他曾寄去过刊登着小说的杂志和报纸广告的剪报、在慰问袋里除了毛巾和兜裆布外还放进了《唐诗选》等，还写着在新宿的书店里买了印着华美裸妇的泰西画集，准备下次寄去。

桌子上放着一枚绘画明信片，它是T君寄来的信。信上写道："请不要再写信给我。慰问袋也请不要寄。即使寄了也要被送回去的。我的收件人姓名也许要全部换掉。暂时什么也不要寄。"所以我的确有一种不祥的预感，吓了一跳。但在那明信片的角落里用小字写着"to see you[①]不久能一起喝酒"。

这段结束语中的"T君"，不用说就是指田中英光。

田中临时被召回在横滨橡胶株式会社总社工作。三月下旬上京，依靠向太宰求来的、简单画着住址地图的明信片，拜访太宰在三鹰下连雀的住处，在那封"赫夜姬和懒散胡子"的信以后第五年，才实现了初次会面。

那时，他带来了有二百五十页已经写完的作品《杏之果》。太宰翻阅着稿件，说"这个标题不合适啊"，便从书籍里取出希腊神话的书来，与田中并肩坐在檐廓里，极简单地想出《奥林匹斯之果》这个新标题。（太宰治被公认为是日本近代文学史上最优秀、最擅长起标题的作家。）

此后，太宰加上细致而认真的评论，将田中修改过两次的稿件，带给了《文学界》。

小说的叙事者"我"娓娓道来，讲述作为大学划船运动队新

① to see you，我真想见到你。

人选手参加洛杉矶奥林匹克运动会，往返太平洋的船旅过程，和在练习、竞赛的过程中对走高跳的女选手“你”怀有的爱慕，最后以“你到底是喜欢我吗”这一印象深刻的提问结束。

在《文学界》第九期上，发表时借用责任编辑河上彻太郎的墨宝“远离文坛的清新佳作”“龟井胜一郎君和我的共同推荐”，不仅为产生的反响令作者田中英光吃惊，而且在十二月下旬，田中英光收到河上彻太郎发来的电报，得知这部小说已经被定为第七届池谷信三郎奖获奖作品。

田中为报告这一喜讯并表示感谢，去三鹰住处拜访太宰。太宰与住在附近的龟井胜一郎[①]一起以裙裤和服的正装迎接田中。而且，田中去拜访河上彻太郎宅邸，太宰也与龟井同行。

但是，田中邀请太宰一起出席授奖仪式，太宰却怎么也不答应，说像自己这样有前科的人……出版单行本时，太宰也坚决不写序言，田中央求到快哭了，太宰才勉强答应。

三十二岁的太宰是这样结束那篇序言的：

> 田中君是个有勇气的人，我相信以后一定会鼓起不屈不挠的血气之勇。生活很软弱，作品很强大，安之若素地经营你的

---

① 龟井胜一郎（1907—1966），文艺评论家。曾任日本文艺家协会副理事长、日中文化交流协会副理事长、亚非作家会议日本联络委员会常务委员。著有《岛崎藤村论》《太宰治研究》《知识分子的肖像》《现代作家论》等。

文学，下一个时代的美丽应该以你自己的责任来展开。

田中君已经是三十岁。

《落穗拾遗》《圣安徒生》的作者小山清，在死后过了很长岁月的今天，还拥有尽管数量不多却十分狂热的铁杆粉丝。昭和十五年十一月中旬，他初次拜访太宰时是二十九岁。

小山清作为义太夫盲人说唱者的儿子出生在东京浅草，考入府立三中后转校到明治学院中等部毕业，在生活中经历了诸多磨难，当时他在下谷的报纸配送店工作并住在那里。

他只有一件外出做客时穿的衣服，还被他送进了当铺里，因此他穿着店里的工作服，好不容易找到太宰在三鹰的住处，“对不起，”他打开玄关房门，说，“我是第一次拜访，想见见您……”蓬头乱发的高个子太宰稍稍点头，说道：“请进！”

小山说自己从下谷来，太宰露出惊讶的表情。小山拿出带来的稿子，太宰的神情便显得很扫兴。

太宰看着用铅笔写的稿件，虽然他自己也曾用铅笔写过，但看起来感觉很费神……他把稿件放下，却不知道如何找到话茬儿，便又拿起来读了开头几行，说道：“也许是部好作品。”

然而，那里正是小山从酷爱的安徒生《没有画的画册》一章中引用出来作为题记的部分。

根据小山的回忆文章，太宰说“我读了稿件后再写信给你，到那时你再来”，还让小山留下了地址。

我留了Y新闻社的地址，太宰先生的脸上蒙上一层阴影。总之，我虽然俯下身子却也能感觉到太宰先生的表情有些细微的变化。我身上工作服佩戴着Y新闻社的胸牌。

（夫人端茶出来，马上又退到隔壁房间之后……）我感觉到太宰先生的家庭里有一种恭谨的印象。长篇小说《平凡》里写到主人公第一次拜访前辈小说家那天的情景。主人公看见院子里晒着尿布，内心里会产生轻视前辈的心情。不过，初次见面，难道不是这样的意识在起作用吗？也没有什么一味指责的性质吧。以后又造访过两三次，我知道太宰先生的生活并不孤单。

把地址写成Y新闻社，不知道太宰是否真的脸色转阴，还是小山自己因为自卑才那样感觉到的。

《平凡》是二叶亭四迷[①]的小说，主人公拜访文坛大家请他看稿子，在格外寒碜的房子里，像病人似的满脸阴气的主人有个目光一交织便马上伏下脸去的习惯，看见院子里晒着尿布，主人公产生了强烈的轻蔑念头……

总之，这个初次见面，主客双方都没有使对方眼睛一亮的感觉。

---

① 二叶亭四迷（1864—1909），作家、俄罗斯文学翻译家。作品有长篇小说《面影》《平凡》，曾翻译过屠格涅夫、果戈理、托尔斯泰、高尔基等人的作品。

过了一个星期，小山没有等到太宰的来信，便又去了太宰家。他带着两三天前在下谷鹫神社酉市购买的护身符和木下杢太郎[①]刚出版的新书。上次去时太宰在桌子上放着田中贡太郎翻译的《聊斋志异》，知道他在借鉴书中的故事写小说（《清贫谭》），所以心想也许能给他做参考。

快到太宰家时，太宰穿着和服外套急匆匆地走来，说正要去与朋友见面，问“信已经寄出了，你看到了吗？”，差点儿擦肩而过。太宰接过书返回家里，让夫人把小山的稿子拿来，说：“心理刻画得相当到位，但描写还没有跟上，你如果熟练掌握描写技巧，就非常厉害了。”在去车站的路上，为了给朋友定制寿司作为礼物，在寿司店里再次从小山手中接过稿子啪啪地翻着，指着一个地方说：“我很喜欢这样的描写氛围啊。”

他给小山看的，是“我”用书信体写给“老师”的《给我老师的书》为题的作品，描写一位特别喜欢安徒生的孤独少年，有点儿古怪的日常生活和微妙的内心活动。

在三鹰站的站台上，太宰以尽管时间仓促幸好见面了的感觉，说：“今天是不幸中的大幸啊！”乘上去立川方向的电车时，说了句“如果有什么棘手的事，随时都可以来找我商量”便上车了。

小山一回到下谷的读卖新闻办事处，信就来了，信上这样

---

① 木下杢太郎（1885—1945），医学博士太田正雄的别号。小说家、诗人。代表作有诗集《食后的歌》等。

写着：

拜启

颇感兴趣地拜读了你的大作。请不要荒废时间，静下心来继续学习。不要急于现在马上写出巨制鸿篇来，请永远地热爱生活。这才是我对现在的你唯一的祈愿。

书不尽言

那封寄给田中英光的“赫夜姬和懒散胡子”的信也是如此，太宰治给无名之辈的文学青年写信能尽心到这种地步，这样的天赋和才能，凡夫俗子是望尘莫及的。

小山每次有作品写完后都拿给他看，太宰对此都一定会有来信做出答复：

大作拜读了。有一两个地方描写得很出彩，毫不逊色。后半部分粗糙。不合理。期待下一次的作品。不要顾忌氛围和情趣，只要留意是否合适就行。

（还有，人世间全都是一副丑态呀！）

拜启

琐事缠身，无暇拜读大作，今天终于得以拜读。请原谅。与上次相比，这次的作品写得真是太好了。到处都有感人之妙笔，有一个地方我甚至还流泪了。望自重。期待下次一百页的作品。我对你这部作品贪念极深，怎么也读不够。你要以一生搏一次的觉悟向一百页冲击。一定会有优秀作品写出来。

未尽意

读了大作。不要放松，就这样用力挤，很苦吧。就这样一步步写下去。状态很好。全部写完以后，对作品的细节再做商讨。总之，就是这样的状态。

太宰的这些来信，小山全都保存着，根据《书简集》来看，有将近六十封信件。

文中写的“期待”，不是只对当事人的社交辞令，小山在老师去世后从夫人美知子那里得知，太宰曾对美知子说：“这小子写的东西很好，你也要记住他。”

太宰表示的好意不仅仅是停留在信上。他还把不会喝酒的小山带到酒馆里去，路上在花店里为他买蓟花花束，在旧书店里买《你往何处去》[①]送给他。小山如饥似渴地读着佐久良东雄[②]的歌集，太宰问“想要吗”，小山点点头，太宰就为他买下了。

酒一下肚，就用一副认真的表情说出平时怎么也说不出口的“必杀句”。太宰就是这样的性格。他对酒馆老板娘说：“我一看

---

① 《你往何处去》，长篇历史小说。波兰作家显克微支著。1896年出版。取材于1世纪尼禄统治时期，反映罗马帝国迫害基督教徒的悲惨情景。

② 佐久良东雄（1811—1860），日本幕末时代国学家、歌人。本姓饭岛，雅号薑园。

见小山显得很孤单，就不知如何是好。”分手时，他会用力地握着对方的手说：“作为我的朋友，你要争口气！”不久就会与后续的话题产生关联。不过，女性见对方表示出那样的态度，听到这样的必杀句，会受不了吧。

大口地喝着酒时，对习惯于喝得酩酊大醉的田中英光说：

生活要有规律，要睡在洁白的床单上。

如果有会抛弃你的神，就一定会有能帮助你的神。

应该像富翁一样，怀着等待迎接车辆的心情生活着。

对小山说：

要和田中相互信赖！

太宰一边作为老师对小两三岁的弟子给予那样的激励，一边在自己的小说和评论频繁问世中，矢志不移地坚守自我的世界孤军奋战。在小山和田中的眼里，小山说太宰是他们的“Last man[①]”，田中纠正说：“不！是Last one[②]。”

太宰对不喝酒的堤重久这样说过：

---

① Last man，最后一个人。

② Last one，最后一个。

“喝酒后一回到家，就‘啪嗒’倒下睡了。但到半夜三点左右一定会醒来。于是，以往所有讨厌的事，到最后都‘啪’地聚合在一起。那种痛苦让人手足无措，真是很难熬。就连在远方生活的熟人们的苦恼，都会刹那间涌进我的胸膛里。光想想这些就受不了啊。”

对太宰来说，每天晚上大量饮酒后的醒酒时分和以往罪孽的反刍，是怎么也无法切割开来的。

“在远方生活的熟人们的苦恼”这句话里，不就包含着对前妻小山初代离婚后的命运的担忧吗?

初代在分手后的情况，不知道太宰了解多少。初代离婚后在青森县浅虫为家业鱼铺帮忙，不久，不经家人同意便擅自去了北海道，再从那里渡海去了中国，在多个地方四处辗转之后，在山东半岛的港口城市——青岛生活。

昭和十七年初秋，初代回国，拜访井伏，在井伏家住了一个星期。根据相马正一《评传太宰治》里记载：“听说那时的初代好像患有面部神经痛，面颊不断地抽搐，即使淌下眼泪也不太有感觉。据说她屡次流露出不愿回青岛的想法，所以看来生活得相当悲惨和痛苦。”

初代回到浅虫的父母家，过了大约一个月，再次来到井伏家，告诉他说正准备回青岛。井伏鳟二在《琴记》里写道：

我和家内再三挽留她，劝她不要做如此鲁莽的事。她一时拿不定主意，不知道要不要去，在我家住着，思考了一个星期。不管我们说什么，她总是心事重重，无精打采的。最后她还是去了青岛，这是万般无奈的事吧。

初代不会是想再见太宰一面吧？井伏即使察觉到这一点，但自己是太宰与现在的妻子美知子的媒人，所以他也是无计可施吧。

在这两年后的夏天，初代在青岛结束了三十二年的人生。

第十二章

后方的觉悟

太田静子的长女出生不久因病夭折，静子与丈夫分手后回到父母家，在郁郁寡欢的情绪中努力将梦想寄托在文学上。被太宰的作品所吸引，想拜他为师，于昭和十六年九月，拜访了住在三鹰的太宰治。那年，她二十八岁。

太田静子把从那时起到太宰治死亡的人生经历写成了小说《我的悲歌》。在小说里，她如下描写初次见面时的情景和以后的交往过程。

把自己写在笔记本上的作品附着信寄去，得到他的回信以后：

园子到秋天后拜访了三鹰的太宰住处。因为下过雨，所以园子和美子都穿着清一色的羊毛薄上衣，外穿华达呢大衣出门了。但到达三鹰的时候起，天气转晴，变得暖和起来。她们在町尽头听修雨伞的大叔说走岔了路，花了一个多小时，才终于在杉垣的小巷深处找到写着“太宰治”的门牌。门口种着竹子，格子门静悄悄地关着。篱笆墙前面晒着尿布。

“园子”是作者在作品中的名字，美子是她的文学同道。（其实当时另有一名女性文学同道也同行。）

“有孩子啦！”两人一边交谈着一边推开玄关门，报出自己的名字寒暄着，看样子夫人知道那天有客人来访，说（丈夫）现在出去了，并不在家。

她们决定在外面等着，走出小巷在路边刚站下，附近林子里出现一个像是太宰的人。

“你们没关系，像你们这样的人不要紧。跟我来。”他便走在前面。

太宰在自己房间里开始交谈，对园子寄来的作品进行善意的点评，半途中突然站起身，消失在隔壁的房间里，片刻后他换上清爽的衣服又出现，接着走出家门，把她们带到井之头公园里。

在公园里溜达之后，在能看见池塘的茶店椅子上坐下——以为太宰大概会要杯啤酒——在大谈文学时接连不断地报出西洋和日本文学大师的名字，这时水面开始笼罩着暮霭。

太宰用手抚摸着放在桌上的一部厚厚的书籍，问：“我是说要把这部《森鸥外全集》还给朋友，才从家里出来的。我换衣服时突然想起来，你们离家时是跟家里说什么？”园子回答：“是说要去太宰老师的家……”于是太宰趁机站起身表示到此为止，告辞道：“是吗？那回去不能太晚啊。”

走到吉祥寺时已经天色昏暗。在车站前，太宰伸出手：“握握手吧。”

之后的事，太田静子在作品里这样写道：

> 园子和美子都握了握手。一走下车站里的阶梯，去东京的电车马上就来了。电车里很明亮，载着身穿潇洒洋装的绅士和学生们，但在见过敬仰的作家后，在园子的眼里，他们都像是没有灵魂的生物。

当时，作者太田静子和母亲、弟弟阿通三人住在北千束。她家是位于琵琶湖东侧滋贺县爱知川町的大户医师世家，当医生的父亲于三年前去世后，全家才搬到了东京。

在那之前，太田静子在实践女子学校读书，自从和就读东京帝国大学法学部、爱好文学的弟弟阿通一起自己烧菜做饭的时候起，受现代语[①]歌人鸣海要吉主办的短歌杂志《新绿》的影响，出版现代语短歌集，参加画塾和古琴的排练。静子另外有个弟弟阿武，在东芝工作。父亲去世那年冬天，她与阿武的同事、京都帝国大学毕业的年轻职员结婚。在《我的悲歌》里，根据作者自己的描述，在这以前她曾和中年画家交往，但遭到周围人的极力劝阻："他在法国待了十年，直到三十八岁都是单身，与这样的男人相比，找个大学刚毕业的职员不是更好吗？"不过，那桩婚姻很不理想。

结婚第一年出生的女孩不到一个月便离世了。三个月后，静

---

① 现代语，指日本明治时代以后在日常生活中使用的语言。

子与丈夫分手了。第一个孩子出生后不久便失去，如果没有这个不幸，恐怕以后也不会与太宰结缘。

太田治子终于实现了母亲静子没能实现的梦想而成为作家。她在名篇《母亲的钢笔》这部痛彻心扉的安魂曲里，写着下面这样的话：

> 母亲如果没有读过父亲的《虚构的彷徨》，就不会有后来的我。
>
> 母亲在第一段婚姻中，因病失去了取名叫“满里子”的女婴。她想把离婚、忏悔如实地写下来。她有一种罪恶感，认为满里子去世是因为自己不爱丈夫，是自己使满里子死亡的。母亲有着那样的情绪时，被《虚构的彷徨》最开始的那几行文字强烈地吸引住了。
>
> “我用这双手，将园子沉入水中。”
>
> 哎呀！这个作者也有着造成女人死亡的罪恶感。这个作者，母亲想尊他为人生之师。

在新潮社出版的新选纯文学丛书中，太宰的一卷《小丑之花》被编排在卷首。估计收录这部《虚构的彷徨》《小丑之花》在内的文学丛书——石原美知子婚前第一次读到的太宰的书，是一样的作品。

对于满里子夭折的悲痛，静子将它化作散文诗般的文字，表达出人生的世事无常的感慨，并由此写下笔记寄给太宰，几天后，她收到太宰寄来的回信：

刚才拜读了你的大作和来信。

我觉得你是有才能的，但你的身体好像不太硬朗，所以写小说也许会很勉强。我在写《新哈姆雷特》的长篇，已经精疲力竭了。

如果有兴趣的话，请来我这里坐坐。

因为我每天都过得迷迷糊糊的。

我等着你。

未尽言

文中的“我觉得你是有才能的”这句话，不能认为是纯粹的社交辞令。

在这很久以后……

堤重久去拜访太宰的那天，太宰正在写东西。他拿出十多份稿子，说：“送来的稿子，我全都仔细读过，正在给你写回信。我请杂志社的编辑也看一看，最近我事情实在太多，请他们粗略地看一眼。”

每份稿子都看了开头的五六页，也许是模仿不好太宰风格的缘故，败笔很多，“自慰”这个词的滥用太引人注目，感觉很别扭，但其中只有一处印象深刻，是用随笔风格写的关于蔷薇的小品，笔致率真无华，清新脱俗。一看署名，写着太田静子。

“怎么样？有眼睛一亮的东西吧？”堤重久问道，列举了太田静子的名字。“你也这么认为吗？”太宰以一副不出我所料的表情说，“我也看了一眼，也有那样的感觉。”接着又补充道，“不过，也有其他小说描写得太过火的原因吧。”

把时间再倒回到前面，离在三鹰初次见面大致过了三个月，前所未有的大战爆发过了大约十天的时候，那天，静子收到了“两点，东京站，太宰”的电报。一看时间，一点十分——她赶紧换上紫色碎花衣服，穿着丝绒大衣，赶往东京站。

根据山内祥史编的年谱，太宰写完《十二月八日》时已经是十二月二十日左右，所以太宰借口送稿子到丸大厦内的中央公论社《妇人公论》编辑部，这时候正好趁机外出。

真实的电文也许比静子在作品里写到的上述内容更详细。《我的悲歌》里说，作者生前曾向相马正一承认说大致符合事实。下面摘自《我的悲歌》里的叙述：

> 太宰（作品中取名“治”）穿着和服外套伫立在花店前，园子一走近，他便说道：“是上帝让我们见面的吧。我在这里站了有一个多小时。”他指着花店里醒目处的花儿问道：“你知道这花的名字吗？”无疑是丁香花，但园子没有回答。
>
> 治说道：“我到丸大厦来送稿子，打电报，然后就一直站在这里，向上帝祈祷……站在这里看着花，最后想哭了，我很

想问店里的人这花的名字，但我总觉得一旦知道这花的名字，你就永远不会来了，因此就一直强忍着等着。”

在地下咖啡屋里，治只是端着红茶抿了一口，两人去新宿的武藏野馆看法国电影[①]，看完电影，夜里走到街道上，走进名叫“利拉”的快餐馆。

在那里喝着威士忌，闲聊了各种话题之后，治说道：

“园子从今天起不是一个人。我要把生命交给园子。行吗？你听懂了吗？园子责任越来越重啊。”

而且，在车站检票口分手时，他说了句“走吧，别忘了写信”之后，这样告诫道：“笔直往前走啊！不要回头。再见。”

当然这是小说，所以是否符合事情的真相是个问题，但作品中治的台词，除了太宰，别人好像根本说不出口。

太宰一边这样吸引着女性的关注，一边不久又做出把太田静子介绍给堤重久这种即使说无法理解，其理由也不是不能察觉的举动。

据堤重久说，根据太宰的约定，堤重久在约定的时间里带着岩波文库的书作为记号，刚走到新宿站东口的售票处，就看见束着头发穿着和服的小个子女性脸上带着腼腆的微笑走上前来。

---

① 当时还允许放映。

太田静子提着浅绿色太阳伞，说话和动作都很安静，即使走在一起，连脚步声都听不见。堤重久心想，正如那篇文章里的蔷薇那样，是个温文尔雅的人啊……

走进伊势丹边上模仿洛可可风格[①]的咖啡店。在幽暗的咖啡店里，还不习惯与女性交往的堤重久立即开始谈论音乐，什么德彪西[②]的不和谐之美啦，什么《勃兰登堡协奏曲》第五首的羽管键琴如何啦，有没有听过柴可夫斯基[③]的《意大利随想曲》啦，接二连三地展示各种音乐知识，还问道："太田小姐，你喜欢什么样的音乐？"

静子瞬间犹豫了一下，聪慧的小脸蛋上洋溢着微笑答道：

"音乐和名人，我全都喜欢啊，无论是古典的还是现代流行的。我喜欢音乐，非常喜欢。"

堤重久心想："输了"。为自己的愚笨感到无地自容。因为在静子的回答中，他领悟到对方关于音乐的造诣远比自己深厚。

离开咖啡店，朝着户山原的方向悠闲地散步走去。半途中，他心想这次谈谈文学吧，便告诉她自己现在正在写一部两千页的长篇小说。

"我想把一切都吐露出来啊！经历过很多磨难吧。不写到两千

---

① 洛可可风格，欧洲18世纪一种建筑艺术风格。

② 德彪西（1862—1918）法国人。19世纪末、20世纪初欧洲音乐界颇具影响的作曲家、革新家，近代印象主义音乐的鼻祖。

③ 柴可夫斯基（1840—1893），19世纪伟大的俄罗斯作曲家。

页，心情就平静不下来。是因为苦难……”堤重久这么说道。

“您说苦难，像堤先生这样的人，会有什么苦难？能具体地对我讲讲吗？”

被静子无心地一问，堤重久一下子答不上来，心想又糟了。这时，他脚上的木屐带“啪”的一声断了，差点儿跌倒。

静子在炎炎烈日下的柏油路边蹲下，撕开绢手帕，帮他穿上木屐带。

堤重久一只脚站着，看着这位在养尊处优的环境里长大的小姐那纤细白皙却不太灵活的手指动作，心里恍恍惚惚地想，太田小姐莫非是个内心柔软、善良的女子，美好得仿佛不是这世间的人一般。

第二天，堤重久去向太宰报告前一天的过程，说：“不行！不行啊！”太宰反问：“怎么不行啊？”堤重久便答道：

“完全就是个姐姐！一切都在我之上啊！修养、见识，还有什么磨难之类的……”

静子无疑也隐隐约约地感觉到此次与堤重久见面背后的意图，便去拜访太宰，清清楚楚地告诉他，她没有想与堤先生交往的意思。

太宰为了回避贪玩的色心差点儿酿成大祸的危险，想为堤重久和静子牵线的意图，却以失败而告终。

分手时，夜里在井之头公园里，茶店已经关门，太宰穿着木屐穿过已经歇业的茶店，坐在水池边的木板上，注视着昏暗而平静的水面，这样问堤重久：

“你觉得我妻子怎么样？”

“不爱打扮，我觉得人很好。”

“是啊。尽管这样说有些过分，呵呵！但也难怪啊，”太宰往上拢着头发，很高兴地说道，“妻子很能干，一声不响地，把我服侍得很好啊。我很感激她。你还是单身，你不懂吧，家庭是神圣的地方。是神圣的，所以我想悄悄地珍藏着，不冒犯她。”

堤重久对太宰的话不知该如何回答，没有作声，太宰说着笑话，引得堤重久大笑后，他站起身。

堤重久先走下河床，穿上鞋走去，但太宰却没有跟上来的动静。

回头一看，太宰扶着栏杆蹲着，头部和上半身向各个角度扭动着，像是在窥察月光摇曳的水面。堤重久问：“有鱼吗？”

“我是在看这水啊。这水的感觉一旦写出来，就是一流的水准啊！我还写不出来。”太宰这么说着，叹了口气。

也许是为了教育弟子而故意做出来的演技。尽管如此，渗透在他意识深处绝不可能忘掉的，肯定是文学。

在战争期间，太宰其实工作得很充实。摆脱了文人征用令，所以也有像其他作家那样，作为军部报道班成员不会被派往海外战地的缘故。

太平洋战争开始前不久的昭和十六年十一月十七日，在本乡区官署的二楼讲堂里，许多被征用通知书召集来的文人在接受体检。

太宰也收到征用令，让他去那里接受检查，但军医将听诊器按在他的胸口反复诊听，最后判断为“肺浸润”而免除了他的征用。担心结核病会传染给周围的人，所以这样的处理方式很常见。美知子在回忆文章里写道：“压在心里的石头总算落了地，觉得很幸运，同时却被清楚地诊断出胸部有疾患，我的心情很复杂。”

木山捷平的应征方式有些不同。

木山的家没有收到征用令，检查完身体的小田岳夫却来通知他们决定要被征兵。另外，井伏鳟二、石川达三、武田麟太郎[①]、中村地平他们也都体检合格，接到了二十二日要在大阪司令部集结的命令。

那天夜里，中央线沿线的文人小团体“阿佐谷会”聚焦在“埃格”咖啡店里。木山来得稍稍迟了些。与平时的聚集点中华料理店“皮诺基奥”的内厅不同，除了场地与其他顾客在一起之外，主要成员都是征用合格的人，所以来的人很少，都在交头接耳地说着悄悄话。

这时太宰闯了进来，说：“我在本乡区官署的体检没通过啊！大家都垂头丧气的，不痛快。来痛饮一场如何？不搞它个通宵

---

① 武田麟太郎（1904—1946），小说家。短篇小说《暴力》将征兵体检比作屠宰场，具有反战意义。《叛逆的音阶》《休息的轨道》《顺畅的血液循环》等进步作品，描写下层社会的风俗和人民的悲欢，揭露蝇营狗苟的丑恶现实，代表作为《银座八条》。

吗？”硬使沉闷的气氛活跃起来。

太宰算是报道班的落选生，他的出场无意中给大家带来了释放感，使气氛渐渐热闹起来。

在大家杯酒言欢、太宰插不上嘴显得有些孤单的时候，木山不失时机地将座位移到太宰身边，举起酒杯，“来！庆祝一下……”接着轻声在他耳边喃语道，“你欺骗军医了吧？军医也不一定个个都是名医啊，平庸的军医就连一点点结核也诊断不出来的。你这攻其不备做得很漂亮啊。”

听他这么一说，太宰笑着微微点头：“嗯……”伸手与木山握了握手。

太宰在翌年春季完成《正义与微笑》之后，从这年秋季起，倾注全力创作的，就是锦城出版社要作为新日本文艺丛书之一出版的《右大臣实朝》。

天才歌人实朝作为源赖朝[①]的次子出生于武家最大的名门，十二岁时即位镰仓幕府第三代大将军，同时憧憬风雅的京都，热衷于和歌和蹴鞠[②]，轻视弓箭之道，即使受重臣们规谏也充耳不闻，同时擅长充满力量感的万叶调，留下家集《金槐和歌集》，晋升右大臣的翌年正月，在鹤冈八幡宫的神殿前被外甥别当公晓杀害，

---

① 源赖朝（1147—1199），日本平安时代末期至镰仓时代的武将、政治家。镰仓幕府首任征夷大将军，日本幕府制度的建立者。幼名“鬼武者”。

② 蹴鞠，古时宫中或贵族家中进行的一种踢球游戏。

二十八岁去世。太宰对源实朝早就怀有强烈的共鸣，这在他药物中毒导致的精神错乱无休无止的时期创作的作品《HUMAN LOST》里，下面这句话就能得到印证。

不忘实朝。

《鹤冈》杂志为纪念实朝七百五十周年诞辰而临时增刊出版了《源实朝号》。其实能够让太宰花大力气去做曾希望在有生之年早晚要去写的主题，就是总社在大阪的锦城出版社东京主管，又是短歌杂志的主编大坪草二郎，在这年八月九日从鹤冈八幡宫社务所带来了《源实朝号》，并把它作为理想的入门书放在太宰桌子上的缘故。

此外，幸运的是岩波文库龙肃译注的《吾妻镜》，正好出版到第四卷，里面大致包含着与实朝有关的全部记述。参考《吾妻镜》而创作的《右大臣实朝》带有独特的文体实验性质，即在相当生硬的句子中间，只有实朝的和歌和简短的台词用汉字和片假名来书写。

摘录一部分台词来看，就是："都城光明就好""平家很光亮""明亮是灭亡的身影吗？人和房子在黑暗中还没有消亡""你喜欢学问吗""也许很勉强""唯此才是生存之道"。

这与太宰式箴言集的感觉完全一样。

这部作品里的实朝既是武家栋梁、征夷大将军之身，却轻蔑武艺，只热衷于和歌。这样的实朝也与《正义与微笑》里的主人公少年一样，如果与热烈尊崇天皇的人做个区别，就能够看出是一个反时局、反时代的青年形象吧。

根据美知子的回忆，太宰在创作这部作品时，无论睡着还是醒着，口中都念念有词地呢喃着“实朝”“实朝”，好像实朝附体了一般。

《右大臣实朝》于昭和十八年九月出版以后，太宰接着构思的，是受内阁情报局和日本文学报国会委托创作的作品《惜别》。

太宰自已也说，要根据参加这次“竞赛”的伊藤佐喜雄撰写的回忆录（《日本浪漫派》），来看看他是经过什么样的途径才最后接受委托的：

> 日本文学报国会曾谋划要把“大东亚宣言”写成小说。听说要举行这个活动的介绍会，我准时走进会场一看，已经有很多作家被堵在会场里。我把手肘搁在估计是讲习会用的桌子上托着面颊，在估计是讲习会用的椅子上憋屈地坐下。“伊藤君，这里空着呢！”太宰很难得地大声招呼我，向我招手。我在太宰边上的空椅子上坐下。于是，白井乔二[①]开始介绍之后，最后的迟到者川端康成先生终于露面了。先生朝我们看了一眼，微微一笑，便找了个座位上坐下。结果，那天出席的大约五十名作家提交写作提纲，从中筛选出五个人。我也提交了

① 白井乔二（1889—1980），历史小说作家。

写作提纲，但没有入选。太宰入选，写小说《惜别》。

这个介绍会是在昭和十九年二月三日举行的。太宰提交了五页稿纸的《〈惜别〉的创作意图》，正式公布受托人要在十二月以后。太宰在腊月的焦灼气氛中去仙台收集小说素材。

他首先去了河北新报社，一边翻阅着明治三十七年（1904年）、明治三十八年（1905年）的报纸合订本，一边在三天的时间里上午和下午不间断地做着笔记，拜访东北帝国大学[①]医学部的加藤丰治郎[②]博士，了解关于医学部前身仙台医专的情况，寻找曾在那里学习、后来成为中国文豪代表的主人公鲁迅的生活足迹。

太宰从昭和二十年（1945年）一月初开始执笔，以手记的形式，描写同窗老医师“我”拼接鲁迅在随笔里写到的“藤野先生”和留学生“周树人”的回忆而创作的。

作品中，周先生以靠文笔来改造国家的精神为目标，将志向从医学转向文学，在自己的笔记上写着一段他的文学观：“文艺之类是柔弱男女的玩物，好像与国家的存废没有任何关系，但这的确表现着国力。不是说无用之用吗？不可小看啊！”太宰治把这段文学观写成日文交给“我”。就是下面这段的文字：

---

① 东北帝国大学，现为东北大学。

② 加藤丰治郎（1882—1967），日本东北大学名誉教授。

文章之本质，与个人暨邦国之存，无所系属，实利离尽，究理弗存。故其为效，益智不如史乘，诫人不如格言，致富不如工商，戈功名不如卒业之券。特世有文章，而人乃以几于具足。严冬永留，春气不至，生其躯壳，死其精魂，其人虽生，而人生之道失。文章不用之用，其在斯乎。

小说标题取自鲁迅的《藤野先生》（松枝茂夫译）里“将走的四五天前，先生把我请到他自己的家里，交给我一张先生的照片，照片的背面写着‘惜别’两个字”这段文字。作品于二月二十日左右脱稿，九月五日由朝日新闻社刊发表。

作品完成后不久的三月底，美知子和长女园子、长子正树疏散到甲府的石原家时，太宰将一千元这一从未有过的巨款以美知子的名义存入后，让她将邮局存折带去，这正是《惜别》的版税。

提交《〈惜别〉的创作意图》这份提纲，到正式受托这一段时间，太宰接受小山书店的约稿，为了创作作为新风土丛书之一的《津轻》，踏上了采访的旅途。

经过约三个星期的津轻旅行和大致一个半月的创作时间，于七月底完成。作品正篇的开头是这样的。

“哎，为什么出去旅行？”

“是因为苦闷呀！”

“你老是说苦闷，我丝毫也不相信。”

“正冈子规[①]三十六，尾崎红叶[②]三十七，斋藤绿雨[③]三十八，国木田独步[④]三十八，长塚节[⑤]三十七，芥川龙之介三十六，嘉村矶多[⑥]三十七。”

“什么意思？”

“他们死去的年龄呀！都一个接一个地死了。我也慢慢地到这个年龄了。对作家来说，这个年龄是最关键的时候。”

“就是你说的苦闷的时候？”

“说什么呢？别乱开玩笑。你自己也总该明白吧？不能再多说了，再说会自作多情的。喂，我要出去旅行啊！”

“我”把喜欢出门旅行当作“专门科目”，游记就这样开始写下去，陈述大致如下：

---

① 正冈子规（1867—1902），歌人、俳人。明治时代著名诗人、散文家。作品有《月亮的都城》《花枕》《曼珠沙华》等。

② 尾崎红叶（1868—1903），近代著名小说家、散文家、俳句诗人。代表作有长篇小说《金色夜叉》。

③ 斋藤绿雨（1867—1904），小说家、评论家。作品有《油地狱》《捉迷藏》等。

④ 国木田独步（1871—1908），小说家、诗人。代表作有《武藏野》《牛肉和马铃薯》等。

⑤ 长塚节（1879—1915），诗人、小说家。代表作有《松果集》《西游歌》等。

⑥ 嘉村矶多（1897—1933），私小说作家。代表作有《业苦》《崖下》等。

在津轻半岛东海岸的蟹田去拜访老友N君，受到邀请去S的家，那个受到款待的狂热情景将津轻人的本性毫无掩饰地展现出来，就连我这个津轻人都感到仓皇失措。

喝醉了的S几乎气得发昏，用锤子乱砸一气，想让下酒菜鳕鱼干变软些而砸伤了左手大拇指，吩咐把家里的酒菜拿出来，接着连声叫喊着把贝壳烤蛋端上来，这在津轻是必须要吃的特色菜，对了，是贝壳烤蛋，只有贝壳烤蛋，贝壳烤蛋，贝壳烤蛋……

我绝不是用夸张的方法进行描写的。这种急风骤雨式的接待，是津轻人爱情的表现。

与N君一起冒着风雨到达津轻半岛尖端的龙飞之后，在我独自去金木的父母家探访时，我常常会很客气。哥哥们优雅地相互谦让地喝着酒："来！请！不！那位请！"这令在外浜喝酒会变得很粗野的我感到六神无主。

我还不知道兄弟之间要保持多大的礼仪，随意到什么程度才好。和家人出去远游，我逗大家发笑时，也只有哥哥处在笑声之外。哥哥总是很孤独。

在西海岸的街道上徘徊，见过魂牵梦萦的人之后，我向小泊走去。来津轻，有个人无论如何想见上一面。我把她认作自己的母亲，就是照看孩子教我读书的阿竹。

到达小泊，我感到迷惘，像在梦境里。在赌国运似的大规模战争最高潮时，在本州北端的贫穷村落里，以前的祭祀丝毫未变，热闹欢快得令人感到悲伤，是在举办鲜亮的、难以想象的大型宴会。那是国民学校的运动会。我跟着十四五岁的女孩好不容易才找到阿竹。我坐在阿竹的边上，有生以来第一次体验到内心的平和。

我是阿竹的孩子。说我是女用人的孩子或者说什么都没关系。我能大声地说，我是阿竹的孩子。被哥哥们看不起我也不在乎。我和这少女是兄妹……

这部作品即使在太宰的全部作品中也可以看作是巅峰之作。这场大致三十年后重逢的场面，来读一下它的原文吧：

有近百张草席围着运动场。带我来找阿竹的少女（阿竹的女儿）走进一个凉棚里，又出来换我进去——

“我是修治。”我笑着摘下帽子。

“哎哟！”阿竹只说了这么一句，也没有笑容，一副很严肃的表情。不过，她马上就放松了僵硬的姿势，若无其事地，用虚弱得要死了心似的古怪语气说道：“来，进来看运动会。”阿竹把我带进她的小屋里，坐在她的身边：“就坐在这里。”仅此而已，她什么也没有说，便正襟危坐，双手规规矩矩地放在圆润的裙裤膝盖上，热切地看着孩子们奔跑。但是，我没有任何不悦，简直是已经安之若素。我伸出双脚，入神地看着运动会，心中没有任何牵挂。不管发生什么事都已经无所谓了，完全无忧无虑的心态。所谓平和，是指这样的心情吗？如果真是如此，也可以说这个时候是我有生以来第一次体验到内心的平和。

几乎所有的读者都会把这当作真实的场景来读吧。

可是，根据相马正一的着重调查，据说现实中太宰这时候正陪同自己的弟弟礼治和青森中学同级校友、小泊春洞寺住持坂本芳英，在凉棚里喝着住持带来的配给酒，把阿竹和运动会都抛在一边，兴高采烈地聊着只有他们才知道的往事。

这在作品里变成了在凉棚里流淌着无比静谧和清闲的时光，在寡言少语的太宰和阿竹之间，那亲如母子般的真挚的情感交流，成为小说里的著名场景。

对讲故事具有天赋的太宰来说，即使是涌动着司空见惯的净化和升华的意识，读者也不得不再次对如此鲜明的小说创作技巧感到惊叹不已。

昭和四十年代中期[①]时，我也曾回家乡津轻探访，曾去小泊拜访过越野竹，听她说起过此事。

在作品中，运动会后一起去看樱花，在龙神的树林里，之前一直郁郁寡欢的阿竹像开了闸似的对“我”诉说。这个地方也是感情殷切流露的精彩场景。但实际上，两人在那里也没有任何交流。

---

① 昭和四十年代中期，即1970年前后。

阿竹被附近的老妪和主妇拉去向龙神参拜，太宰无所事事地跟在后面。因为都是些认生的人，所以阿竹与陌生人在一起，和她们说不上话。

太宰在当时算是个子高得很显眼，穿着应该是劳动时穿的、染成深蓝却不知为何变成紫色的工作服，绑着短纤维的绿色绑腿布，戴着短纤维的白色棒球帽。

一个神秘男子跟在后面，周围的老妪和主妇们都感觉怪怪的。

据说，那天夜里，太宰一本正经地向阿竹倾吐长期以来埋藏在心里的疑问：自己真正的母亲会不会是叔母纪绘？即使得到明确的否定，他也还是一副百思不解的模样。

尽管知道会让人觉得荒唐并招来耻笑，但其实长年来的疑问在那里得到化解，找到真正的母亲，并去见叔母纪绘（当时正在弘前的医院里陪伴因病住院的孙辈）……这原本不就是在太宰的脑海里描绘着的《津轻》的情节吗？

幼年时父母总是去东京不在家。叔母纪绘在家里每天晚上都陪在修治身边讲故事给他听，直到他入睡，太宰在长大的过程中深信叔母纪绘就是自己真正的母亲。

太宰一批中期的优秀作品如实地证明，在阿竹教他读书之前，每天夜里给他讲传说故事的叔母纪绘，从文学的意义上来说，是他最初的“母亲”。

读小学之前，他与这位叔母之间牢固的感情纽带被强行斩断，这成了他整个人生的精神创伤。

普通读者都会把《津轻》当作如实记录真实场景的游记来接受吧。《津轻》里所有的场景连同各个细节都运用了高度的构思能力和想象能力详细做出记录的创作，但具有小说家天赋的太宰治却是如下结尾的：

> 我没有进行虚假失实的修饰。我没有欺骗读者。再见啦！读者。有生之年，来日再会。健康地活下去，不要绝望。至此，失敬。

第十三章

最佳喜剧作者

昭和二十年三月十日，下谷区龙泉寺町的读卖新闻办事处被炸毁，失去住处的小山清穿过这样的人间地狱，死里逃生，总算找到三鹰下连雀的太宰住处。

小山清亲身体验过无差别轰炸的可怕。他拼命劝说太宰夫人和孩子们还是应该疏散到甲府的父母家……

美知子的判断与此不同。她认为与靠近甲府车站的市街区父母家相比，还是这个地处郊外田地中的家更安全。

太宰同意小山的建议。美知子在回忆文章里这样写道：

> 一家之主太宰没有清晰的判断，也没有自己的看法，按小山的说法决定进退，这很糟糕。他是个只会工作的人，所以没有办法，其实是指望不上他的。懦弱的人经常会有顾忌第三者而轻视家人的倾向。我已经同意和孩子去甲府并定了下来，但因为小山闯进了我们狭窄的屋子里，我想把他赶走，才采取了那种歇斯底里的举动。

美知子的“歇斯底里的举动”，就是在整理行李准备搬家时，她把结婚前两人来往的一捆书信和明信片——太宰说“当作消灾符”而用红白绳子扎着——拿到院子里，当着丈夫和小山的面烧了。

因为只是自己和孩子疏散，所以大半的行李都还留在家里。在前景叵测的状况里，不愿意让人看到这些重要的信件……据美知子说是出自这样的心情，但大概不仅仅是这些吧。

决定让妻子疏散、自己留在这房子里时，太宰对小山说：“我们一起加油吧。”

在美知子的眼里，两个男人不要命地沉浸在文学这个神圣园地里，也不让她这个妻子插足其中，要把她赶走，内心里肯定很不平静，有一种近乎嫉妒的悔恨。

太宰也察觉到妻子这样的心情。在出发去甲府的前一天夜里，太宰喝着酒和小山交谈时，举起酒杯说：“美知子，你也来喝。”

看重心灵和形式的太宰，也许是想喝一杯告别酒。

美知子双手举起斟满酒的酒杯，太宰对她说：“总会有聚散离合的时候。”

三年前，在以师父与名为去来、凡兆的弟子合编的俳谐[①]集《猿蓑》为题材撰写的随笔《天狗》里，太宰引用了松尾芭蕉[②]的教

---

① 俳谐，日本一种以诙谐、滑稽为特点的短诗。

② 松尾芭蕉（1644—1694），江户时代前期著名的俳谐师。作为俳谐连歌诗人而著称。

诲“不能太过执着，只是把它当作影子来看待”。这大概是根据当时的情况来说的。

太宰于三月底把美知子和园子、正树送往甲府的父母家，四月一日回到三鹰住处，对着不喝酒的小山正要喝甲州特产的葡萄酒，田中英光出现在檐廊，向他举着一升装的日本酒：“津岛，来喝这个。”

田中带来了工厂接待用的配给酒。太宰立即面露喜色，嚷道：“这个大浑蛋，快进来！”这是太宰最高兴时的表现方式。

大家快活地交谈着，一边喝酒一边热热闹闹地玩着妙语连珠的俳句接龙。太宰与田中两人很快就喝完了一升装的葡萄酒，接着又喝了大约八合日本酒，三人便钻进了被窝里。

时间到四月二日，过两个小时三十二分后，有一百二十四架B29轰炸机飞到三多摩和杉并、板桥上空开始轰炸。

在这之前，田中已经被警防团员“快拉空袭警报！”的连声叫喊惊醒了。他去叫醒另外两人。滴酒不沾的小山立即就起床了，但酒后熟睡的太宰还用津轻方言一个劲儿地说着“喂！快来！进来”的梦话，怎么也叫不醒。

两人拼命将他摇醒，太宰才终于醒来坐在被窝里，一副泰然自若的模样，说：“我去换上防空服，你们先到房子前的防空壕里去。”自己马上就追赶上去。

田中记得，太宰的脸上浮现出安然若素的神情，仿佛自己是上帝的宠儿，在完成苍天给予的使命之前断然不会死。

不久太宰钻了进来。简易防空壕是为妻子和两个孩子挖的，却挤进来一个高大个子田中，所以处于完全动弹不得的憋屈状态。

照明弹把附近照得如同白昼一般，爆炸的轰鸣声和地动山摇般的震动在渐渐地向身边逼近。犹如万雷齐鸣的爆炸声，在田中的耳朵里如同数列特快列车从天上滚落下来，接连着砸在身边的地面上。

三个人的身体紧紧地贴在一起，所以相互间立刻就能够感受到旁人极细微的举动。

“怎么了？田中，震傻了吧。”被太宰嘲笑地一提醒，田中这才发现自己只穿着一件内衣衬衫：“我没有穿上衣，很冷啊！我去取一下就来。”说完便从防空壕里爬了出去。

他走进房子里，慌慌张张地裹着上衣，拿起还应该剩两合的酒瓶透过亮光一看，里面一滴酒也不剩。

他钻回到防空壕里埋怨道：“津岛，你把酒全都喝光了，太不留情面了吧。”太宰用扬扬得意的语气答道：“难道我会放弃吗？刚才来防空壕之前，我把剩下的全都喝了。”

在胆量方面，太宰的胆小不会输给任何人，但那时却胆大包天，也许是恐惧心因为酒的醉意而麻木了。

防空壕是将挖掘出来的泥土堆积而成。炸弹发出震耳欲聋的巨响落在紧跟前，震塌了防空壕的边缘，三人被头顶上塌落的泥沙掩埋了一半，他们伸手紧紧抱住对方相互庇护着。

太宰的体温传到自己的上半身，田中奇妙地感觉到格外亲切、舒适，真心实意地觉得，即使这样一起死了也愿意……

可见，即使身为同性，也能在太宰身上体会到不畏惧死亡，同生共死的血性。

听到邻组[1]的人在说“津岛先生家的后面在燃烧”，太宰抬头从壕沟里爬出来。田中和小山也紧跟在他的身后。四周白烟氤氲，什么也看不见。

“这也许是毒气。”田中说道。听到经历过战场的人这么说，太宰大吃一惊奔向井边，慌忙手压水泵漱口，然后将湿手帕捂着口鼻，用含混不清的声音向另外两人喊道：“快含水！快含水！”

田中和小山也惊慌失措地压动水泵，用手掌心接水不停地漱口。

天亮了，白烟消散后，发现太宰家的西面墙被炸塌，前面不远处的地面上被炸弹炸出一个池塘般大的凹坑。

如果落下地点再稍稍偏一些，被炸弹直接炸到的话，这个世上就不会诞生太宰的最佳杰作《御伽草纸》《斜阳》《人间失格》。

与另外两人一起，太宰当时的确是九死一生。

第二天早晨，田中回到自己家以后，定时炸弹的爆炸声还在不时地响起。

“幸好让夫人和孩子们都疏散了。”小山说道。

太宰以一副早就预料到事态会变成这样的表情答道：“这就是

---

① 组，日本“二战”时设立的基层组织，每十户人家为一组。

作家的直觉呀！”

话题再稍稍往前追溯一下。三月十日，小山落难来三鹰投奔，看见桌上放着《御伽草纸》的“前言”和两三页《摘瘤子》[①]的开头。

这个“前言”就是下面的文字，被认为是亲自讲述太宰文学精髓的最佳文章：

> “哟！打响了！”
>
> 父亲说着放下钢笔站起身。若是警报响起，他不会站起来，但高射炮一响起，他就会停下工作，给五岁的女孩戴上防空头巾，抱着她躲进防空壕里。母亲背着两岁的男孩已经蹲在防空壕的深处。
>
> “好像离得很近啊。”
>
> “呃。这个防空壕实在太挤了。”
>
> “是吗？”父亲有些不悦，“不过，这样大小正好啊。太深的话会有被活埋的危险。”
>
> “可是，可以再稍稍大一些吧。”
>
> “嗯，嘿！说得没错，但现在泥土冻得很硬，挖起来很困难。”父亲敷衍着让母亲闭嘴，竖起耳朵听着收音机里的防空

---

① 《摘瘤子》，日本民间传说之一。诚实的老爷爷请鬼与天狗摘除瘤子，隔壁不诚实的老爷爷模仿此事，使瘤子长在自己身上。

信息。

母亲的抱怨一停下，五岁的女儿便开始吵着要从防空壕里出去。安慰她的唯一手段，便是读绘画本。父亲会给孩子读《桃太郎》《噼啪噼啪山》[①]《割舌雀》[②]《摘瘤子》《渔夫浦岛》[③]等故事给她听。

这位父亲尽管衣着寒酸，面貌愚钝，但本来就不是普通人，而是一个拥有编造故事这一奇异之术的人。

是很久很久以前的故事呀！

用模仿故事中角色的嗓音给孩子读着绘画本，同时在他的心里必然会开始酝酿着另一个故事。

在去年（昭和十九年）十二月初时，上林晓在阿佐谷站前的旧书店里，看见戴着战斗帽、裹着绑腿布、穿着防空服的太宰，便问他在找什么，太宰说在找《噼啪噼啪山》和《开花爷爷》[④]等神话故事的书。

---

①《噼啪噼啪山》，日本民间传说故事。讲述一个老奶奶被坏蛋狸子杀害后，兔子替老爷爷报仇的故事，具有劝善惩恶的意义。

②《割舌雀》，讲述动物报恩的日本民间传说故事。诚实爷爷得益、虚伪婆婆受损。原型为《宇治拾遗物语》中的“折腰雀”。

③《渔夫浦岛》，日本古代传说。渔夫太郎因救了龙宫中的神龟，被带到龙宫，得到龙王女儿的款待。临别时龙女送他一玉盒，告诫他不可以打开，太郎回家后打开了盒子，盒中喷出的白烟使太郎化为老翁。

④《开花爷爷》，日本民间传说之一。讲述正直淳厚的老爷爷在小狗的指引下挖出财宝，并使枯木开花的故事。

不知道定时炸弹会在什么时间、什么地点爆炸，所以三鹰下连雀的居民都躲在附近国民学校（小学校）里，太宰和小山向吉祥寺的龟井胜一郎求助，在他的家里住了几天。

在去三鹰的公务所开罹灾证明的途中，小山劝太宰去甲府，提议不在家时房子由自己来看护。

太宰答应后，小山送太宰一起去甲府的石原家，滞留了一个星期。

几天后，两人去找在市外的青柳经营理发店、曾入围芥川奖的作家熊王德平借宿，回来时带了一只鸡。两人正薅着鸡毛时，疏散到近郊甲运村的井伏鳟二突然出现了。

井伏也挤了进来。在石原家喝酒、就着鸡肉火锅吃完晚饭后，三人去甲府城址护城河旁井伏常去的“梅枝”旅馆。

在那里的账台边，井伏难以启齿似的问：“有什么可以喝的……”当时可以喝的东西已经很难弄到，老板娘面露难色。

井伏若无其事地拿起老板娘身边的电影杂志，目光停留在刊登着老电影《金色夜叉》各类逸闻的特辑页面上，说“铃木传明[①]的间贯一演得很好”，太宰机灵地附和道：“是啊！任何时候看《金色夜叉》都很好。”老板娘顿时脸上放光，立刻也参与进来，对《金色夜叉》赞不绝口。

老板娘差遣女佣不知跑去哪里，可以喝的东西（甲州白葡萄

---

① 铃木传明（1900—1985），日本20世纪30年代红极一时的电影明星。

酒）便像变魔术似的出现了。

喝到夜阑更深时，井伏的嘴里突然说出小山初代的名字，说她去年夏天在青岛咽气时，随身携带的物品只有一个手提包。

初代和太宰分手以后，井伏与夫人待初代亲如骨肉，把她照顾得比任何人都周到。作为井伏来说，对初代那悲惨的死法一直耿耿于怀。在这个场合里，美知子不在，他也许是准备平心静气地谈个通宵的。

太宰露出复杂的表情站起身，走出屋外。等他回来，井伏问太宰："你真的不知道？"太宰说道："作家是要涸泽而渔的！"说话的语气仿佛也包括自己在内。

井伏要在梅枝旅馆住下。在回水门町石原家的途中，太宰说："井伏先生这个人有时候也会说话带刺啊！"小山点点头。

翌日，正值信玄公[①]的忌日，武田神社举行例行大祭。井伏、太宰、小山三人去看祭祀兼顾赏花。

接下来一天，小山回三鹰的太宰住处。太宰向小山告别"总会有分离的时候"。

太宰把石原家六叠大的里间当作工作室，再次让美知子照料日常所有的生活，开始埋头创作。

他首先写完最先构思好的《摘瘤子》，接着写《浦岛》《噼啪噼啪山》《割舌雀》，并于六月完成了这四部作品。

---

① 信玄公，指武田信玄（1521—1573），日本战国时期著名军事家、政治家。被誉为"战国第一兵法家"。

《御伽草纸》以日本人家喻户晓的民间传说故事为基础，才华横溢地发挥着奔放不羁的想象力和无比痛快的批判精神，将素材大致完美地推陈出新，并进行着令人捧腹的模仿才创作出来的（这样的语言在当时还没有被普遍使用）。

无论是别人的小说还是日记或是信件，不管是什么样的素材，太宰治都能按自己的风格独辟蹊径地创作和模仿。在这一方面，他是日本文学史上一流的名家，并且是最出色的喜剧作者。

在日本的纯文学历史上，再也没有像他这样能够创作出很多令读者捧腹的小说作家了。在这些作品中，与取材于井原西鹤[①]的佳作集《新释诸国噺》不相上下，笑料最多的，就是《御伽草纸》。

众所周知的故事，在太宰治创造的世界里是这样叙述的：

以前我们被告知的“摘瘤子”里，被魔鬼摘掉瘤子的是“好爷爷”，长上瘤子的就是“坏爷爷”。在太宰的作品里，被摘掉瘤子的是个嗜酒如命、在家里稍感丢脸的超脱的老年人，长上瘤子的却是街坊邻居刮目相看、颇具人格魅力的人。

像是从修身养性的教科书里抽出来似的重量级人物，最后却是一副两颊垂悬着瘤子的可怜相。这是因为头脑里刻板地凝聚着令读者感到钦佩的杰作意识，跳起死板的舞蹈像是要从好不容易喝醉的状态中清醒过来，让魔鬼们全都闭上嘴。有的人明明没有做过什么坏事，却一直厄运连连，到最后只能用“性格决定命运”来解释这

① 井原西鹤（1642—1693），日本江户时代小说家、俳谐诗人。

类问题。

《浦岛》这部小说如果用后来常见的话来说就是幻想小说，依靠深不可测的想象力描写的海底状况和龙宫城里的情景，真的很出彩。

以全篇共通的特征，魔鬼和动物们的性格都各有特色，描写得很出色，说话的语气都真像有那么回事。作品里出口伤人的龟和浦岛太郎的对话是绝品，每次阅读都会使读者笑容绽开，接着收敛笑脸，最后不得不发出赞叹。

自认为是风流雅士的浦岛太郎跟随来帮忙的龟去龙宫城，在那里见到了乙姬公主。乙姬公主教他真正的优雅风度。

每天都过着如梦般的日子，回到陆地上打开贝壳一看，是个让他变成了白发老爷爷的玉匣子——乙姬公主为什么要送他那样的礼物呢。

据说就是作者说的，“岁月是人类的救赎”“忘却是人类的救赎”“据说浦岛今后十年将作为幸福的老人而生活着”。

《噼啪噼啪山》也是把善良的兔子和作恶的山狸这一原型颠倒过来，出场的兔子是希腊神话中处女神阿耳忒弥斯型的残酷美少女，山狸是愚钝的吃货色鬼，但根子里却是个善良的中年男子。

美少女和中年男子双方的心理分析富有极深远的含义，以深入人性的洞察中隐藏着的表现手法的巧妙和诙谐，引得读者哑然失笑的叙述技巧，可以说，唯独这些，才真正配得上“天才”的名声。

山狸缺乏自知之明盲目求爱，被高傲的兔子不停地伤害，最后留下“爱你有错吗”这句话，沉没在湖水里。

太宰是开头和结尾都文笔超群的作家，这部作品的结尾可以说就是一个很好的例子：

> 正所谓：爱上你有错吗？
>
> 自古以来，全世界文艺作品的悲剧主题，即使全部都归结到这一点上也并非言过其实。所有的女性都在心里住着这只毫无慈悲心的兔子，男性总是那善良的山狸挣扎着沉没下去。即使看作者这三十几年来极为坎坷的经历，那也是一目了然的。恐怕对你也是。

今天不知道这则民间传说故事的年轻人，也能够体会到这种趣味性吧。

《割舌雀》里的老爷爷是年龄不那么大却自称“翁”的一种遁世人，生活中总是惹得心气高傲、爱唠叨的老奶奶发火。

一天，他陪着从草庵边的竹丛里飞来的小麻雀说话，老奶奶对此妒火中烧，便把麻雀的舌头剪了。

老爷爷出门去寻找被割了舌头的麻雀，在麻雀家里受到热情款待，作为礼物带着藤条箱装着稻穗回家了。贪心的老奶奶赶去拿最大最沉的藤条箱，结果背着装满金币的藤条箱在雪地中被冻死。

也许是托着那些金币的福吧，老爷爷不久出人头地当上了宰相，世人传说那是对麻雀的爱情缔结的果实。但老爷爷苦笑着说：

“不！是托着妻子的福。那里面凝结着辛劳。”

太宰殚思竭虑地用尽想象力和文章的构筑能力，以每天五页的进度孜孜不倦地写着只顾逗读者开心令人发笑的故事。即使说只有这样的态度才是作家精神的真髓，也绝不会言过其实。

人们普遍认为作家都是虚无和忧虑的，但太宰治与此相反，在日本是个超群出众的、拥有大量幽默细胞的文学作者。

七月六日深夜，简直就像等着《御伽草纸》创作完成似的，甲府市区遭到了B29轰炸机大规模机群空袭投下的燃烧弹袭击，石原家全被烧毁。

投下的照明弹亮得像白昼，在这光亮中，美知子背着正树、太宰背着园子逃出来。太宰稍稍晚了一些，因为他要把《御伽草纸》的稿子和别人存放在他这里的稿子、创作年表、钢笔和通讯录等重要物品收集了起来。

《御伽草纸》稿子安然无恙，没有毁于战火，由赶来探望他的小山清送到东京的筑摩书房，在两个月后的十月二十五日出版发行了。

第十四章

樱桃的伤感

从甲府被烧出来的太宰，于七月二十八日和妻子一起经东京上野去津轻。在兵荒马乱之中，换乘东北线、陆羽线、奥羽线、五能线，途中有两夜枕着背包睡在车站的水泥地上，身心疲惫不堪，花了四天时间，于三十一日才终于到达家乡金木。

翌年早春，太宰意气风发地开始着手创作的作品，有别于习作时代，是第一次正式涉足的戏曲《冬天的焰火》。

三月中旬完稿后，太宰写明信片给当时参与《新潮》编辑策划的河盛好藏[①]，说“我最近创作了三幕悲剧《冬天的焰火》，是向戏剧界的懈怠投出的原子弹……”表现他这种激情的戏曲，是从二十九岁的女主人公数枝如下的台词开始的。这时候，数枝已经从东京疏散回到了父母家。

如果是从太宰的初期作品开始读起的读者，从女主人公“到底是为什么活着呢”的疑问，应该记得这句台词。对啊！是《鱼服记》里的女儿思娃向父亲的发问：“父亲，你，为着什么活着？”

---

① 河盛好藏（1902—2000），法国文学翻译家、文学评论家。

在豪放不羁的中期作品里隐含着的、实际存在的怅惘和不安的阴影，再次在女主人公身上重现。

地点是在津轻地区的某个部落。时间是昭和二十一年一月底到二月。

要在脑海里描绘出那部戏剧的形象，就先要在头脑里植入这样的印象：当时津轻在冬季时，厚厚的积雪堆到一楼的屋顶处，挡住了阳光，尤其到夜间经常停电，房子里非常昏暗。

第一幕的舞台是地主家的客厅。疏散到此的女儿数枝的丈夫、小说家岛田哲郎出征生死不明，还没有回来。丈夫不在身边、好像在东京有情人的数枝，凡事总说丧气话，父亲传兵卫无法忍受，训斥她“要做个正派人”，甚至还想要扑过去，“非打你不可！要打得你改邪归正”。

妻子阿朝拼命地阻拦他——数枝从懂事的时候起就相信自己唯一的庇护者继母阿朝不是一个多么温柔和漂亮的人。

第二幕，在数枝与幼女睦子睡觉的二楼房间里，村民金谷清藏从窗户爬进来。三十四岁还是单身的清藏说很久前就暗恋着数枝，逼迫她与自己结婚。

数枝点燃继母为睦子买的纸捻小焰火，说了句令对方没听懂的话：“你和我，不，所有的人，全部这样，像冬天的焰火。”斥骂自称很纯情的清藏是个恶人。

愤怒的清藏拿出菜刀威胁数枝，站在拉门外的继母阿朝见状，夺过菜刀要刺杀清藏。

第三幕，数枝尽管感到绝望，但意识到气味相投的伙伴——自己以往的罪孽，梦想着难道不能和善良的人们一起过上种植桃树、梨树、苹果树那种如桃源仙境般的生活吗？

而且，她觉得，即使这世上没有任何值得自己夸耀的东西，但还有母亲。

然而，阿朝向她说出了令她震惊的真相。

阿朝说，她要刺杀清藏，是因为六年前受他欺骗被他强奸过……

数枝把刚写的信放在膝盖上，听着阿朝的表白，数枝——

（如不堪忍受痛苦的人那样，呼吸急促，不久站起身。信从膝盖上滑落。目光注视着信。）桃源仙境、幽默、农民，（如第一幕里发出轻声坏笑）毫无价值。全都百无聊赖。这就是现实啊。（哈哈哈地高声笑着）噢！神啊，快来救救我们！有救吗？有救吗？（一边说着，一边捡起信撕成两半，撕成四片，撕成八片，撕得粉碎。）喂！你请便。我要到东京喜欢的男人身边去。掉落到应该掉落的地方去。难道还会有理想之类的无聊东西吗？

传来乱敲玄关门的声音。

“电报。岛田数枝，电报。”传来送信人的喊声。

哟！是给我的电报。讨厌！讨厌！不会有好事。现在任何人都不会有好消息，肯定是坏消息。（踉踉跄跄地把手里的碎纸片叭地扔进火炉里，火焰蹿起）啊！这也是焰火。（狂笑）是冬天的焰火。我憧憬的桃源仙境和可怜的决心，全都是毫无价值的冬天的焰火。

在玄关，“电报啊！有人吗？岛田数枝！是加急电报呀！”喊声在继续时……

谢幕。

这部戏剧预示着太宰后期的不祥拉开了序幕。在这一点上，这是一部极其重要的作品。

从开头起，怀疑生存意义的数枝是《鱼服记》里思娃的重现，也是作者的分身。正如《鱼服记》里主人公投身瀑布潭暗示着太宰的生涯那样，能感觉到“掉落到应该掉落的地方去”这一谢幕台词，预告着作者今后的生活方式。

这部戏剧从充满着“生”的明光烁亮的中期作品突然虎变不测，笼罩着“死”的阴影。

在与杰作《御伽草纸》并列的中期收尾力作《津轻》里，太宰把家乡的平民称为“友”，确凿无误地证实了长年以来在寻找的“母亲”。但是在这部戏剧里，他把自称很纯情的农村人清藏称为“恶人”，让这个男人玷污了比任何人都爱戴崇敬的“圣母”。

昭和二十一年，太宰在春季创作了《冬天的焰火》，接着在夏季完成了戏剧《春的枯叶》。在同年的晚秋——十一月十二日，太宰与妻子一起从金木出发，途中在仙台住了一夜后，于十四日夜里到达上野，受到一直在三鹰看守房子的小山清的迎接。

翌晨，新潮社出版部的野原一夫[①]来拜访太宰，商量约稿的事。

在这之前的经过，野原一夫在百感交集的力作《回忆太宰治》里叙述得很详细。

六年前，在旧制浦和高中读二年级的野原，从同年级的朋友那里借来了那年夏天出版的太宰治短篇集《女人的决斗》（河出书房版）。

书内收录了《女人的决斗》《超级审诉》《古典风》《谁都不知道》《春天的盗贼》《奔跑吧，梅洛斯》《追思善藏》七部小说。那是一个在非常顺利的时期创作的作品集。即与美知子结婚后生活安定，在精力和体力上同时得到提升，旷世杰作连珠炮似的频频问世。野原忘情地一部一部地阅读，体会到所谓的“醍醐灌顶”，竟然就是那样的感觉……

翌年接着阅读文艺春秋社出版的《新哈姆雷特》和砂子屋书房出版的《晚年》，被太宰所吸引的心情起了决定性的作用。

升到三年级后，野原当上了文艺部委员，心想一定要请太宰做一次秋季文化节的演讲，便请住在浦和郊外的日本浪漫派诗人

① 野原一夫（1922—1999），编辑、作家。

神保光太郎[①]写了封介绍信，去三鹰下连雀的住处拜访太宰。

太宰于去年十一月被新潟高中请去演讲，结结巴巴地说到中途说不下去了，朗读自己的作品才总算是完成了规定时间的任务……太宰经历过这样的辛酸，所以没有接受野原的委托，但野原回去时，太宰说了一句“真想做的话，再来”。

野原第二次拜访太宰，是在考入东京大学德国文学系以后，以装作不知的心情说：“我带来三十页小说的稿子，能帮我读读吗？”太宰重新坐稳当后，说：“你拿来，我来读。”用一副严肃的表情保持着正襟危坐的姿势读完。

他把稿子还给野原，默默地站起身，对夫人说“我去去就回”便朝外面走去。野原赶紧跟在后面。

穿过暮霭沉沉的井之头公园，走进吉祥寺车站附近的小餐馆，一边喝着啤酒一边东拉西扯地交谈着：“写小说，就像一丝不挂地仰天躺在日本桥中央似的。”把啤酒换成清酒的时候，太宰说道：“必须抛弃把自己看作好孩子的心境。”

这句话让野原深受感动。他毕业前，又拜访过太宰两次。他没有带小说，始终在谈论克莱斯特和歌德的伟大等以德国文豪为主的文学，甚至没有提及战争或时局的话题。

后来，野原参加竞争异常激烈的考试，只和京都大学法文系毕

① 神保光太郎（1905—1990），日本昭和时代诗人、德国文学翻译家。推动日本新散文诗运动，战后任日本大学教授。翻译德国文学，有诗歌评论等。

业的野平健一[1]两人合格，进入新潮社。

隶属于出版部后过了一段时间，有一天，与《新潮》主编斋藤十一结伴走在神乐坂上时，斋藤问他“喜欢哪位作家”，野原说出太宰治的名字，谈起学生时代曾去拜访过几次。斋藤立即问：“你进新潮社工作的事，与他联络过吗？”野原回答“还没有”，斋藤用急切的语气叮嘱说“马上联络”。几天后他又把野原喊去，说：“《新潮》想连载太宰治的长篇，希望你写信向他约稿。”

兴许太宰治早已经把自己忘了……野原在犹豫中寄了信，收到了回复的明信片，在以后的通信中得知太宰在十一月十二、十三日时回东京，便在十五日早晨没有去社里，而是直接去了三鹰。

五天后的傍晚，《新潮》的编辑顾问河盛好藏[2]、主编斋藤十一、出版部长佐藤哲夫和野原他们，迎接到《新潮》来访问的太宰，商定太宰为《新潮》写连载小说并在以后出版单行本。

回京后不久便能得到站上繁华舞台上的机会，太宰以意气飞扬的语气这么说道：

> 我要写一部经典不朽的小说，一本杰作。小说的情节我已经构思好了，有点儿像日本的《樱桃园》，讲的是一个没落贵

---

① 野平健一（1923—2010），新潮社编辑，太宰治的责任编辑。后任《周刊新潮》主编。

② 河盛好藏（1902—2000），日本法国文学家、评论家。日本艺术院会员。著有《法兰西文坛史》《巴黎的忧郁：波德莱尔与其时代》等。

族的悲剧故事。书名我都想好了，就叫《斜阳》，意为倾斜的太阳。怎么样？《斜阳》这个书名不错吧？

移位到神乐坂新建的鳗鱼店。河盛好藏早就对太宰评价很高。太宰从回乡时起就与河盛好藏通过好几次长信，两人志趣相投。

上东京前不久的十月二日，太宰还向河盛写了这样的信：

拜复。

刚刚以快递寄去四十一页稿纸的拙作，非常担心会不会太情绪化。总之，不胜汗颜。不过，不能是老调重弹，说着悲惨的死不服输的话。无论如何，请多多关照。

书不尽言

信中写的“四十一页”，就是指《亲友交欢》，生动地描写自称是小学同届生来拜访疏散在外的作家老友时，那令人可怕的无耻和精明，还有深不可测的算计，等等。各种场景写得活灵活现——肯定是根据作者的见多识广和想象力塑造出来的人物——真正是颖异隽拔的幽默小说。

当初发表时，进步派评论家撰写长文进行了评论，观点鲜明，措辞尖锐，但如今也有不少人认为是优秀之作。刚写完时，太宰的心理就像钟摆似的在怯弱和自负之间摇摆。

河盛好藏称赞《新潮》第十二期上刊登的《亲友交欢》写得

好。太宰说："让人气得攘臂瞋目的小说大行其道，所以我试着写写短篇喜剧。"还说"河盛先生远比小林秀雄[①]更会读小说"。

《亲友交欢》写了与创作有关的内容，然后说了两三位作家的坏话，并称赞了井伏鳟二的小说。

很久没有呼吸到东京夜晚的空气，又有河盛好藏那样意气相投的伙伴作陪，太宰乐不可支，说话也越来越顺溜，随着酒兴高至微醺迷离，说话语气也渐渐地带着醉意，反复地说："我要写出好作品来，《斜阳》，这书名好吧，我要写日本的《樱桃园》，《樱桃园》那是个好东西，如果一生能写出一部那样的作品……"

这时候——

太田静子在神奈川县足柄下郡曾我村的大雄山庄。

根据林和代的《〈斜阳〉的家·雄山庄物语》里记载，山庄凝聚着茶馆式雅致建筑的精华，建造这座山庄的，是一位名叫"加来金升"的大分人氏。

加来在旧制东京高等工业学校学应用化学，毕业后在九州大学任讲师，但他在掌握照相印刷技术以后上京，开办了朝日印刷所，主要工作是美术印刷。就是这家公司，当时印制了《主妇之友》的彩色封面，评价极高。

加来原来的理想是当建筑家，昭和初期，在芝浦新建公司办公

---

① 小林秀雄（1902—1983），文艺评论家、作家。确立日本文艺评论界的灵魂人物。主要著作有《文艺评论》《现代小说的诸问题》《陀思妥耶夫斯基的生活》《历史与文学》等。

楼，是一幢象征着大正年间现代派的、圆形和直线相结合的新型建筑，很长时期引人注目，但随着战争的升级，技术员先后被部队征去，公司难以为继，公司办公用房和技术全都出让给了凸版印刷。

世田谷砧的住宅是茶馆式雅致建筑，但那是从京都移建过来的，糅合了日式建筑和现代建筑的优点。他一开始就想建造一间理想的房屋，在风光和气候都很适宜的神奈川县足柄郡下曾我村租借了六百坪的土地，委托擅长茶馆式建筑的神户伊藤虎三设计，整整花了三年时间才建成大雄山庄。

太田静子家和加来金升家是远房亲戚。战局越来越严酷，山庄空着不能使用。说起想请哪个靠得住的人住在山庄里看家。于是，从昭和十八年初冬起，就由静子和母亲住着。

两年后，母亲因结核病去世，静子向已经回到老家津轻的太宰写了封充满悲伤的信，告知母亲的去世。从此开始了之前中断的来往。

当时，太宰写的回信（昭和二十一年一月十一日）是这样的：

拜复。

我总是在想。总觉得很奇怪。不过，我总是在想。我想说实话。

听说你母亲去世了，我知道你很痛苦。

现在没有一个人是幸福的。但是，难道没有丝毫值得依恋的东西了吗？我经历过两次灾难。在三鹰，我被炸弹炸得连脑袋都被土埋住了。然后去了甲府，这次连房子都烧了。

青森很冷，而且总觉得很憋屈，很苦恼。我想恋爱也是这样的吧？悄悄地思念着某个人，过了十天就一点儿也不想了，真没有办法。

不能去旅行，这是最头痛的。

我购买近一万元的香烟抽，已经身无分文。只有十支好的香烟藏在壁橱里。

作为最好的人，请拼命地、悄悄地活下去。

想你。

最后一句“想你”，“必杀句”高手的面貌发挥得淋漓尽致。不得不说这也是与生俱来的天赋吧。

根据太田静子《我的悲歌》记载，女主人公园子在那年初秋给津轻的太宰写信，在信里提出如下的问题。

今后生存下去的路，能考虑的有三条，要在其中选择一条。所谓的第三条道路，就是“作为M·C（我的作家、我的契诃夫）先生的情人生活”。

围绕着这个提问或提案，两人之间信件来往了好几次。不能忽略在静子上京之前太宰寄出的一封信的内容。信里说：

到了东京的话——

来帮我工作（当秘书吧？），那样的话我每月都能给你酬谢。我每天都精神抖擞地到你那里去。我一定能把工作做好，不会伤害你的自尊心。

而且，那里有副刊。小时候，新年号等副刊比杂志更好看。

十一月中旬要搬到东京。如果搬的话会通知你。信不要再寄到这里（金木）来。

过了十一月中旬，就是到了十二月，静子也没有收到太宰的音信，她再也等不及了，便给太宰写了封信。太宰的回信大致如下：

回信迟了，很抱歉。我希望能尽早见到你，身边却一大堆杂事脱不开身，久疏问候。对不起。

从昨天起开始创作小说《维庸之妻》，估计有一百页。

必须在一月十五日之前完成（《展望》这本杂志），现在在附近租房当作工作室干活。如果你有时间能来东京，能顺便来我这里吗？

信里留下了在三鹰邮局附近的工作室地址，还写着正月五天里来客很多，所以从六日到十五日之间，在来的前一天打给我的话，我就一定在那里。

静子打电报说“一月六日上京”，并拜访了三鹰的工作室，但太宰不在。根据静子的文章，那房子里的少女带她去自己的家，太宰穿着黑色裙裤带着一副苍白的面容从里面出来。

太宰不知为何去了龟井胜一郎的家，龟井也和他同行去吉祥寺附近的小餐馆，喝了一会儿酒。龟井回家去以后，太宰对老板娘说“我和这个人有重要的事要说”，便走进里面的小房间。

以后的事，静子在《我的悲歌》里这样写道：

> （治）走近园子，紧紧地握着她的双手，说：“我想看看园子的日记。”哎呀！原来他想说的就是这件事。他想要的，只是日记而已。园子顿时感到一阵强烈的悲哀。

《维庸之妻》的截稿期是一月十五日，时间迫在眉睫。小说后半部分是由口述记录的。

据当时做记录的小山清说：“太宰除了不时地要抽一支烟之外，口述进行得很顺利。”

小山对这部作品赞不绝口，说：“这是太宰最优秀的作品，又是真正配得上独创之名的小说。他已经光靠才能就能写出出类拔萃的作品。”“这部小说是货真价实的神作。”井伏鳟二也给予很高的评价，说《维庸之妻》是与《晚年》比肩，像两座高塔那样高高耸立着的太宰杰作。小说以主人公的妻子“第一人称叙事”这一作者最擅长的形式，大致像下面这样展开。

响起急促的开门声，我被这声音惊醒了。那是喝得烂醉的丈夫深夜回家来，因此我一声不响地躺着没动。

那时，丈夫和贸然来访的一对中年男女开始吵架：“快放手！

我要捅你了！”他握着闪着寒光的大折刀跑了出去。

一问原因，据说来者是一对开小饭馆的夫妇。丈夫维庸开始时以一副很文静的样子出现在小饭馆里，付了一百元大款，接着一文钱也不付，连续吃了三年。

听他们说，丈夫维庸自称是四国男爵家的次子，帝国大学毕业的著名诗人，不料却渐渐地变得猥琐，终于今天晚上偷了我们五千元钱逃跑了，所以什么诗人不诗人的，是小偷啊！……听着老板诉说，莫可名状的滑稽感涌了上来，我笑出了声。

不过，这不是笑笑就能解决的事，我想到最后，请求说：“要还钱给你们，在把钱还清之前，请让我在你们的店里帮忙。”

那是骗人的，但奇迹好像还是会出现。在圣诞节那天夜里，丈夫和漂亮的夫人一起出现在店里，还了昨天的五千元。为了还掉剩下的借款，我决定在那小饭馆里留下来打工。

背着发育不良的孩子去店里上班的生活，和以前截然不同，变得喜气洋洋乐不可支。人们喊我“椿屋的阿幸”，忙得应接不暇，有时两天一次和丈夫一起快快乐乐地走在回家的路上。（下面的对话按照原文）

> “我们为什么一开始就不这样过呢。我感到很幸福啊！”
>
> “女人，就没有什么幸福不幸福的。”
>
> “是你说的？经你这么一说，我好像也觉得真是这样的。那么，男人怎么样？”

"男人就只有不幸。男人总是在和恐惧搏斗。"

"我听不懂啊。不过，这样的生活我真想永远过下去啊。"

（中略）

"我吧，说起来你会不相信，我想去死，没有别的办法。我从出生的时候起就尽想着去死。为了大家，还是死了的好。这是明摆着的。但是怎么也死不了。真奇怪，是神灵固执地不让我去死。"

"因为你还有工作要做。"

"根本就找不到我能干的工作。作品谈不上什么杰出或拙劣。有人说它好就是好，说它不好就是不好。谈吐间就给它定了性。真可怕啊，神灵在这人世间的什么地方。真有神灵吧？"

"呃？"

"真有吧？"

"我没听懂啊。"

"是啊。"

不久，我发现来椿屋喝酒的客人，有一个算一个，全都是人渣。若真有神灵，请快快显灵！在新年快结束时，我受到了店里客人的骚扰。

翌晨，我表面上还和以前一样背着孩子去店里上班。丈夫将斟满酒的杯子放在桌子上，独自看着报。原文是这样写的：

丈夫又默默地看着报纸。

“哟，又在写我的坏话。说我是贪图享受的假贵族。这话说得不对。应该说我是畏惧神灵的享乐主义者。阿幸，你来看，这里把我写成什么人面兽心。不对啊！我现在才告诉你，去年年底吧，我从这里拿走五千元，就是为了用这些钱让阿幸和孩子过一个很久没过的好年。正因为不是人面兽心，所以才会干出那样的事来。”

我并没有感到特别高兴，说道：

“就算是人面兽心，不是也很好吗？我们只要能活着就好啊！”

这部作品刊登在昭和二十二年（1947年）第三期《展望》上，令太宰一下子成为“无赖派”的代表作家。

通过妻子的嘴叙述的主人公大谷，是在杂志上发表题为《弗朗索瓦·维庸[①]》长篇论文的诗人。不过，最好对法国中世纪末期的诗人，获得巴黎大学文学修士资格，过着放荡、抢劫、杀人、入狱、流浪生活的恶魔般人物维庸有详细的了解，不过这对作品也需要充分的理解。

总之，撰写那种与外国诗人有关的论文，对于过着无赖生活

① 弗朗索瓦·维庸（约1431—1474），法国中世纪最杰出的抒情诗人。代表作《大遗言集》。

的人似乎有着什么深远的意义，烂醉如泥地一回到家里，便牢牢地紧抱着妻子的身体，瑟瑟发抖地呻吟着："哎呀！不行。我害怕。我害怕啊！我怕，快帮帮我！"如此胆小的人，却从小饭馆里强夺五千元这一令人不可理解的事——那是一直牵动着读者的最大谜团——的真相，其实是想让妻子好好地过一个新年这样一个不像是无赖派诗人才有的理由……这部小说的要点，就在这个出人意料的讽刺之中。

已经形成的价值观和道德体系崩溃时，若是不相信什么就不能生存下去的男性会变得异常脆弱，相反女性即使不依赖这样的男性也能生活得很好。二战后的混乱时期，就是男女那种特质的对比体现得最鲜明的时候。

假设这部作品真正的主人公正如标题那样是诗人的妻子，那么阿幸抱着任性的丈夫和发育不良的孩子，却没有丝毫抱怨和哭诉，对现状满不在乎地认命，想要乐乐陶陶地活下去。这样的阿幸，无疑就是作者对女性的认同，同时也是一种愿望的流露，寄托着对未来的希望。

小山清说："我每次阅读这部作品，总会感到释然，有一种如释重负的感觉，并且能获得生存下去的勇气。"当时，与小山清有着同样感想的、对自己的生存方式缺乏自信的读者不会少吧。小山清又说："我甚至觉得从这部作品中能听到那种能慰藉心灵的话。"

信仰问题对很多读者来说也许会觉得无所谓。抛开信仰问题不谈，太宰的中期作品里含有的幽默渐渐减少，所以初看也许感觉不到那样的风格，可是，如果把这部作品当作男性懦弱和女性强悍形成鲜明对比的喜剧来读，不就能抓住真正的更本质性的东西吗?

男子比女子软弱——并且在翌年临近死亡时创作的《樱桃》里，太宰终于说出“父母比孩子软弱”的话来。他描写道：

我希望父母比孩子重要。即使觉得“为了孩子”之类传统假道学的观念值得赞扬，但总觉得与孩子相比，还是父母处于弱势。

在我们家，父亲和母亲分别都流露出充当孩子们的男仆、女仆的情趣，夏天吃晚饭时擦着淋漓的大汗，说起哪里出的汗最多时，母亲露出稍稍认真的表情：

“在这……乳房与乳房之间……泪之谷……”

泪之谷。

父亲默默地继续吃着饭。

我作为父亲，在与人接触时，在写小说时，几乎都是殊死地努力创造出快乐的气氛。人们鄙视我，说，名叫太宰的作家写的文字很轻薄，仅靠逗趣吸引读者，这是最廉价的。

有人为别人不计报酬地效劳，是坏事吧?

我在家里也不断地说笑话，有违于部分读者与评论家的想象，我房间里的榻榻米是新的，夫妇互敬互爱，父亲和母亲都攀比似的疼爱着孩子，孩子们也欢快地亲近父母。

可是，这都是外表。母亲的胸脯是泪之谷。父亲的盗汗也越来越严重。七岁的长女和一岁的次女都很普通，四岁的长子不仅一句话也不会说，还瘦骨嶙峋，个子也不长。母亲常常紧紧地抱着这个孩子。父亲屡屡发病似的抱着这个孩子想跳进河里寻死。

实话实说，这部小说是夫妻吵架的小说。“泪之谷。”听到这句话，丈夫会变得阴郁，但如若争执必输无疑。默默无言。他心想：“你对我有意见，但哭的可不止你一个，我对孩子的关心并不比你少。尽管做得不够好，但我已经尽力了。”

我默默地站起身，把装着稿费的信封塞进和服袖子里，用包袱皮把稿纸和辞典包起来，就像没拿东西似的悄悄地走出家门。

已经不是干活的时候。尽想着自杀的事。我径直走向喝酒的地方。

“今天是夫妻吵架啊！心里阴沉沉的受不了了。今天我不回去了，一定不回去了！”

店家端来了樱桃。在我的家里，不会让孩子吃奢侈的东西。带回去，若是用线把藤接起来挂在孩子的脖子上，樱桃很像珊瑚项链吧。

但是，父亲难以下咽似的吃着盛在大盘里的樱桃吐出樱桃核，一边吃樱桃一边吐出樱桃核，一边吃樱桃一边吐出樱桃核，并在心里虚张声势似的呢喃着的话就是：与孩子相比，父母也很重要。

作品里夫妻吵架——但也不会激烈争吵，是相互间把苦恼和担忧深深地埋在心里拼命地忍耐着的关系——之后，叙事者“我”站起身，悄悄地走出家门，径自要去的，是“喝酒的地方”。

店里端出来的珍珠般的樱桃，一定是象征着作者内心里强烈渴求着的“家庭幸福”。

太宰作为无赖小说家中的高手，在这部作品的标题《樱桃》和它实际出现的结尾场景里，表现得淋漓尽致。

在这个场合，象征家庭幸福的果实既不是苹果，也不是梨子，更不是桃子，当然也不是香蕉，但是无论如何也必须是小颗粒的、朴实而哀怜的、表皮释放着鲜艳光芒的樱桃。

“父亲把它带回去给家里的孩子，会是多么高兴啊！若是用线把藤接起来挂在脖子上，樱桃很像珊瑚项链吧。”这一段表现的想象力，是多么丰富和憋屈——

可是，父亲“一边吃樱桃一边吐出樱桃核，一边吃樱桃一边吐出樱桃核”，最后在心里虚张声势地正话反说，吐出这句充满苦涩的话来：

与孩子相比，父母也重要。

在紧接着的短篇小说《家庭的幸福》结尾处，得出了如下“可怕的结论”：

正所谓：家庭幸福是万恶之源。

不用说了吧，这些有名的警句，是充满着悲伤的正话反说。

如果仔细阅读《樱桃》，会发现作者多么担心到了四岁还不会说话发育不良的长子，是多么希望珍惜着这个家庭，大家都一目了然吧。

无论用怎样好的写作手法陈述出孩子当然比自己重要、只有家庭幸福才是一切之源这些理所当然的话，一般都无法表现出人生艰难困苦的深重程度，靠着反话和冷嘲才鲜明地浮现出来。

太宰对《我的悲歌》女主人公园子说想看看她的日记，说：“这次描写没落贵族的小说，看来无论如何也需要园子的日记。以津轻家为舞台，主人公是我，这样一来我的情人就打算是园子。大体的构思已经出来了。”还补充说：“小说出来的话，给你一万元啊！”园子心想，如今能得到一万元的话，将会带来多么大的帮助啊。

从小餐馆沿着玉川上水的昏暗道路上走着，半途中太宰把园子带进像废弃花园似的草木繁茂芜杂的院子里，紧紧地用力抱着她热吻。园子第一次感受到了治那粗暴、自私的力量。

从这样的过程来看，太宰当然知道静子长期在写日记，察觉到日记的内容作为正在构思的《斜阳》的素材，一定会使作品锦上添花。

野原一夫对静子的生前非常了解。根据野原一夫的回忆录记载，面对太宰的请求，静子回答说："到下次我来，我就让你看日记。"

《我的悲歌》女主人公说："园子吧，觉得和喜欢的人一起生个孩子是最幸福的。来一场真正的恋爱，这样获得的孩子，一定是最优秀的孩子。园子想要恋爱。"

这可以看作静子自己的想法。

完成《维庸之妻》约一个月后的二月二十一日，太宰背起装着稿纸和辞典、圣经的背包，到下曾我拜访静子，在大雄山庄滞留了五天，在背包里增加了四册大开本的日记本和少女时代的日记片段，去向伊豆三津浜，在安田屋旅馆二楼的十叠房间里安顿下来，开始着手创作《斜阳》。

这部小说从昭和二十二年第七期《新潮》上连载第一回的时候就引起巨大反响，一到单行本，标题卷起的大浪潮，作为没落阶级的象征几乎成为流行语。小说还是以女性第一人称"叙事"这一太宰擅长的形式，大致如下展开：

我想，母亲不就是最后一个真正的贵夫人吗？

一天，我杀了条蛇。母亲为这事感到悲伤时的脸，漂亮得我真想抱住她。我发现寄宿在我心里的蝮蛇眼下不是正要捕杀这条美丽的母蛇吗？我恋爱了。

弟弟直治从南方回来，我们真正的地狱开始了。直治六年前曾药物中毒，那时去见直治的老师、被称为颓废作家的上原二郎，我被上原冷不防吻了一下，从此便有了我的“隐私”。

此事导致了我离婚。直治回到这里的伊豆山庄后不久便去了东京，又和上原一起游历四方，肯定被卷进了东京的狂乱旋涡里。

我给上原写过三封信，把他称为M·C。是“我的契诃夫”“我的孩子”的简称。没有收到他的回信。

我决定上京去见上原时，母亲的病情恶化了。看见我在读社会主义的书，母亲流露出忧伤的眼神。但是，我希望自己是有信念的人。人类就是为了爱情才出生的。

母亲死了，我必须谈恋爱。

上京，六年未见，我的M·C变成了一只老猿猴。被年轻人围着，喝了酒，说：“我讨厌贵族。”“很别扭啊！因为我是农民之子。”和上原结合时，我的爱情就消失了，忧伤的爱情结了果。弟弟在那天早晨自杀了。

直治在遗书里说，我没有勇气活下去。坦白对自己的老师、某艺术家夫人的暗恋，以“姐姐，我是贵族”而结束。

我给上原写了告别的信。

关于爱情的冒险，我想我胜利了。道德过渡期的牺牲者。你和我一定都是这样的牺牲者吧。

大海即使表面再怎么汹涌澎湃，大海底下的海水依然纹丝不动。

但是，无视旧道德，生下、养育所爱之人的孩子，是我道德斗争的终结。

私生子和他的母亲。我们和旧道德无论斗争到什么程度，也要像太阳一样活下去。

怎么样？你也请继续和你的竞争战斗下去。

M·C 我的喜剧演员

读过后来公开发行的太田静子《斜阳日记》的读者，会看出到处利用日记内容创作的《斜阳》，从在文学上起到决定性作用的文体起，到主题、技巧、风格等所有一切，都完全变成了太宰的原创吧。

按最初的构思，静子和母亲可以比作契诃夫《樱桃园》里快活的女儿安尼雅和天生天真烂漫又趾高气扬的贵夫人郎涅夫斯卡雅。

在对男女人际关系的认识上，太宰作品的整体性（个性、自我同一性）是显而易见的。

与靠不住的男性告别，凭自己个人的意志生下孩子，决心自立，像太阳一样活下去的女性——

在这部作品中，太宰描绘的女性形象远远领先于时代。在这个意义上，《斜阳》作为日本男性作家创作的小说，可以说是最早一部描写妇女解放的作品。

真实生活如何暂且不论，至少在中期以后的作品里，太宰是提倡男女平等的。这潜在的思想基本上是根植于对美知子的敬意和爱情，尽管在日常生活中的语言和态度里不太表现出来。

尤其在后期作品里，男子是走向毁灭的，女子是顽强的生存者，这样的认识和愿望形成了太宰一以贯之的底流。

这部作品里令人注目的是，叙事者“我”觉得自己会杀害母亲，在那“圣母”死后，便宣告开始对爱情和道德进行战斗。

就是说，一直在寻找“母亲”的太宰，在第一次尝试脱离母胎的作品里，把这种愿望寄托在女主人公的顽强上。

另一方面，留下“我是贵族”的遗书死去的直治，令人想起初期的太宰自画像，颓废派作家上原二郎像是现实生活中作者的丑化肖像。不管如何，这两个人一定是作者的分身。

太宰应该意识到自己是津轻的农民，作家上原二郎也说“讨厌贵族”。不过，把自己设定为走向毁灭的人时，在他的心底对贵族的憧憬一定会再次升起。

从女主人公最后写给上原的信里，能感觉到其中充满着太宰真切的愿望。按原文引用这段文字如下：

> 你即使把我忘了，或者你即使因喝酒失去了性命，我为了完成我的使命，也要健康地生活下去。
>
> 这期间，我从某个人那里已经深知你的人格卑贱。但是，使我如此坚强的，是你；在我的心里挂上了彩虹的，是你；给了我生存目标的，是你。
>
> 我以你为荣，同时我要让不久将要出生的孩子也以你为荣。

这真的可以说是殊死的愿望和祈祷吧。

第十五章

最后的悖论

《斜阳》在《新潮》杂志昭和二十二年第七期到第十期连载，十二月十五日由新潮社出版单行本，初版发行一万册，紧接着第二版五千册，第三版五千册，第四版一万册，成为销售势头大好不断加印的畅销书。

之前只有小部分文学爱好者知道的太宰治，一下子坐上了人气最高作家、流行作家的宝座。如此一举成名，虽然给太宰带来了巨大的喜悦，但是也必然会带来各种逆风恶浪。

出版畅销书是太宰长期以来朝思暮想的愿望，给这个愿望终于得以实现的喜悦迎头泼来大盆冷水的，首先就是税款。

昭和二十三年二月二十五日，武藏野税务署寄来了交税通知书。他们核定太宰治在上一年的所得金额是二十一万元，应交的所得税额是十一万七千元。这是一个庞大的数字。而且这份通知书上的要求十分苛刻，毫不宽恕地把交税期限定为三月二十五日。

谨小慎微的太宰面对这突如其来的袭击束手无策，甚至感到肝胆俱裂。

在这之前，他从来没有交过所得税。

当然不可能没有收入。首先，父母家是津轻的大地主，直到昭和二十年，父母家每月送来九十元生活费。如果踏踏实实地过日子，这些钱已经能过得十分舒适。

同时，自从战争开始以来，更加严酷的统制经济，给他带来了相当大的经济上的好处。因为图书脱销，所以如果发行符合预期，即使无名作家的小说，也能期望有可观的发行量。

因此，初版印数定得很高，就算局限在主要著作里，新日本文艺丛书里的《正义与微笑》，定价一元五十钱初版一万册，版税一千五百元。同一丛书里的《右大臣实朝》初版一万五千册，定价二元，版税三千元。新潮社的昭和名作选集《富岳百景》初版一万二千册，定价一元，版税一千二百元。小山书店的新风土记丛书《津轻》初版三千册定价三元，版税九百元。接受日本文学报国会的委托创作、朝日新闻社出版的《惜别》，初版一万册，定价二元八十钱，版税二千八百元……

按当时的货币价值来说，全部加起来，用这笔巨款能建造一幢漂亮的房子。

再加上以固定的节奏在杂志上发表的短篇，稿费绝不是小数目。

但是，太宰经常自称“作品就是财产”，好像以为凭自己的天分得到的珍贵稿费，作为下一部作品的养分是可以任凭自己自由支配的零花钱。如此巨款为了与朋友交往而慷慨地毫不吝啬地消费在喝酒和食物上，一有进账很快就洒脱地用得精光。

与此相反，除了喝酒、抽烟和吃饭之外，太宰对其他开销十分吝啬。搬到更大的房子里，作为作家，他根本没有想过，改善创作条件需要精打细算，也没有洗心革面的想法。

他对金钱的感觉与常人截然不同，完全缺乏财务管理能力，却不把金钱的收支交给美知子管理，一直独占着银行和邮局的存折，随心所欲地花钱如流水。

美知子带着两个孩子疏散到甲府时，太宰做了份数额一千元的邮局存单让美知子带着，这是极罕见的例外。

就这样，始终以自我为中心疏于管理的财务账单，如今又转回来了。

“太宰面对税务署寄来的通知书，欲哭无泪。”美知子写道。

《斜阳》的发行是去年十二月中旬，如果罗列太宰在那一年的工作状况如下：

在一流的杂志上发表的短篇有《叮叮当当》《圣诞快乐》《维庸之妻》《母亲》《父亲》《女神》《磷光》《女佣》……全都是出类拔萃的优秀作品，再加上《斜阳》的连载。

首先在年初发表的、用书信体描写青年心理的《叮叮当当》——战败那天听到兵营里传来的、用铁锤敲钉子的微弱声响，感觉就像是附体的魔鬼在退走似的，以后每次听到这始终在脑海里回响着的声音，所有的一切顿时都变得毫无意义……这部作品鲜明地、象征性地表现了当时埋藏在人们内心深处的惆怅，决定性地使太宰有了虚无主义作家的形象，并获得了与此颇有同感的年轻一代的支持。

单行本有加印和再版，《猿面冠者》《小丑之花》《正义与微笑》《八十八夜》《黄村先生言行录》《津轻》《惜别》《姥捨》《潘多拉的盒子》《浪漫灯笼》《关于爱与美》《狂言之神》等作品应接不暇地连续出版，其间新出版的《冬之花火》《维庸之妻》《斜阳》分别由中央公论社、筑摩书房、新潮社等一流出版社出版，除此之外还有新旧作品合集的《女神》，《潘多拉的盒子》在大映电影株式会社以《护士日记》的标题拍成电影。由于出版部职员野原一夫的努力，《晚年》排进了新潮文库复社的出版计划中。

难怪！光凭这些，太宰号称“作品就是财产”的心情也在情理之中。

不用说，当时正处通货膨胀的加速趋势中，所以新版本的定价也在短时期内节节上升，七月版《冬天的焰火》五十元，八月版《潘多拉的盒子》六十元，十二月版《斜阳》七十元。

要说年收入二十万元这数额有多大，那年七月，按照政府的经济安定本部为抑制通货膨胀而公布的新价格体系，以标准薪水一千八百元为基础进行计算，相当于一百一十一个月的平均月收入。

就是说，是普通工薪族无论如何也拿不到的巨额收入，几乎全都被太宰花费在交际上，已经分文不剩。太宰完全忘记了还有所得税这回事。

关于稿费和版税，太宰与出版社及编辑的协商大体上不是在家里而是在外面的酒席上进行的。收入的总额到底有多少，美知子对此一无所知，面对所得二十一万元、税额十一万七千多元的税务署通知，她也只能是一筹莫展。

注意事项里写着，收到通知书后一个月内还能申请复核。但太宰从三月七日起就把自己关在热海起云阁扩建的房间里，创作筑摩书房的杂志《展望》上连载的《人间失格》第一回。在这期间，请求复核的期限也已经过了。

“像我这样的人，每天消费在烟酒的钱里就已经支付了巨大的税金，没有必要缴纳再多的税金了。”丈夫像磨人的孩子似的这么说道。妻子催促丈夫写点什么，由她送去。

太宰拿起钢笔，在稿纸上写着：

复核申请书

明治四十二年六月一九日生

太宰治（著述业）

东京都下三鹰町下连雀一一三

不久前收到纳税通知书，如附件，采访费用支出（比如旅行、探访、为收集资料等的支出）众多，而且去年一直在生病，陋室里孩子很多，日常生活过得很悲惨，怎么也交不起税，请关照，请来陋室察看，拜托请重新核查。我保证：

所得金额：壹拾万元。

包括稿费：叁万元，

著书版税：柒万元。

旅行、探访、参考书、收集资料等著述业必需的各项支出后剩余的、去年昭和二十二年的全部所得，如上所列。

昭和二十三年四月一日

武藏野税务署长殿下

美知子把这份复核申请书送到武藏野税务署时，被命令要把稿费和作者版税两大类别的收入和大致区分的支出内容，具体详细地做出记录，重新提交。

按照吩咐，从哪家出版社收入多少，怎么样使用的，美知子对此一无所知。这天正好还要去参加长女园子的入学仪式。美知子参加完仪式回家后，绞尽脑汁总算写好，把两个还不怎么会走路的孩子放在幼儿车上，去坐落在吉祥寺深处的税务署。这份在上班时间快要结束的时候勉勉强强赶上的文件总算被受理了。她松了一口气，但这次文件被转到国税局，五月下旬，收到了国税局寄来的传唤信。

在这之前的四月二十四日，按通知书的注意事项“即使在申请复核期间也不能拖延税金的征收”，税务署职员上门来催征。美知子立即从太宰不在家时收到的版税中支付了已经达两千元的滞纳金部分。

五月二十九日，美知子去国税局，再次被责令重写收支明细账。两天后，关于新的明细账里的各个项目，美知子语无伦次地反复回答税务官严厉的责询。

就这样，丈夫随心所欲地花钱，想用就用，善后问题却交给对收支内容一问三不知的妻子。

太宰不可能平心静气地装作什么都不知道。肯定也有后述的种种情况重叠的原因，美知子追忆道：“胆小鬼太宰从来没有像当时那样怯懦过。”

不难想象，因为这笔怎么也付不起、而且滞纳金每天都在累加、不知道会膨胀到什么程度的庞大税金，感觉内心里的不安和恐怖，都快要把人压垮了。

太宰自己第一次在三鹰下连雀的“千草”小餐馆里（那里的二楼六叠房间是工作室），直接与上次他不在家时来访过的国税局官员见面，进行了充分的沟通。这是太宰在玉川上水投河的十二天前。

“不过，不能说交税的事是导致他死亡的原因，他把交税的事交给我全权处理了。”美知子说道。最了解太宰的人——田中英光，在老师离开这个世界以后，在回忆里表示另有原因。

估计死亡的原因首先是税金问题，第二是身体衰弱，第三就是所谓的文坛潜规则。

关于第二和第三个问题，后面会提到。在这之前，先写写在距离他死亡前半年，将近昭和二十二年底，和太宰见过面的弟子眼里，太宰的容貌和生活状况是怎么样的。

在外务省获得临时工作机会的堤重久，疏散到经人介绍结婚的夫人的京都父母家，他谋生的职业与出版有关，那期间一直在与老师通信。

太宰于昭和二十二年五月二十一日寄出的明信片里，是这样介绍的：

> 我的日常生活每天都一样，工作一结束就为酒和女人忙碌着。堤君也请努力坚持下去。坚持是头等大事。你好像很有韧劲，所以胸有成竹。有位年轻女性断言说："看太宰先生的面相，今年六月会出现死相。我看面相，以前从来没有看错过，如果看错的话，我把脑袋拧下来给你。"太宰六月死亡的说法是不是说中，最近成为主要话题。可是，我怎么也不像要死的样子。《展望》第三期的《维庸之妻》，拜托你读一下。我的孩子出生了，是个女孩，取名里子。

书面语气乐观快活，但现实中太宰从那时起身体状况就变得很糟糕，躺在床上的时间越来越多。同时在妻子的眼里，他的被害妄想症很严重，极其怕见人，开始隐瞒自己的所在。

此后到年底，明信片的书面文字渐渐地渗透着浓厚的不安和焦虑的情绪：

> 健康情况，我心里有底。我过着不知是死是活的半死不活的生活。这期间详细的情况会告诉你。实在很想见你。来住几

天也没关系，你能到东京来吗？

（十一月七日寄）

谢谢你的来信。其实吧，令人担心的事有不少。想见你一次。我想念叨念叨别人的坏话。能放心地说人坏话的人已经没有了。（中略）再怎么勉强也请出来一次。有时候夜里会梦见你。

（十二月二日寄）

最后一句，照例是“必杀句”。

“能放心地说人坏话的人”，除了移居京都的堤重久之外，田中英光这段时间正过着疾风怒涛般的日子，他到东京来领取稿费又惹出风流韵事……小山清则在同年一月底之前同住在三鹰出租房里，后来去了北海道夕张炭矿求职。太宰能坦露心扉地交谈的弟子们，全都从他身边消失了。

堤重久被明信片里迫切的语气催促着，与住在奈良、研究太宰治的朋友一起，于十二月二十日上京，在朝着三鹰下连雀的小小的出租房走去时，感到心潮澎湃。因为自己如今已是靠着瘦骨嶙峋的双手勉强养活妻子的三十岁成年人，仿佛觉得回到了穿着立领学生服经常往返这里的青春岁月里。

许久未见的老师兴高采烈地来迎接他们。他发现老师的面容比以前尖削，皮肤的色质也显得黝黑。

体现成长状况良好的，只是六岁的长女园子，美知子夫人也曾是那么白皙丰腴的脸庞变成了枯瘦的、苍白无光的肤色，觉得面相好像完全变了。堤重久陈述道：

> 我在房间里打量着，拉门的槛杈折断着，门窗上的纸已经破损，拉门烤得红红的，因为污迹肮脏不堪，而且凄惨地向上卷起着。如果用稍稍夸大些的说法，不修边幅地跨过去，乱得像个狐狸窝。作为比别人勤快得多又爱好清洁的夫人来说，这是以前未曾有过的事。对太宰文学如日中天的名声来说，过得如此脏乱是怎么回事呢？面对如此颓废的生活状态，我莫名其妙地感觉到某种异常。

这是由税务署查出年收入二十万元的那年底，太宰的生活状况。

以后的事，简要地概括一下堤重久的叙述吧：

太宰喝了两三杯美知子夫人加菜时带来的威士忌，站起身说：“堤君不在期间，三鹰变了呀。我带你参观一下吧。”

堤重久跟随他去作为工作室的二楼参观，像是学生寄宿用的六叠房间里，有个身穿工作裙裤、二十七八岁的高个子女性，堤重久开始时还以为她是家政妇，对对方不像是家政妇的神态和说话方式，觉得有些违和感。

在这里，太宰也平静却连续不断地喝着拿出来的威士忌，再走到屋外，稍稍走了几步时，呢喃道：“爱情是不期而遇的。”

走到马路上，令人吃惊的是，走着时，不知从哪里跟上来的二十岁左右的年轻男女，很快就将近二十人的小队伍，看样子是太宰的粉丝。堤重久真切地感觉到老师的名声从自己少数几个知己不断地传到了读者大众那里，不由得感到一丝失落。

在和女青年们一起走进的洋货店里，太宰把在那里偶尔遇到的年轻美貌的姑娘介绍给堤重久："这位是圣子。"一边说着"筑摩书房的石井很喜欢她，但他们是合不来的呀"，一边把从陈列的商品中挑选出来的银色项链作为礼物送给她。（林圣子就是后面会提到的太宰治昭和十七年的作品《水仙》里女性原型的女儿，上京后第一部作品《圣诞快乐》就是把在站前三鹰书店里偶遇时的情形写成了小说。）

接着到黑市去，那位家政模样的女子也在那里。太宰用手指着鲷鱼和蟹等高价食物，女子一副不在意价格的模样毫无顾忌地购买着，逛了几家商店，从钱包里拿出纸币支付的数额超过了一般工薪族的月收入。

回到开始时的房间里，有两位青年以礼节周全的姿势等候着。太宰向堤重久介绍他们是新潮社的野平君和野原君。

开始吃什锦火锅，在鲷鱼和蟹、鱼糕上加入椎茸、葱等蔬菜（在闹粮荒的当时奢侈得出格），酒宴方酣时，太宰一边喝着威士忌，一边问："怎么样？东京美女的印象……"但堤重久揣测不出他是指谁，回答不上来，惹得老师很扫兴。

其他人回去以后，堤重久陪同奈良的朋友在那房间里住下。房间里铺着三床被褥。堤重久看见太宰与女性一起钻进其中一床被褥里，才终于发现两人的关系。……

事情叙述到这里，不知道是否全部都是堤重久上京第一天的经过。要问为什么，因为当时太宰身边的重要人物接二连三地出现，他把所有的关系都描写得非常通俗易懂。

在山内祥史编撰的详细年谱里，上京当天和以后的过程与此有若干处不同，也许是把几天里发生的事汇总后进行小说化叙事造成的。

据年谱里记载，第二天奈良的朋友和那个女子——山崎富荣外出，只剩两个人的时候，太宰以一副哭丧着脸的表情说了实话。

他说，与另一名伊豆女子——曾以相亲的形式举荐给堤重久的太田静子，生下了一个女孩，取笔名一个“治”字，起名为“治子”，每月都要寄钱过去。

“听说给了个‘治’字，富荣这个女人发火了，所以我对她说了呀！说不是还剩修治的‘修’字吗？”

听说除了夫人还有不止一个情人，正在为取名字的事发生争执。听到此话，尽管是自己的老师，但堤重久还是感到很意外，有些瞧不起他。[①]

接着，太宰一边喝着威士忌一边表情黯淡地说出来的事，令堤重久更加震惊。

---

① 关于这一时期里的复杂事情，以后再另外详细叙述。

他与愿意终生敬仰的井伏为主的大部分前辈挚友断绝了关系……太宰说出这一反常事态后，诉说了此事的缘由，内容极其重要，会比较长，所以我想引用堤重久的原文：

“这话只在这里说啊。这个正月吧，我和龟井、山岸他们去井伏先生那里拜年。我照例喝得酩酊大醉。我觉得有点儿困，便退到隔壁的房间躺下睡着了。睡了有多久，我自己也不知道。反正忽然睁开眼睛，隔着拉门听到了笑声。是大家凑在一起说我的坏话，哄堂大笑。说我是小丑，说我自以为是，不过是个小丑啊！这时候，我觉得被砸进了地狱里。所谓怒火中烧，就是那种时候。我只要想起来，就会浑身发抖啊。”

我也觉得这事太过分了，感觉坠落到了地狱里。关于女性问题，我不得不认为是太宰咎由自取，但关于以后的事情，我觉得错在对方。太宰虽然很自大，想必是很痛苦吧，我想抚摸他的背脊安慰他。于是，太宰像孩子似的哭丧着脸继续说道：

“而且，井伏先生很过分啊。说，没有爱情，干脆就和美知子分手！你不觉得很过分吗？当初明明就是井伏他多管闲事撮合我们的。从此以后，我不会再相信井伏先生。”

前半部分说的“这个正月”，到底是什么时候的事呢？

堤重久叙述此事的时间是昭和二十二年十二月下旬，所以首先是那年的正月，估计是井伏鳟二从疏散地广岛县加茂村临时上京时的事。

昭和二十一年十月之前太宰都在老家，没有发表那么多的作品。十一月二十五日夜里，和坂口安吾[①]、织田作之助[②]三人结伴，兼职两家出版社的座谈会，喝醉酒后说些奇谈怪论，但都还没有刊登到杂志上，所以老熟人聚在一起说坏话，把太宰称为小丑，这样的情况无法想象。

在美知子的回忆里，太宰在昭和二十三年正月里像往年一样必不可少的礼节，就是新年伊始去井伏家拜年，但是回来后躲在起居室里哭泣，说大家合伙欺侮我，那哭泣的模样与太宰经常形容自己的一样，就好像在外面淘气被欺负后回来的孩子，低声抽泣……

在当时，完全想象得到不仅是新年里待在井伏家里的朋友们，从战前起就了解太宰的作家好友们，他们看太宰的目光大致上都不可能带有好感的。

堤重久以"如日中天"表现太宰的快速走红，其实是爆炸性的溢美之词，不会不引起老朋友们的反感和嫉妒。

为了使读者有切实感受，作为具体例证，还是要提一下当时出

---

① 坂口安吾（1906—1955），作家。以《风博士》一文跃上文坛，作品多呈戏谑及反叛色彩。代表作还有《白痴》《堕落论》《不连续杀人事件》等。

② 织田作之助（1913—1947），小说家。战后与太宰治、坂口安吾、石川淳等被称为无赖派、新戏作派。主要作品有《秋意浓》《夫妇善哉》等。

版界的用纸情况。

昭和二十二年以后，纸张缺乏的问题非常严重。

杂志用纸是配给制，刊登太宰杰作《维庸之妻》的《展望》第三期是一百六十页，第四期一百零二页，第五期八十页，眼看着杂志渐渐薄下去，从第六期起各杂志都统一规定为六十四页，大家都在传说，说规定为五十页的日子很快就要到来了。

当然，有人约稿的作者人数也被限定在极少数的头牌作家里。其中太宰大致每月都在《中央公论》《群像》《新潮》《展望》《人间》《改造》等一流杂志上露面，到六十四页的第二个月《新潮》第七期起，开始连载《斜阳》。

页数减少，但册数多，用纸的分配是《中央公论》《改造》《世界》各五万册，《文艺春秋》《日本评论》《展望》《新潮》各三万五千册，《群像》《文艺》《新日本文学》各二万册，所以在没有获得这些杂志约稿的作家眼里，杂志目录里排列着的少数几个人的名字释放出来的光芒，是令人羡慕的。

杂志快速变薄，在出版社负责人为出版单行本的用纸调配，急赤白脸不辞辛劳地四处奔走时，太宰的重版书、再版书，如前述像月刊杂志那样接连不断地出版。

仿佛能听到同行业者咬牙切齿的声音：新版出不了，大家都很辛苦，只好用再版发横财……

那个时代，太宰和作家、评论家、编辑没有钱却在各处的酒屋里构筑阵地通宵达旦地喝着劣质酒高谈阔论。

太宰靠着一流杂志的稿费和再版书获得巨额收入。要说太宰是如何花费那些钱的，一读《斜阳》才知道，不管是谁，一认识便连夜摆酒宴盛情款待，“吉罗汀、吉罗汀、锵锵锵”地吆喝着不停地干杯，太宰被众多的奉承话包围着，把出版社编辑装在信封里带来的一万元，转眼就交给了酒屋的老板娘，极其荒唐地浪费掉了。

在这样的满桌酒席中，将走在时代最前端的把太宰神化的崇拜者们，争先恐后地说着极其肉麻的奉承话，好像议论旧有的文坛权威和论资排辈的潜规则，以及如今变得十分陈腐的文学观和小说作法，一帮人七嘴八舌地对其他作家进行羞辱和痛骂。

那个时候，文坛内部的传闻无孔不入，所以这些话（话题大致带着恶意扩散）立即就会传到聚集在其他酒屋里的同行耳朵里。

听说《斜阳》女主人公是有真正的原型的，最近他又另外有了新的女人……这样的传闻一定会传播得很广。

听说最近太宰在三鹰的街上大摇大摆地一走，年轻人就会络绎不绝地跟在后面，扎堆献媚的人，不管是谁，都能成为太宰酒桌上的朋友，只要一起学着赞美他的颓废生活的话，就理所当然地成为了太宰的“朋友”……

即使从这些传闻中出现“自以为是，不过是个小丑”的声音，丝毫也不足为奇。

而且，对“自以为是”这个评价起决定性作用的，是从那年秋季起启动的“全集”的出版。

“听说太宰出全集了……”这样的传说无疑会成为惊天动地的

大事件，立即就传得沸沸扬扬。虽说那是个人心浮动、价值观混乱的时代，但几乎所有听到这些传闻的人，尤其是熟悉文坛内部情况的人，都会将其视为有悖于常识并且荒谬绝伦的事情。

所谓“全集”，顾名思义就是汇集作者全部的作品，所以原则上是在作家死亡后出版，本来就不可能在作者生前出版。即使有，也局限在人们公认的、非同寻常地停止文学生涯的大师或超一流的作家里。

太宰三十九岁，按照文坛内论资排辈的潜规则来看，还属于初出茅庐。

他要出全集，太急于出人头地，被献媚的小毛孩子们推崇着便迷失了自己，不知进退，终于神经错乱了？……人们普遍这么认为。

根据野原一夫的回忆说，“记得是昭和二十二年的十月”，八云书店和实业之日本社几乎同时申请要出版太宰的全集。但依照我自己的想象，在太宰的脑海里，这不是从更早的时候起就在策划全集了吗？

前面引述的、太宰寄给堤重久的明信片（昭和二十二年五月二十一日）里写着，有个女性断言，太宰先生的脸在六月会出现死相，我看面相从来没有看偏过，如果看错的话，我把脑袋拧下来给你……这个女性就是在《圣诞快乐》里出现的少女的母亲、《水仙》的原型林富子（著名西洋画家林倭卫的夫人，夫人本人也绘画）。野原在太宰死后出版的一卷八云书店版《太宰治全集》月报里写着："太宰的老朋友、那个女人是个感觉异常敏锐的人。《水仙》和《圣诞快乐》是太宰对她萌生了纯真爱情的作品。"

太宰风趣地把春天时被预言的那个六月死亡一说当作酒席上的谈资，一进入五月，他的身体垮了，躺在床上，开始露出害怕的神情。

此后，其实到预言稍有偏差的六月底，太宰竭尽全力写完了《斜阳》剩下的六章一百八十页。以前他只写了开头第一章、第二章后中断了一段时间。

不久，野原一夫感到强烈不安。根据前述的月报文章里记载，他产生了这样的感觉：

> 这个时候的太宰实在太不正常了。《斜阳》完成以后，身体衰弱得很明显，颤颤巍巍的，像是精神错乱发了疯似的虐待自己。只要有人来，便踉踉跄跄地招待。有时会突然精神恍惚，直愣愣地发呆，感觉他真的有濒死的精神状态。

野原一夫在与此不同的另一个回忆里说过这样的事：与太宰关系密切的画家樱井浜江[①]（牺牲自己努力拼命招待客人的《招待夫人》原型）同意他和太宰在画室里一起过夜时——

① 樱井浜江（1908—2007），西洋画家、独立美术协会会员。

我半夜里醒来。是月光明亮的夜晚，月光从画室庞大的玻璃窗外照射进来，在那青白色的月光中，躺在边上的太宰眼睛睁得大大的，望着天花板。其间，又闭上眼睛呻吟着。是从心灵深处挤出来似的野兽般的呻吟声。我慌忙装作睡着的样子。太宰翻了个身，又翻了个身，又发出呻吟声。

与野原这个观察形成呼应的，是在这几个月前，太宰在短篇《母亲》里写着的下面一段：

我忽然醒了。说是醒了，也不是睁开了眼睛。是闭着眼睛醒来，先是听到起伏不定的响声。这才想起：哎呀！这里是港町的小川君家，昨天晚上给他添了很大的麻烦啊！紧接着开始感到懊悔，惶惑地担心自己的前途，心脏扑通扑通地跳着，突然二十年前自己的一个令人作呕的奇怪举止与前后没有任何关联地、色彩鲜明地浮现出来，在床上翻来覆去的，感到不堪忍受，想要叫喊起来，从嘴里低沉地说着什么“不行！”“没意思！”喝得烂醉后一睡下，总会在半夜里醒来，上帝会给我两三个小时难以忍受的刑罚，这是我以前就有的毛病。

在太宰的心底，有着无论如何也无法消除的几个死者的记忆。镰仓殉情事件中唯独田边静美一个人死了，还有在青岛孤寂离世的小山初代，觉得自己也负有责任的、自寻死路的外甥津岛逸朗，堂姐儿子津岛甫，等等。

为了忘掉这些往事而大量喝酒，醒来后，那些人的身影反而更加鲜明地在他脑海里浮现出来。

有人会以为，随着时间的流逝，这些记忆也会变得淡薄……其实绝非如此。太宰在《御伽草纸》的《浦岛》里写着，“岁月是人类的救赎”“忘却是人类的救赎”。但是，这恐怕是作者的愿望，其实时间越久，年轻时自己的轻佻和迂腐、利己主义，就越是会伴随着新的“发现”不断地、栩栩如生地回想起来，随着对记忆的反馈仔细端详反复审视，过错的形态变得立体，毫不宽恕地增加着伦理道德的深度，罪恶意识比以前更加强烈。

在樱井浜江的画室里，野原一夫听到的太宰“从心灵深处挤出来似的野兽般的呻吟声”，一定是受这种罪恶感的折磨，使精神上的痛苦变得更加深重，是从辗转反侧的活生生的地狱深处发出来的。

在津轻疏散期间，酒醒时又会有一种别样的“发现”。以御坂岭为界重新生活之前，惹出令新闻界哗然的殉情和自杀的未遂事件，药物中毒到处借钱，放荡不羁和借钱不还的时候，住在老家小镇里的家人和亲戚们，都为他感到无地自容，令他无安身之地。

太宰最狂妄时，家人和亲戚们的痛苦和悲伤，远在天边的他看不见管不着，直到他回到老家时才对自己的事渐渐地有了切身的体会。因为他能够用居住在津轻的人们的眼光，来重新审视自己曾经在东京的骄奢淫逸的生活状况。

> 我过着一种自惭形秽的人生。

这是《人间失格》“第一手记”的开头。无疑是他从那时起就刻骨铭心地感受到的真情实感。

“津岛耻辱”“津轻废物”的评价，如今还在老家流传得有声有色。在老家生活，太宰又经常设身处地地体验到穷途末路的感觉。（在老家，继《冬天的焰火》之后创作的戏剧《春的枯叶》里，主人公、国民学校老师野中弥一自暴自弃地说：“去死吧？反正我是脏了野中家的体面，所以以死谢罪啊！”喝了大量令人生疑的酒，在谢幕中死去。）

大量酗酒的结果是嗜酒成性，想停也停不下来。太宰身心疲惫，精神也日趋衰弱。从深夜到黎明酒醒时分的肉体痛苦，让他不可避免有大限将至的感想。

如果继续这样的状况，就不会活得太久了。太宰这样的想法，在六月底结束的《斜阳》中叙事者“我”写给作家上原二郎的信里，说出下面这句：

> 你即使因为嗜酒而失了生命也罢……

太宰考虑到自己人生无几，并非表明有自杀的念头。他从以前起就有肺浸润的痼疾，这样的身体加上酗酒造成的严重损伤，病情急剧恶化导致的死亡威胁，也在快速地到来。

怀有好感的女性——对方肯定是考虑到太宰的健康才说的——说“六月死亡”的预言，也使太宰不得不经常地意识到死亡在渐渐逼近。

太宰处在这样的焦虑和不安中，即使还只有三十九岁，也会产生要把以前的全部作品汇集成“全集”……这一尽管脱离常识却紧迫的愿望。

把这一时期假设为井伏鳟二从疏散地广岛加茂村回到杉并区清水町家里来的七月之前，是因为太宰趁老师还在老家期间，向筑摩书房提议出版《井伏鳟二选集》的要求，并约定由自己来编辑和撰写全卷的解说。

太宰也许是出自这样的理由：不管怎么说，老师井伏连“选集”也没有出版过，自己作为弟子就不可能出“全集”。

井伏回到东京后不久，第一次商量出版《井伏鳟二选集》的事宜，要被引见筑摩书房创始人、社长古田晁、担任顾问兼《展望》主编的评论家臼井吉见[①]、出版部编辑石井立，太宰也参加。在去碰头地点时，经历的过程很诡秘。

据说，来接他的编辑石井不知道那天的集合地点在哪里。

沿着三鹰站南口街笔直走去，桥边有个“若松屋”鳗鱼店的临

① 臼井吉见（1905—1987），编辑、评论家、小说家。日本艺术院会员。

时售货摊，据说老板对太宰十分钦佩，是个守口如瓶的人。

石井把他们带到那里，在临时售货摊留下看守摊位，反而是鳗鱼店老板把井伏带往对筑摩书房，连石井都保密的太宰“第二工作室”去。

同时，太宰却让古田晁、臼井吉见在与工作相关的人士之间大多知道的“第一工作室”（三鹰町下连雀二百十二番地的小餐馆“千草”二楼的六叠房间）等候，等集合后一起去“第二工作室”。

于是，就好像演员从舞台两侧上场、在舞台中央会合似的，选集作者和出版人初次见面就颇有戏剧性……

看来实际的经过与最初的计划大相径庭，井伏根据后来了解到的情况，回忆说当时的“第二工作室”，就是山崎富荣的房间。

太宰到底为什么要安排得如此扑朔迷离，像推理小说似的玄机重重呢?

或许，在太宰的脑海里，井伏的“选集”是为了使自己的“全集”顺利出版的一次彩排，因此碰头地点必须在绝对不用担心会泄密的“密室”里进行，不能让任何人看透他不可告人的意图。

并且，在山崎富荣的房间里商量这样的事情十分合适，但自己不可能直接把井伏带到那里去。因为井伏是自己与美知子的婚姻介绍人，自己还写过“不再离婚”的保证书交给井伏。因此他才想出了体现复杂内心并稍带幽默感的、迂回曲折的计划，把老师引到那个地方。

富荣一定是绞尽脑汁煞费苦心地准备了啤酒和威士忌，做了丰盛的菜肴努力款待这伙人。

太宰这么做，也许还有这样的企图：两人的情人关系早晚会传开，希望抢在那种传说之前，能让富荣作为“秘书”得到老师的“默认”……

太宰对老师解释说：“这里是这个女人租借的房子，我借它做工作室。”

墙边的榻榻米上放着料理台，富荣在料理台上切着食材。

看屋内的摆设和菜刀的用法，我猜这女人是败家的吧。

井伏这么写道。（所谓的“败家”，大概是指离过婚的人吧？）

不知道井伏心里是什么感觉，但那场面却热闹得很，酒宴在夏天的夜晚一直喝到黎明天色发白，壮汉古田晁提着随身携带的大型手提包两次去附近三鹰车站前的黑市场购买啤酒。（当时在酒店里供应给客人的，是黑市的劣质糟酒为主。在黑市流通的啤酒价格极其昂贵，普通百姓很少能喝得起。）

之前井伏不知道出版选集是太宰提议的，在酒席上的交谈中才渐渐有所察觉……

野原一夫写道：十月，八云书店和实业之日本社几乎同时提出要出版“全集”，估计这是太宰委婉的暗示引起的，大致不会有错。怎么也没有想到，两家出版社会同时提出这种按常识无法想象的计划。

大型出版社与文坛的关系颇深。太宰即使向大出版社提出这样大的出版计划，也不会被出版社接受。在这一点上，八云书店是创业不久的新兴出版社，实业之日本社则是老牌出版社（太宰曾在这里出版过《东京八景》），但原本就是靠着发行杂志名与社名一样的杂志为招牌，都还没有被纳入文坛的体制。

与这两家出版社搭上关系，也许是因为太宰暗示说其他出版社也申报了这个选题……使他们产生竞争意识，促使他们做出决定。也可以认为，《太宰治全集》和实业之日本社这个社名不太匹配，所以出版方是试探性的。八云书店那边有个从战争期间的学生时代起就认识的热心编辑龟岛贞夫，所以他们似乎从一开始就拿定了主意。

既然有这样的编辑，原本对装帧很挑剔的太宰也能按自己的思路提出要求。（他实际上把开本定得比普通开本大，厚实的白底硬封面用金箔文字将“太宰治全集”几个字做成凹凸版，左下角按上津岛家的鹤丸家徽。）

八云书店决定出版后不久，他就写信给金木邮局局长津岛贤辅，说这次预定要出版约十五六卷的太宰治全集，请把下列照片送来，用作全集里的插图。

父亲穿燕尾服的照片、母亲照片、哥哥照片、金木父母家的照片、院子照片、（金木的）芦湖或津轻平原的美景照片、以文治哥为主的津岛家全部亲戚在院子里拍的集体照，小时候的照片，中学、高中、大学时代的照片……

把本来应该委托哥哥文治或英治去办的照片，写在寄给津岛逸朗的妹妹那入赘夫君、邮局局长贤辅的信里，这也是对家乡父老的宣告。

自己不是“津岛耻辱”“津岛废物”，在东京恶战苦斗，同时为探索人类真实面貌而彷徨，为追求爱情和正义不停地奔跑着，在保证质量的同时写下了这些作品，如今三十九岁就早早地成为能出版长达十五六卷全集的作家。这是太宰的宣言，充满着自负和炫耀。

全集的确是他活着的证据。

当时，解构地主制度的农地改革正在踏踏实实地推进，父亲源右卫门建造的豪邸面临着卖给别人的命运。

在第三次发行的第一卷《晚年》卷首插图中，太宰指定要插入父母家的照片。这与封面左下角刻印家徽一起，表明强烈的信念，即那幢宏伟壮观的建筑物即使离开了津岛家的名下，自己靠着这套全集建立起永生永世都不会失去的、真真切切的金字塔作为回报。

全卷的解说，编辑龟岛贞夫决定委托给当时也常去那里的丰岛与志雄。

太宰自己早就和丰岛有过接触，先是在东京帝国大学法兰西文学科读书时，跟随山岸外史去千驮木町的丰岛家里拜访过讲师丰岛。在后面将要提到的新潮文库解说的结尾处，太宰写道：“我必须附注一笔：学生时代颇受老师的残酷关照，那成为我已经远去的伤心记忆。”

据我猜测，也许曾经是去请教有没有什么能够毕业的好办法……对自己的窘境叫苦不迭，最后终于声泪俱下。

在发行第一部作品集《晚年》时，太宰还赠送丰岛一册，献辞写道：“阴郁的影子，你的影子，总是占据着我内心里的某个角落。”

昭和十八年，在第六届新潮社文艺奖评选时，太宰的作品也被推举入围，在决定森山启的《海扇》获奖时，丰岛这样写道：

> 我举荐《正义与微笑》（太宰治著）。这部作品的表现不是油滑而是别出心裁，放烟幕弹说什么是看了某人的日记才创作了这部作品。可是，真挚而无畏的精神从那种多少难以改变的腼腆深处透露出来。而且这种精神，和正义、真实有血缘关系。全篇虽然写得有些过火，但是给予年轻读者的感悟，对当前的时局也有很好的期望。

作品很遗憾没有获奖，尽管如此，《正义与微笑》得到了自由主义文化人丰岛与志雄的推举，太宰觉得是获得了众多支持者，同时对“腼腆”“过火”之类的指责，无疑也是最贴切的感受。

丰岛是翻译雨果《可怜的人》和罗曼·罗兰《约翰·克里斯朵夫》而闻名的法国文学翻译家，而且是个以反自然主义的独特风格写了很多小说的作家，但他飞遁离俗，远离文坛的主流和派系。

写太宰全集的解说，丰岛是个非常恰当的人物。

大概是决定委托丰岛写解说以后吧。太宰鼓动野原一夫把丰岛与志雄的短篇集放入新潮文库里。因为丰岛的作品不太受读者们的青睐，所以野原很犹豫。太宰强烈地怂恿他说自己可以为丰岛写解说。他的极力劝说简直到了强人所难的地步。

野原决定接受以后，询问太宰可以选哪些作品，太宰吞吞吐吐地回答说，可以让丰岛先生自己来选。

臼井吉见在《一个季节》的文章里，将自己设为多田、太宰设为鸣海、丰岛设为笹岛、古田设为野野山、野原设为务台，有个像下面这样值得一读的片段。

开头是昭和二十三年二月过半，因为丰岛答应写全集解说，太宰为表示感谢，穿着和服短褂与和服裙裤这一严肃庄重的服装，陪同山崎富荣去千驮木拜访丰岛，然后一起去神田神保町的酒店。在二楼老板娘的房间里摆了一桌酒宴，古田晁也参加了，这时臼井也被电话喊去，太宰向丰岛大献殷勤，一副巴结讨好的模样说了一大堆不切实际的赞誉之词。后来四月下旬访问丰岛家时（当时臼井也在场），太宰又多次说出这样的话：我选错了老师，我很早就非常喜欢先生的作品，所以一开始没有拜丰岛先生为师，我感到很遗憾……

臼井始终无法释怀，后来在与太宰见面时说出心中的疑惑。这个地方还是如实引用原文：

多田连自己都感到很无趣地问：

“你说从以前起就非常喜欢笹岛的小说，你喜欢他什么样的小说？”

鸣海莞尔一笑，抚摸着面颊回答说：

“哪里。其实我什么都没读过啊。”

多田心想：“这家伙！”便没有再多说话。

因为这是小说，所以不知道是不是真实，不会一篇也没有读过，但也不可能完全是虚构的吧。

一月下旬，由丰岛自选收录的作品集定稿后，野原拜访山崎富荣的住处，去取这部作品集《高尾忏悔》（新潮文库）的解说稿件时，太宰发高烧躺在床上。

根据后面会详细提到的山崎富荣的日记记载，那年新年过后，太宰的状况是这样的。摘抄如下：

一月十日　今天早晨，太宰咳得很厉害，都咳出了血痰。身体也消瘦得很厉害。即使对他说你要保重身体，他也会说反正自己也没多长时间了，痛苦也不会持续很久的……

一月十一日　“我真的要死了。”“我会死得很清醒啊……”

一月十三日　今天也躺在床上，饭吃得极少，真的很担心。

土豆肉汤，面包，还有，令他喜欢的是水果罐头（柚子？）。

一月十四日　拂晓的时候，他又吐了。喂下去的东西卡在嗓子的时候，只能用槽酒和水将食物送到胃里。

根据日记里的记录，野原去探访是二十三日。从前一天夜里起，太宰的四十摄氏度高烧没有退下去，野原看见太宰的眼神很无力，只是说了些安慰的话就准备离去，太宰从被褥边稍稍伸出手轻轻地左右摇摆着，表示“别走”的意思，用嘶哑的嗓音说：“我说话，你在那里帮我记下。”野原和富荣都停下脚步，他自顾自地说：

“若是为丰岛先生，我……我来写。你帮我记下。”

他闭了一会儿眼睛，片刻后睁开眼睛，开始口述：

我昨夜没有睡着，有好几本书想读，刊登在某本杂志上的保尔·瓦雷里[①]的照片，我看了有一个小时。这个人的脸长得多么忧伤啊。他的气质仿佛是一株被反复修剪、嫁接的植物一般。所谓的教养，归根到底，难道就是那样的事物吗？在日本，（在我遇见的人中）只有丰岛先生，才能让我感受到拥有那种教养人的悲哀。

① 保尔·瓦雷里（1871—1945），法国象征派诗人，法兰西学院院士。作品有《旧诗稿》《年轻的命运女神》《幻美集》等。

而且，夹枪带棒地讽刺有教养的人在日本是多么不被理解，多么不受待见，最后下结论说丰岛与志雄是日本最有教养的人。

这篇文章里虽然没有提及作品，但以前从未读过丰岛与志雄的作品、偶尔在书店里拿到文库本翻阅解说的人，不由得会被吸引住，颇感兴趣地想看看太宰治说的日本最有教养的人究竟是什么样的作家……最后终于会有购买的冲动。

在这个阶段，《太宰治全集》还没有问世。初版的第二卷《虚构的彷徨》出版，是在这三个月以后的事。不知道太宰能不能活到预定的全十六卷全部出版。

太宰希望在自己死后还一直由丰岛与志雄来为自己的作品写出妙笔生花的解说，这才拼命的吧。（太宰死后发行的第二版第三卷《二十世纪旗手》封面上印着的五名编委，丰岛与志雄排第一位，井伏鳟二排第二位，太宰的告别仪式上也是丰岛任治丧委员会委员长，井伏任副委员长。）

初版《虚构的彷徨》出版没多久，太宰为“解说”的事去拜访丰岛表示感谢，对丰岛说了一大堆趋附奉承的话。臼井吉见感到无法释怀，也许是因为读过在这之前出版的《井伏鳟二选集》第一卷后记。

太宰在结尾写着“昭和二十二年，晚秋”的文章里，这样写着：

> 今年夏天，我的身体状况有些恶化，经常躺在床上，那期

间我读的书几乎局限在井伏先生的著作里。因为筑摩书房的古田委托我编排井伏先生的选集。不过，我利用这个机会重新阅读二十五年来始终敬爱有加的井伏鳟二这位作家的全部作品，这对太宰这个驽钝弟子的境况来说，还怀有一些利己的期待，心想也许有可能会成为不可多得的良药。

二十五年来？不会是印错了吧。太宰还三十九岁。三十九减去二十五，是十四。

再摘录下去，就是下面的文章（括号里的文字是我自己添加的）：

没有印错。我在青森的中学里读一年级的时候，去东京上学的哥哥们放暑假时会带回来各种新版书和很多杂志，其中读到过井伏先生的《山椒鱼》（《幽闭》的原型），觉得自己发现了怀才不遇被埋没的天才而兴奋不已。

从此以后，我从哥哥们带回来的文学杂志中寻找井伏先生的作品来读，在读高中时已经抑制不住地给井伏先生写信，一考进东京的大学，便迫不及待地穿着裙裤去拜访井伏先生，以后得到了他的许多教诲，甚至连生活上的事都受到他很多关照，就这样一路走来，现在受筑摩书房的委托编排井伏先生的选集，不胜感慨……

以上太宰详细叙述了编排的经过，在第一卷里加入井伏最早的短篇集《深夜与梅花》里收录的几乎全部作品。他在收进《谷间》的解释中说：

> 这些对我来说全都是记忆深刻的作品，现在我把这些目录一篇篇写下来，感觉就像在排列人世间的珍宝一样。

最后，太宰这样结尾道：

> 请慢慢地反复读几遍。因为好的艺术作品，就是这样的作品……

不能把这些文字说成是太宰擅长的“巧言令色”。

从第一次接触到收在第一卷里的《朽助所在的山谷》《炭矿地带医院》《山椒鱼》《埋忧记》《休息时间》《锡格莱岛叙景》《鲤鱼》《生存的意义》《迟到的访问》《寒山拾得》《深夜与梅花》《屋顶上的大雁》《谷间》时候起，他就一直是那样的感受。

比任何人都敬仰太宰的小山清，在昭和二十八年（1953年）的文章里这样发问道：

> 把井伏先生最初的创作集《深夜和梅花》和太宰治的《晚年》做比较，我觉得太宰治的作品绝对比不上井伏，不知道别

人的感觉怎么样？

井伏鳟二与太宰治有许多共同的粉丝，会有不少人对这看法频频点头吧。只是关于两个人各自的第一部作品集，我的感想与小山一样。

昭和二十三年正月，师弟之间孕育着关键要素的决裂，在堤重久上京的前一年十二月就已经出现不可避免的现象。据堤重久在回忆里记载，下面这样的场合里，当时他正好在场。

筑摩书房的石井来催促选集后记的稿子。

不管怎么说，正是太宰对井伏先生最不高兴的时候。他不是对着井伏先生，而是对着石井先生当面臭骂一顿，说：为什么要让不想写的人来写？你有什么权力逼我写？你是浑蛋！

在这之前就已经在传说井伏对太宰的批评性言辞和态度，说“选集”基本上是自己送到筑摩书房后汇总起来的……太宰对此事的忧愤也许已经强烈到难以克制的程度。

可是，石井即使挨骂也默默忍受着，温顺地缠着太宰，太宰只好对石井认输，说：“那我来写，你在那里等着！”

太宰郁闷地回到桌子边，不时地呢喃着“不想写啊”“我不想写，你却……”同时却写了将近一个小时。“喂，拿去！”他说道，把那六七页稿纸交给我，说，“你读读看。”

我读了。读着时，心里觉得堵得慌，读完时，我落泪了。文章令人颇感意外。字里行间像潮涌般洋溢着对井伏先生的敬畏和深厚情谊。每一个字都浸透在对井伏先生的敬爱之源泉里，如钻石般闪闪发光。不可思议的人啊！我心想。一边说着不想写，一边一旦拿起笔来，从笔尖流淌出来的，却是郁闷的爱和艺术的墨水。如果假设太宰觉得井伏先生是个天才，我觉得那时的太宰简直就是个艺术怪物。

这篇文章如果是第二卷的后记，那么文章内容就是使用“天才”这一最高级的形容词来赞美井伏的《青之岛大概记》。

昭和二十三年四月二十日，《太宰治全集》第二卷《虚构的彷徨》初版发行。收录的作品是《小丑之花》《狂言之神》《虚构之春》《青年的奇态》。这批作品毫不掩饰地描写丧失自我漫无目标彷徨失措的现代青年那令人痛心的心理分裂、迷惘的实情。

丰岛与志雄在解说中把作者称为“灵魂的贵族”，写道：在他的秉性里，“同时具备高傲的蔑视和纯洁的羞耻的文学魂。这使他敢于献身，并且坚持以艺术表现手法来创作的，就是这些作品”。

太宰几天后带着山崎富荣去千驮木的丰岛家答谢，山崎富荣还抱着一只鸡。当时他正在创作将成为遗作的《人间失格》最艰难的时候，外出时身体衰弱得连走路都很危险。

据说他用疏散期间在甲府学会的绝技手法和刀法褪去鸡毛，将鸡身剖开，切开鸡肉，想要做鸡肉火锅请客。

臼井吉见正在等《展望》上连载的《人间失格》稿子，也被电话喊去，带着一瓶威士忌赶到丰岛家，受邀吃鸡肉火锅。但夜深人静时，丰岛和太宰都有些醉意，臼井便独自先告辞回去了。

臼井当时住在筑摩书房的二楼。他在《〈人间失格〉的时候》这篇文章里，如果除去太宰的引用部分介绍一下臼井的表述，就是如下面这样写着：

> 翌日再次到丰岛先生那里去，和太宰、阿幸（山崎富荣的绰号）三人结伴回来，途中说顺便去一趟筑摩书房。在筑摩书房，一伙年轻人一围上来，太宰好像顿时精神大振，闹腾得厉害，开始谈笑风生，不知不觉地甚至喝起威士忌。玩花纸牌[①]时，他神气十足地说："手气不好就会退出比赛吧。即使写小说，也有人手气不好就退出的。但那样做不像话吧，是快乐的事呀！手气不好退下来，是快乐的事呀！我啊，手气不管怎么不好也决不退出。越是快活地欢闹着，就越是觉得有某种孤寂的阴影紧紧地缠绕着，奇怪地渗透在我的心里。"没过多久，他就不省人事地醉倒了，所以从二楼把我的被褥搬下来，铺在地板房里，大家把他搬进去。我与（住在老家信州）家人分开独自生活，那天夜里把仅有的一套被褥让给太宰和阿幸，我只好去熟人家里住

---

① 花纸牌，将不同的花牌相互搭配起来玩的一种日本纸牌。

下。第二天回去一看，太宰已经微微地笑着很高兴，拉着年轻的编辑，要他为井伏鳟二选集第四卷的后记做口述记录。

“人的一生是一场旅行。我这样的人即使在妻子身边，即使在和孩子一起玩，即使和情人走在街上，也得不到自己所谓的‘好不容易’才有的安宁，但这种旅行又好像是由擅长旅行和不擅长旅行构成的。”

“不擅长旅行的人，在旅行的第一天就已经腻味了，甚至讨厌起旅行来，第二天意识到正在失去几乎全部的旅费，别说享受旅途的美景，甚至光是庸俗地担心金钱就令人疲惫不堪，旅行也成了地狱，爬着似的回到妻子身边，还要被妻子痛骂。”

“对于擅长旅行的人，情况正好相反。”

“在这里，具体地介绍一下井伏先生的旅行方法吧……”

我听着太宰那口若悬河的口述，同时重新感到他那绚烂的才华。

臼井引用到那里便戛然而止，但从接在后面的太宰的文章里，摘录出可以认定为整体骨架的片段：

井伏肩上扛着垂钓用具去旅行，他那——

去旅行的架势，我认为是最高雅的。不仅没有浪费金钱，在那里也不会浪费热情。井伏先生的文学十年如一日地保持它健在的秘密，我认为关键就在这里。

擅长旅行的人，即使在生活里也绝对不会败下阵来。在某种意义上说，就是了解玩花纸牌的“退出方法”。

即在前一天作为坏话来说的语言，第二天便如莫比乌斯带[①]表里逆转，变成了对井伏式控制能力很强的、踏实的生活方式、处世方式的赞誉。

在这之后，文章提到井伏式的人生和文学的深奥意义：

再说一遍。井伏先生是旅行的名人。

不败。只有井伏先生那样的态度，才寄宿着不败的因子。难道不是吗？

接着在最后的结尾：

井伏先生和我一起旅行的种种回忆，我想会写在以后各卷的后记里吧。

但是，他终于没有再写。

---

① 莫比乌斯带，把长方形条带的一端扭转180度，然后将它与另一端拼合起来所形成的曲面，该曲面虽有界面层但无表里之分。这种空间图形是拓扑几何学的研究对象。

话题再次回到创作《斜阳》前不久的时候。

太宰想要看看太田静子的日记，静子回答说：“到下曾我来，我就让你看日记。”她在接到电报通知后的昭和二十二年二月二十一日下午很晚时，在车站接到了来小田原的太宰。

根据她的小说《我的悲歌》，两人在车站前的茶室里稍做休息，太宰立即说出第一句话：“看见园子的面容时，实在忍不住想要亲亲她。”

这是针对之前收到园子寄来的信说的。园子在寄给太宰的信里写道：“……若是和别的男人，丝毫也不想亲吻和拥抱，若是先生，我就愿意。”“因此，我想拥入先生的怀抱，寻找出重新绽放花朵的自我。看着那花朵，我即使这样死了也愿意。”

从小田原去国府津，黄昏时坐在能瞭望大海的御殿场线站台的条凳上，等着去下曾我的火车时，治忽然问：“你认识叫尾崎一雄的作家吗？”

园子回答说，两家离得很近，在大米配给所工作时，认识曾在一起辛勤劳动的夫人。

治便说道：“以后你要看一些尾崎和井伏的作品，一定会有用的。然后你要和那位夫人交朋友，可以效仿那位夫人呀。那位夫人是个了不起的人。”

尾崎一雄和井伏鳟二的作品功底扎实并且风格独特幽默。太宰也许是觉得，志愿当作家、在写些幻想类童话故事的静子，读一些尾崎一雄和井伏鳟二的作品，有助于拓展观察的视野、挖掘观察的深度吧。

尾崎一雄曾经在《早稻田文学》杂志评论，对太宰发表在《青花》杂志上的《罗马风》赞不绝口，对令人忍俊不禁的喜剧《畜犬谈》也给予极高评价。他在大战末期撤回到老家下曾我的父母家。

那天夜里，在大雄山庄与太宰初试云雨的场面里，静子写道：“我想要个孩子……”

三天后，太宰为了创作《斜阳》要去伊豆三津浜的安田旅馆。他和静子走出大雄山庄，在国府津又向静子提及道：“还是要到尾崎家去一趟。我想起一件事。你认识尾崎家？”

尾崎家祖祖辈辈都是除了当地下曾我村之外、五个村庄的总镇守宗我神社的神主，所以村子里的村民们一般都知道他家住在神社旁边。

根据尾崎一雄的佳作《在梅花开放的村子里》记录着的当时的情景，两人来访时已经快要点灯了，但不凑巧正好停电。

夫人到玄关处迎接他们。尾崎从夫人那里得知静子是大雄山庄的住户，说起静子的弟弟喜欢太宰文学，才与太宰经常来往。太宰认真地寒暄道：“今天有事去太田小姐那里打搅她（明天要去伊豆写个稍稍长一些的作品），所以正好顺便跟着太田小姐来了。”

在烛光里，一端上酒菜，太宰便不失时机地插科打诨道：“是

《钵木》[1]啊！”尾崎颇感钦佩，情不自禁地说：“说得好！”两人须臾之间就像久别重逢的作家朋友似的相谈甚欢。

以后的情形，尾崎的原文写道：

只剩两个人时——

最先说起的，就是“家庭很重要”。他充满着令我感到有些惊奇的热情，反复地说这句话。

“家庭，很好。而且，很重要。”

我微笑着说：“嘿！这没错吧，这句话从你的嘴里说出来，我总觉得很可笑啊。”

“不！我是真心的。”他不悦地断然说道，沉默了片刻。然后，他突然仰视似的用倾诉的语气说道：

“我把稿费全都用来喝酒了，家里人用恶狠狠的眼神看着我。不过，我就是死也要出全集。那笔钱可以搞定。把全集留给家人——呃，尾崎先生，那样总行了吧。”

可见，在昭和二十二年二月的时候，他好像已经产生了要出版“全集”的想法。

尾崎回答说：

---

① 《钵木》，日本能乐曲名。第四出戏，描写佐野源左卫门常世以秘藏的盆栽作为柴薪接待化装成云游僧人的北条时赖，北条赠还其旧领地，赐给以梅、樱、松命名的土地作为回报。

“这已经是很了不起了。太宰君要出全集，没问题。可是我这样的人，就会很奇怪啊。”

我忘了他对此是如何回答的，可是我记得当时他露出“还是你理解我”的表情。

真正的私小说作家，这些地方的描写其实很棒。寥寥数笔，就把太宰和尾崎相互间如何看待自己和对方的文学生涯和资质描绘得栩栩如生，就像浮现在眼前一样。

据尾崎记述，他从回乡前不久就胸部患疾，那时候躺在床上疗养。太宰他们贸然造访，他还担心会不会是太宰在旅行途中生病了，太宰与自己虽说也算是朋友，但也不觉得有这样的交情，所以颇感意外，又觉得很高兴……

太宰为什么突然要陪着静子去尾崎家造访？

据推测，太宰大概是忽然想起静子在大雄山庄过着与世隔绝的生活，附近还是应该有个能够依靠的熟人。

其实就只有这么点缘分，在太宰死后，静子抱着幼小的女儿生活得很艰难。静子找尾崎商量，提出想要靠写小说安身立命时，尽管她的作品与自己的风格相差悬殊，但尾崎还是将她的作品推荐给好几家杂志社，附着自己的推荐文章刊登在权威杂志上，受到身经百战的现实主义作家丹羽文雄的猛烈攻击。在静子受到无良出版社的欺骗时，尾崎亲自出面交涉解决。他和夫人松枝一起给予静子如亲人般的关照。

在以知人善察为本领的私小说作家尾崎的眼里，静子从骨子里就是在温室里长大、不谙世故的单纯女性，眼下陷入窘境，他不能置之不理。

太宰即使“人间失格”，也断然不愿意“艺术家失格”吧。年轻时就颇具反抗精神的尾崎，如果要他必须选其中一个的话，比起“人间失格”来，他现在更倾向于选择“艺术家失格”的思考方式和生活方式。

在尾崎和太宰之间，还有过这样的事。

尾崎去拜访志贺直哉[①]时，进行了四五个小时的长谈，志贺问“最近有什么新人”，尾崎列举出太宰的名字。

> 于是，志贺说：“噢！这个人的书我读过一本，很傲慢啊！”一副不以为然的模样，并赞扬说中村地平君的《长耳国漂流记》非常有趣。
>
> 此后，听某报社说起《志贺直哉访问记》，才凭记忆写下当时的情景尽了责。

志贺读过太宰的书，到底是哪一本呢？

---

① 志贺直哉（1883—197），日本白桦派代表作家之一，被誉为“日本小说之神”。代表作有《在城崎》《佐佐木的场合》《好人物夫妇》等。

中村地平以深爱着的中国台湾作为舞台、曾在《知性》杂志上连载的长篇小说《长耳国漂流记》，于昭和十六年六月由河出书房出版。紧接着七月二日，太宰创作的第一部中篇小说《新哈姆雷特》由文艺春秋社出版。志贺在大正元年（1912年）创作了《克罗谛思日记》，所以不能说太宰没有被书名吸引而读过的可能性。

尾崎说，太宰原本就很敬重志贺直哉，另外还有很多证词能证明这一点。

而且，此话不是仅限于太宰，尤其是他深信自己喜欢的作家一定也喜欢自己，这种期望落空时他就会大发雷霆，发出烈焰般的怒火。

太宰因那起“芥川奖事件”勃然大怒，也是因为他深信若是新感觉派的川端康成，一定会理解和支持前所未有的、具有划时代风格的《小丑之花》。

《新哈姆雷持》是太宰第一部新写的小说，所以即使从写给朋友的信来看，经过长期的埋头苦干、心无旁骛地完成以后，不管客观效果如何，作为作者来说，会觉得自命不凡。

另一方面，在人称“井伏门下三羽鸟”中，中村地平在为杂志《青花》创刊的初次见面时，与太宰发生激烈冲突闹翻以来，两人形同水火，互不认可对方。

自己满怀激情的作品遭到诋毁，中村的作品却受到褒扬。作为太宰来说，也许会感到心如刀绞。

翌年五月，檀一雄回国，与去年见面的高桥律子结婚，在阿佐谷的中华料理店“皮诺基奥”里举行婚庆会。

带家属出席的尾崎正在与中谷孝雄[①]、平林英子[②]夫妇聊家常时，太宰以一副喝醉酒的模样摇摇晃晃地故意说着醉话：

“下次碰到志贺直哉，你要替我问问他，他说的傲慢是怎么回事。呃？——为什么啊，志贺直哉！”

尾崎只是回答“哎呀，我知道了”，接着就没有再搭理他，继续与中谷、平林夫妇说着话，但这件事却始终缠绕在尾崎的脑海里。

肯定是自己的文章惹出了事端，但作家不可能八面玲珑，尤其志贺是个有主见并思路清晰的人，自己是如实写出了志贺对太宰的评价，所以无可挽回了。他这样拿定了主意，当时就暂时忍下了。

太宰在两年后的晚春去旅行，在七月底写成的《津轻》里，关于作家说出了下面的话，尽管没有指名道姓，但一眼就能看出是指志贺直哉。

在面临陆奥湾的蟹田町观澜山，与当时爱好文学的人们一起观赏盛开的樱花时——

被问到日本某位五十岁上下的作家的作品，我一不留神回

---

① 中谷孝雄（1901—1995），小说家。作品有《业平系图》《才女之命运》《故乡》《中谷孝雄全集》全四卷等，《招魂之赋》获艺术选奖。

② 平林英子（1902—2001），小说家。作品有《南枝北枝》《青空的人们》等，《黎明的风》获艺术选奖文部大臣新人奖。

答说不那么好。最近，那位作家以前的作品不知为何似乎还受到东京读书人的青睐，近乎敬畏的感情，甚至还有人奇怪地称他为“神”，出现一种奇怪的思潮苗头：毫不掩饰地说自己喜欢那个作家从而证明作为读书人品位高雅的佐证。这才真是所谓的捧杀，那位作家也许大为困惑而正在苦笑，可是我早就预见那位作家的奇妙威势，出自这位津轻人的愚昧心理，独自兴奋着：“他是个卑贱的人啊，只是时运好而已。”无法坦率地顺从那种潮流。就这样，到最近重新阅读那位作家的大部分作品，才觉得写得真棒，但是没有感觉到有高雅的情趣。

当时，作为同行小说家，很少有人读了志贺直哉之后心里不感叹“真棒”的。

可是，《津轻》的读者都知道，太宰一旦出言不逊就停不下来，会越说越激昂，措辞会变得越来越激烈。

没有得到志贺认可时的愤怒和嫉恨，无疑令太宰一直耿耿于怀。

到四年后快死之前，太宰的怨恨和反感的岩浆已经郁积到极限。他再次展开对志贺的批评，以在重视文坛常识的许多人眼里只能认为是“爆发”的攻势猛烈开火。

关于这个经过，以后再详细叙述。开始时没有点出志贺直哉的名字，读到刊登在昭和二十三年第三期《新潮》上的、将志贺作为“老前辈”的象征开始进行猛烈攻击的《如是我闻》第一回，尾崎起初目瞪口呆，心里直嘀咕：这难道是已经四十岁的男人写的文章？

引用一下《如是我闻》里陈述的、关于“老前辈”的部分：

有一群号称“老前辈”的人。我从来没有获得过与他们中任何一个人见面的机会。我对这些人的自以为是感到很意外。他们的那种自信是从哪里来的呢？通常说的、他们的神，是什么呢？我最近终于知道了。

是家庭。

是家庭的利己主义。

那便是终局的祈福。我想是被这些人骗了。说句粗俗的话，不就是只疼爱妻子一个人吗？

我读过某“老前辈”的小说，言之无物，不知所云，只是将迎合周围人喜好的表情，摆出一副严肃的架势。虽然极其浅薄，但蠢蛋们还是会将此说成是“出色”、说成是“清高”，更有甚者还敬重有加，说什么是“贵族气质”。

所谓的欺骗社会，就是指这些人。

这里引用的前半部分，与一年前来拜访尾崎、让太田静子先回去后，太宰重新极力游说的面目完全判若两人。

尾崎以瞠目结舌的感觉继续读着，那种感觉慢慢变成了隐隐的含着痛楚的愤怒。他在心里这么想着：

生活落魄，生活方式也一定会出现偏差。他是因为什么而走火入魔了，是因为酒？因为麻药？因为文学？还是因为名声？

《如是我闻》从连载的第三回起，清楚地点出志贺直哉的名字，外行、六大学联赛、不是“绘画”而是“著书”、放荡、玩物丧志、暴发户、没文化、弱智、摆放将棋残局、淡妆运动员、欺凌弱者、园艺大叔、喧宾夺主的狐狸、故弄玄虚、腐朽蛮横的作家、厚脸皮、自我肯定、适合当议员、臂力过人的孩子王、山大王、乃木大将[①]……居然把自己放在观众席的位置上，连续不断地想出如此恶毒的词语，无穷无尽地列举下去，不得不令人佩服。

尾崎一雄不禁感到愤慨。

这里作为参考，记录一下三个人的生年。志贺直哉明治十六年（1883年），尾崎一雄明治三十二年（1899年），太宰治明治四十二年（1909年）。

用虚岁来说，目瞪口呆地怀疑“这难道是已经四十岁的男人写的文章”的尾崎，当时是五十岁，太宰称为“老前辈”的志贺六十六岁。（尾崎在同年一月发表了关于生命精髓、充满睿智的奇

---

① 乃木大将，乃木希典（1849—1912），日本陆军大将。明治天皇病逝后，与妻剖腹殉节，成为日本武士道精神的典型代表。

迹般杰作《虫子的种种》，六月发表了阐述独特的宗教观和生死观的佳作《来自美丽草地的眺望》，迎来了整个生涯中的顶峰。）

尾崎在虚岁十八岁时对偶尔在旧杂志上看到的志贺直哉创作的《大津顺吉》刻骨铭心，从以后来看，这决定了他一生的前进方向。当时他去早稻田大学读文科的志愿遭到父亲反对，临时进了法政大学，但他根本没去学校，却一头扎进了市中的图书馆里，这一时期埋头阅读文学书籍。

《大津顺吉》刊登在《中央公论》上，是在这四年前的大正元年。翌年大正六年（1917年），由新潮社作为新锐作家丛书之一，出版了包括《清兵卫与葫芦》等在内的短篇小说集《大津顺吉》。这时，志贺是三十岁代中期的新锐作家。

因此，说“我虚岁十八岁时，在受到社会关注之前就认识了志贺”，这是尾崎在自我吹嘘，此后他对志贺直哉倾心爱慕始终如一，矢志不渝。

志贺直哉长达十六年断断续续在《改造》杂志上连载的《暗夜行路》后篇结束部分一次刊完，得到大家认可的代表作终于完成。不久，昭和十二年，《志贺直哉全集》全九卷出版，由改造社发行，那年志贺五十五岁。此后他的身价逐年升高，同时“小说之神”也的确成为人们常用的称号。

与这些社会评价无关，尾崎在开始潜心学习文学时就仰慕志贺直哉，在陷入困境时得到过志贺在生活上的百般关照。在尾崎的眼里，志贺直哉的存在，就如同太宰眼里的——产生裂痕之前——井伏鳟二。

读到太宰对恩重如山的老师出言不逊骂声不绝的文章时，尾崎会觉得难以容忍。

尽管有着这些不愉快的事，在太宰死后，虽然太田静子只来过家里一次，但考虑到静子的处境，尾崎还是和松枝夫人一起处处给予静子关照。

现在把时间再退回到前面。

从停电那天夜里的造访起，随着时间的流逝，尾崎不断地听夫人提起，说太田怀孕、没有正式结婚、没有说出对方男子的名字……

到十一月，夫人听说太田生下一个女孩，便告诉尾崎：

“我总觉得很奇怪，那果真是太宰的孩子吧。”

尾崎还没能立即相信，揣测道：“嘿！会是真的吗？”

“可是，什么时候算起，是二月吧。二月，三月，四月……”夫人扳着手指头，说道：“正好赶上。”

静子发现怀孕，告诉太宰时的情形，在《我的悲歌》里大致是这样描述的：

治对园子说：“好啊！好啊！园子是个好孩子。园子做了件好事啊！”并紧紧地抱住了她。

他孤寂地微笑着：“我再也不和园子一起去死。”又可爱得令人惊讶地笑着说："我要使园子变得很出色！……园子如果坚持这份爱情，大家都会来赞美园子的。如果坚持不下去，园子做过的事就会白做了。我相信园子。"

后来，野原一夫直言不讳地问起静子当时的情形："告诉太宰怀孕的消息时，他是一副什么样的表情？"因为当时听说太宰开玩笑似的说："我总觉得孩子要得太早了吧。我怨恨自己的身体啊。"

太宰死后，静子抱着遗腹子女儿治子吃尽了苦头，然而在野原的眼里，能感觉到静子的身上丝毫没有那种阴影。她天真、无邪，残留着少女般的稚气。她微笑着回答：

"他说，这下可好了。"

"一副惊讶的表情。"

"不！一点儿也没有。说，很好。莞尔地笑着，是一副很得意的表情。"

"还说，既然有了孩子，再也不会两人一起死了，"然后静子又这样补充道，"说什么我打破了誓言。和妻子结婚时，我发过誓。"

就是指交给媒人井伏鳟二的保证书。

"说，打破了那个誓言。他还低沉地说，不管在什么场合里，不管发生了什么事，都不能乱发誓啊。"

若是如此，由于静子的怀孕，太宰对静子、同时对老师井伏，不能不意识到强烈的内疚。

在静子的小说里写着，将怀孕的消息通知太宰之后，不久便收到太宰寄来的信：

> 美纪凭借奇怪的直觉，知道全部的事情（通信的事，以及园子的真名和化名），哭着责备我，所以我认输了。看样子昨天晚上她没有睡好，今天吃过早饭后，又在房间的角落里睡着了。
>
> 临近分娩，肝火会旺吧。
>
> 还是这样好好安静一会儿吧。信和电报，暂时还是不要寄的好。真没想到这么会吵。就写到这里。你也要保重……

从字面上来看，可以看作是事实，不难窥见美知子临近生产次女里子时好像受到了不寻常的刺激，以及太宰也狼狈不堪的情绪。

此后，静子在小田原的妇产科医院接受诊察，证实已经怀孕。她将“想见面”的信请别人写好信封后，并用男人的名字寄出。

太宰收录在书简集里的、对此的回信（明信片）是这样写的：

> 拜复。
>
> 感谢来信。
>
> 要和你弟弟一起出游，所以若是下午三点以后，任何时

候都能与你见面。在三鹰站下车，向南步行约五十米有座桥，桥边有家挂着紫色布帘的鳗鱼屋，有个带棚的移动式售货摊。问那里的大叔或老板娘就知道我在哪里。大叔会骑自行车来接我。我每天工作到下午三点，三点以后在鳗鱼屋喝酒，累得精疲力尽。

书不尽言

文中的“弟弟”，是东京帝国大学法学部毕业、爱好文学、最早推荐静子读《虚构的彷徨》的太田通。

据《我的悲歌》里记载，静子怀孕是自己迫切希望的，所以她对怀孕不仅没有丝毫悔意，反而感到一种充实感和满足感，仿佛在身体最深处燃起了圣洁之光。但是，她担心孩子出生后的户籍问题，与住在东京的弟弟在新桥站见面商量后，决定一起去找太宰。

在与没有正式婚姻关系的男子之间出生、没有得到父亲承认的孩子，叫私生子。“私生子”这个词从昭和十七年起就已经在民法里取消，改称为非嫡出子女或非婚生子女（现行民法里称为非嫡出子女），但那种观念还很顽固地残留在人们的头脑里。

何况，那年十二月底还是旧的民法规定修正之前，所以太田静子想把将要出生的孩子作为得到父亲承认的庶子加入她自己的户籍里。两人带着这样的希望向三鹰赶去。

当然，这次协商相信肯定只是在太宰、静子、阿通（作品中的名字是“阿透”）三人之间进行。

下午四点左右，两人一赶到桥边的鳗鱼屋，移动式售货摊的老板便骑着自行车去接太宰。

不久，治来了。笑着走进布帘里来，望着并肩坐着的园子和阿透，但是他的眼神不是以前那种深邃、温和的眼神。

以后的演变趋势渐渐地会变得明朗，太宰已经用表情和态度表示出要与静子分手的意思，他分明已经拿定了主意。

以下是从静子的小说、野原一夫的回忆、山崎富荣的日记三者合一，浮现在我脑海里的情景。

在鳗鱼屋的小摊，太宰喝完一瓶啤酒后立即说“阿通，你出来一趟”，便率先走到外面，接着在名为“堇”的小餐馆里喝着酒时，一位戴着贝雷帽的青年走进店里来。

贝雷帽青年——野原一夫，不知道和太宰并排坐着的、身穿黑不溜秋和服的女子和面容浅黑的男子是谁。（那时候太宰正在埋头创作《斜阳》，《新潮》杂志上的连载还没有开始。）

太宰只顾着与野原交谈，这时新加入两名编辑，大家都站起身，去“千草”小餐馆。

走到里面的日式房间围着桌子坐下，面容浅黑的男子坐在角落的座位上，和服女子在门外站了一会儿，被太宰喊进来后，也坐在离桌子稍稍远一些的地方，坐姿僵硬地低着头。

又增加了两位客人。是剧作家伊马春部[①]和演员严金四郎[②]，他们是为三天后NHK播放太宰的戏剧《春的枯叶》来碰头的。该戏剧由伊马春部编导、严金四郎主演。

在这之前桌子上已经酒瓶林立，但太宰对野原说："奥名那里有好的威士忌。没有带过来。"

后面将会提到，奥名就是山崎富荣。她寄宿在"千草"餐馆斜对面二楼的房间里。野原经太宰介绍与她认识，也曾和太宰一起在她的住处喝过酒，但当时还不知道他们的真实关系，还以为她是太宰的女粉丝之一。

太宰说自己去取，和拿着威士忌的富荣一起回到"千草"餐馆，严金四郎问起说台词的技巧，太宰让他朗读一下试试（根据伊马的追忆是"认真的"）。

随着瓶里威士忌的减少，酒宴达到高潮，不久太宰开始唱灰田胜彦[③]的流行歌曲《璀璨星座》（作词佐伯孝夫）。

"男人的纯爱之星，清澈的夜空里只有一颗，满溢的思念……"唱到中间"男人的心，死心眼"的地方，他尤其充满着情感，反复唱了几遍，每次周围的人也一起合声齐唱，再"咕嘟"喝一口威士忌。

---

① 伊马春部（1908—1984），作家、剧作家。

② 严金四郎（1911—1994），演员、广播剧演员、朗诵家。

③ 灰田胜彦（1911—1982），日本歌手、乌克丽丽琴演奏者。

坐在稍远处的和服女士，即使大家再三请她，她也没有想要入座的意思。

静子把事态想得很单纯，后悔没有做准备就上京来，心里充满着孤独和忧伤。

富荣在酒席和厨房之间勤快地奔忙着，端来菜肴和清酒，忙得不亦乐乎。在《斜阳》这部作品里有个场面：一边唱着“吉罗汀、吉罗汀，锵锵锵”，一边满座都在碰杯喝酒，其中“最年轻漂亮叫什么知惠的小姐”对叙述者“我”担心地问道：“你不饿吗？”随即端来一碗面条。其实当时是把静子叫到房间里，端来面条的是富荣。

在静子去房间时，太宰在野原耳边轻声说道：“今天我不回去，你陪我到结束。拜托了。”

就是说，太宰从头到底都想要回避不得不与静子协商的窘境。而且那天夜里直到最后，野原都无意中承担着目睹事情演变过程的证人角色。

不久，太宰摇摇晃晃地站起身，故意当着静子的面与酒店老板娘亲吻。静子感到绝望，眼看就要崩溃了。

静子的弟弟阿通大概是死心了，觉得用不着再协商了，在走出酒店时说“我先告辞了。姐姐就拜托给你了”，便先回去了。

在小餐馆接着喝酒，在三鹰站送走伊马春部和严金四郎，与富荣也分手之后，只剩下太宰和静子、野原三个人。

野原也不可能不注意到那位女士好像是某种特殊的存在。可是，太宰根本就不想搭理她。

太宰去的地方是樱井浜江的家，记得以前也来过，画家打招呼说："记得是叫静子小姐吧。"她察觉出静子与不愿意开口的太宰之间空气很沉闷，便东拉西扯地主动搭讪着，静子也终于多多少少地变得轻松了些。

根据野原的回忆，静子望着挂在墙上的几幅画，目光停留在其中深红色的壶上，天真可爱地脱口而出：

"那个壶，像月经。"

樱井浜江把眼睛瞪得彪圆，边喝着酒边强忍着笑意。太宰望着静子，脸上顿时变得温和，表情充满着慈爱。

不久，太宰躺在绒毯上睡着了。静子把身边的美术杂志掩着脸，不停地哭泣着。

从半夜起开始下雨了。太宰早晨一起来就开始喝啤酒，喝完啤酒便撑着雨伞出去买啤酒，回来后继续喝。他是怎么也不能保持没酒喝的正常状态的。

静子好像在长椅子上片刻工夫就哭着睡着了一会儿，面容肿胀。太宰依然不想与她说话。

樱井浜江无计可施，说："野原，唱歌吧。"两人想到什么就唱什么，一个接一个不和谐地合唱着《蓝染假发》《宵待草》《凤尾船之歌》《巴里祭》《在巴里屋檐下》。

雨下得小了。这时，太宰突然发声，向樱井借写生板和画具，以坐在长椅上的静子为模特开始画油画。

太宰用力地抿着嘴唇，用画笔在写生板上用力地运笔。描完后，他求樱井道："樱井，你能把它装在画框里包起来让她带回去吗？不要让画具粘上……"

樱井浜江按太宰的要求把油画包好。太宰把包装好的油画交给静子。

傍晚雨停后，走出屋外，太宰和野原把静子送到三鹰站。

在车站，太宰买好到东京站的车票交给静子。

"你每天都像今天这样喝酒？"静子问。

太宰没有回答。

静子小跑着通过检票口，头也没回径直走上了台阶。

此后，在太宰生前，静子没有再和他见过面。

山崎富荣的日记里记录着与静子只相见一面的五月二十四日夜里的情景。她能感受到静子身上那种与痛彻心扉的绝望和忧伤相反的昂扬气质。

要是摘抄的话：听到说太宰要威士忌——

是为了纪念六月生日事先备好的酒。带着晚餐去帮忙。有七位客人和我。坐在野原边上喝酒。威士忌的口感甘甜。令大家高兴，今宵我的心也会醉。

《斜阳》的贵妇人也在一起。

先生、她、野原，一起去樱井家。

阿幸，醉得很厉害。

后面会提到，富荣有门路能搞到当时极其珍贵的外国进口威士忌。如果是为太宰六月十九日生日准备的，想必是很高级的（比如尊尼获加级的）酒。

从写明是《斜阳》贵妇人这一点来看，富荣好像之前从什么人那里已经听说过。

阿幸这个名字，据野原一夫说："是富荣小姐在女子学校读书时的绰号，好像是从《心急鬼阿幸》这部漫画中取的。如此说来，动作干净利落，目不斜视地快速走去，确实有种'心急鬼'的感觉。"但作为太宰来说，也包含着在《展望》第三期发表的《维庸之妻》里"椿屋的……阿幸"的意思，好像富荣很喜欢，才用这个爱称的吧？

根据富荣的日记记载，与太宰初次见面是三月二十七日，看来是静子把怀孕一事通知他后不久。

而且，根据日记来推断，在记述着"先生很狡猾，接吻如强烈的花香……""先生很狡猾，先生很狡猾，忘不掉的五月三日"那天被太宰亲吻，大概在"至高无上的人给予我作为女人最高的喜悦，我是幸福的"五月二十一日（静子上京的三天前），两人发生了性关系。

堤重久听说太宰除了美知子外还有两个女人时，写着"我想瞧不起他"。但是，在得知静子怀孕期间，还与新的女性发生了性关系，这的确是太不负责任、太轻率、太目中无人的行为，也是太宰的老读者们无法原谅，甚至怀疑太宰人品的行为。

不过，如果说说个人兴许有些武断的推测，太宰是为了不使静子的怀孕导致与美知子离婚，才故意与另一个女性发生性关系的。这也并非不能考虑。

最后把出现新情人当作与静子分手的理由，并以此作为挡箭牌，最终试图守护带着残疾的幼年长子和刚生下次女的家庭。从五月二十四日夜里到第二天，向静子表现出来的一连串无情的态度和举止，不能不理解为是这种意志的表现。

在富荣“忘不掉的五月三日”的日记里，如果摘录的话，太宰说：“你就不能抱着必死的决心来恋爱吗？”富荣既是制止又是试探性地对太宰说：“你不能对夫人和孩子不负责任啊！”太宰没留神终于说出了实话：“我负责任的呀！没关系的。因为我的家庭是非常牢固的。”

五月二十四日夜里和第二天，如果按现在女性的眼光看来，只能认为完全是得意忘形的样子，反复唱着“男人的心，死心眼”的歌词，始终对静子不理不睬，这样的冷酷无情无疑又是“你现在去读读我在中盘[①]以后创作的‘作品’”这一意志的体现。

《斜阳》就是在与静子共度五天的大雄山庄、二月六日又去了伊豆三津浜的安田屋旅馆，直到三月六日写了一章、二章八十页稿

① 中盘：围棋中的术语。表示对决即将开始的意思。

纸，以后中断了很长时间，又从五月二十一日到六月底，以三鹰町上连雀西山方的居室作为工作室，完成了剩下的六章一百八十页。

在这期间，发生了静子怀孕这一料想不到的事，作品的影响也总算是出乎作者的预料。

最初的构思，正如太宰从津轻刚回京后不久向新潮社方面热切游说的那样，头脑里装着契诃夫的《樱桃园》，描写面临崩溃的上层阶级状况，奏出一曲挽歌，哀悼从现在的世界中消失、毁灭的美丽和优雅。

作品中是在伊豆，但实际上是二月到三月整个村子都盛开着梅花的——太宰去访时正好开得最灿烂——下曾我和建筑精雕细刻的大雄山庄这一绝好的舞台背景，得到静子的日记作为启发他想象力的素材，作品才能够很顺畅地写出来。（描写天生的贵妇人“母亲”的优雅举止，在开头的序章部分与《女生徒》的开头一样，是与日记素材完全无关的虚构，印象中是早就在作者的脑海里酝酿着。）

然而，由于静子的妊娠，当初的构思不得不另起炉灶。

天生具有反抗精神的太宰不能获得社会上道德批判的宥免，处于几乎无法招架的境地，尽管开始时感到后悔，但不久便出乎意外地进行反击，企图使自己的行为变得正当合理化。

同时，太宰的作品从初期起就具有将读者设为“潜在第二人称”的框架，有时又会隐含着对某个特定人物的书信元素。

作为典型的例子，《斜阳》的叙事者“我”，在写给颓废派作家上原二郎的“最后的信”里，有不少篇幅较长，并与前面的摘要有重复之处，但我还是希望能引用几个片段：

你好像也已经把我抛弃了。不！渐渐地要把我忘了。

不过，我是幸福的。我已经如愿以偿地怀上了孩子。我现在看似失去了一切，但我肚子里的小生命令我在孤独的人生中发出由衷的微笑。

我也不会认为这是令人羞耻的过错。

我觉得我赢了。

我平心静气地漠视旧道德，为得到了一个好孩子而感到满足。

你以后还是继续唱着“吉罗汀”“吉罗汀”，和绅士或小姐们喝着酒，过着颓废的生活吧。不过，我不会劝你住手。因为那同时是你与生活抗争的最后方式。

牺牲者。道德过渡期的牺牲者。你和我不都是那样的牺牲者吗？

在以前的第一次战斗中，我觉得我或多或少地甩开了旧有的道德。于是，我打算和将要出生的孩子一起，进行第二次战斗、第三次战斗。

生下我爱慕之人的孩子并养育他，这是我要完成的道德革命。

你即使把我忘了，或者你即使因喝酒失去了性命，我为了完成我的革命，也要健康地生活下去。

这期间，我从某个人那里已经深知你的人格缺失之处。但是，使我如此坚强的，是你；在我的心里挂上了革命彩虹的，是你；给了我生存目标的，是你。

我以你为荣，同时我要让不久将要出生的孩子也以你为荣。

私生子和他的母亲。

但是，我们与旧道德无论斗争到哪里，都要像太阳一样活着。

请你务必继续你的战斗。

这是在向读者展现女主人公的性格和想法，同时又是寄给静子的信，殊死地倾诉自己的祈愿，希望在自己死后，静子也像女主人公那样活下去，像女主人公那样养育孩子。

不难想象在太宰死后，静子一直由于这封“最后的信”受到多大的鼓励，增添了多大的力量。而且，静子和遗腹子治子正是这样生活、长大的。

在《新潮》第十期上，刊登着如下的编辑后记：

太宰治的长篇小说《斜阳》在本期连载结束。第七期刊登第一回后，来自各方面的赞誉蜂拥而至。以前的连载作品大多虎头蛇尾地停了，所以这次在连载时还有一丝不安，但连续刊登了两三期后，事实证明那些赞誉都绝不是徒有虚名的。敏锐的现代感和高贵的文学精神，以令人嫉妒的巧妙笔致，使这部小说圆满结束。这部《斜阳》在本年度日本文学方面会是最大的收获。

总之，作为编辑部来说，看出太宰的工作状态还有不稳定的成分，等着有全篇完成的盼头，才从第七期开始刊登的。这段插曲表明主编斋藤十一那冷静而透彻的编辑精神，同时也显示出太宰在当时文坛的地位和被信赖到什么样的程度。

假如在写完第一回八十页的阶段就马上开始连载的话，在这期间再发生静子怀孕这种意外的事，假如没有太宰焦头烂额的时期——从美知子的角度看来，被害妄想严重，在生活中莫名其妙地怕见人、隐瞒住处，就是从那个时候开始的——就不知道《斜阳》这部作品以后还能不能交到我们手上，也不知道太宰是不是一个有着如此广泛读者的人气作家。

静子在九月底的时候第一次读到正在连载的《新潮》第七期（当时因为盟军总司令部审查，到七月以后才刊登），还怀疑太宰音信全无，是因为自己的日记没有起到丝毫作用……所以看到从中间开始取用蛇和火灾的故事才放下心来，便按以前的约定给太宰写信“请送一万元来”。

收到太宰发来的回电“本月送达”，静子顿时精神大振，把偶尔搬到下曾我的同乡、比自己年纪小的女子请来帮忙，开始做分娩的准备。

十一月十二日，静子安然无恙地生下了八百八十文目[①]的女儿。

三天后，太田通去山崎富荣的住处拜访了太宰。大概是来请求为出生的孩子取名和获得承认、要求寄抚养费的。

为此，太宰写了如下的字据交给他：

证明

太田治子这个孩子是我的爱女，希望她永远以父亲为豪，健康地长大。

昭和二十二年

十一月十二日

太宰治

“我是碰巧在那里的。”野原一夫说道。在他看来，太宰面对小书桌创作时的侧脸带着和蔼的笑容。

日期是十二日，治子出生的日子，阿通来访是十五日。在那天的富荣日记里，只写着字据上的文字，在第二日的日记里，有下面的文字：

---

① 文目，日本尺贯法的重量单位，1贯的千分之一，1文目约合3.75克。

我哭了。哭得脸都肿了。太孤单了。心想，去死吧！

从接下来的记述中可以想象一下，名字中的一个字，他连与美知子之间的长女、长子、次女都没有给，却给了静子的女儿，富荣为此大动肝火声泪俱下，太宰支支吾吾地搪塞道："还有一个'修'字不是留给你的吗？别哭了！我从小人们就不喊我'修治'，是喊我'阿修'的。"

据野原说，太宰那天夜里花言巧语连连说出他擅长的"必杀句"，答应今后断绝与静子的所有联系，必须要的通信由富荣代笔，寄抚养费也由富荣办理……才得到了富荣的原谅。

总之，最后的结果，太宰是采用了一石几鸟的办法。就是，由于当着富荣的面给女儿取名"治子"并谈妥抚养费这一粗暴且残酷的处理，使得富荣不管愿意不愿意，硬是让她意识到除了正式婚姻关系以外、已经另有一个孩子的事实，并且自己以后不再与静子直接交涉，必要的联系和寄抚养费全都交给富荣去办……

当然也免不了"我最信赖你，胜过其他任何人"这样的劝慰。

应该对静子方面也表达了一种意思：今后所有的联系都要通过富荣进行。

太宰完全缺乏正确的金钱观和财务管理能力，一般不会考虑自己去做寄抚养费之类的杂事，当然也不可能让美知子去做。

太宰是要把这种极难处理的任务交给富荣去办。

太宰对阿通说，抚养费不会每月按约定的数额寄去，如果你们手头拮据的话，随时都可以来找我……

静子听了弟弟的转告，便给太宰写信，说希望明年一月寄钱来。

从年初起挤不出奶水，要搞到牛奶也不是一件容易的事，所以她把希望寄托在治子的父亲身上，这三年里要全靠他了，她心想这样不是很好吗？（静子以及静子的弟弟他们也许都有这样的想法：她为《斜阳》提供了日记，太宰除了作为父亲的义务之外，《斜阳》的稿费加上理应能得到不菲的版税……）

不久收到的回信上，寄信人是“东京都下三鹰町下连雀二一二野川方太宰治代理”，收信人地址是大雄山庄，但收信人姓名却是“太田武先生”。这是因为太宰把为女儿取名的字据交给阿通的两天后，收到过曾在富荣住处拜访过太宰的静子最大的弟弟（阿通的哥哥）、在东芝工作的阿武寄来的信，强烈要求遵守寄抚养费的约定。

“太宰治代理”的回信内容概括如下：

受太宰先生的委托给你写信。太宰先生从去年夏天起郁积的疲劳，近来更甚，咯血量也明显增多，所以要在他自己家里疗养一段时间。你们的事，已经委托别人去办了。因此，前几天你姐姐的来信里提起钱的事，我已经交给委托的那个人去筹措，所以请稍微再等一等，请太田（武）先生转告你姐姐。请多多关照。

绘里

从笔迹可以看出，结尾处“绘里”这个名字，已经表明所谓的“太宰治代理”是位女性。

静子打电报说要去探望，有电报返回“现在外出，以后写信”，过了五六天，收到一万元汇款。（根据富荣的日记记录，是二月十八日电汇的。）

在邮局领钱时，静子发了份电报，表示这个星期要去东京。她是担心太宰的病，还想让太宰看一眼治子，更重要的是她自己想见见他。

为此，“太宰治代理”发出回信，说夫人的妹妹（在帝大医院住院的吉原爱子）处于病危状态，因此十分忙乱，希望下个月再来东京。就这么联系过一次，以后便没有再联系过。

既然不让她见面，那就用照片……静子给太宰寄了几张治子在女儿节拍摄的照片。过了一段时间，四月中旬，电汇的钱还是由“代理”汇出。

随着女儿的长大，治子的长相已经活脱脱像父亲。静子想让太宰看看治子，五月初时，在大雄山庄的院子里拍了照片，其中一张治子拍得非常招人喜欢，很阳光，但静子自己的脸部却在背阴处显得像漆黑的鬼魂似的，于是她把自己的脸部剪掉后寄出。

几天后，“太宰治代理”寄来了抗议信：

这次寄来的照片收到了，其中有一张您的脸被剪掉了。

关于这张照片，太宰先生以为是我做了手脚，把我严厉训斥了一顿。拜托您今后把自己脸部剪掉的照片一概不要寄来。拜托了。

绘里

以后静子收到的信，笔迹与以前一样，但写着的寄信人不是“太宰治代理”，而是“山崎富荣”。

太田静子小姐

太田小姐和修治的事，我已经尽了很大的努力。

太宰先生是个很脆弱的人，所以您和我，甚至其他人，都做不到尽如他意。

我喜欢太宰，所以要和他一起死。

太田小姐的事，太宰也写到过，以后的事，我知道您的朋友会到下曾我来帮您。

六月十三日　山崎富荣

到底发生了什么事？或者将要发生什么事？无法估计，静子感到不祥，心跳得厉害。她思绪万千心乱如麻，拼命地想要维系的一丝希望，被此后报纸社会版上以大幅标题刊登的报道无情地击碎了。

太宰治殉情？

与情人出走 玉川上水遗物

报道开头刊登着太宰身穿和服的半身大幅照片，照片左下角嵌着山崎富荣脸部的圆形照片。无疑就是静子去年五月下旬上京时，在三鹰的“千草”餐馆见到过的那个女人。

除了上面提到过的汇款以外，五月下旬静子心脏病发作倒下时，住在附近、年龄比静子小的同乡女子一直在尽力照顾着她。静子让她给太宰发电报告知此事，收到了太宰电汇的一万元钱。

她在早些时候就注意到钱快用完了。从小就娇生惯养的静子，过上靠变卖家当度日，迅速成熟以后，还雇着一个女人（不是前面提到的同乡女子），把全部家务都托付给她。在给她休假以后，静子才发现以黑市米为主的食物极其匮乏，简直是恍如隔世。

当时是靠比其他任何东西都要昂贵得多的食品来糊弄过去的，所以钱的消耗速度比平常更快，这是不言而喻的。

富荣的信里“……以后的事，我知道您的朋友会到下曾我来帮您”这句话，几经波折才得以实现。

太宰死后，太田家要求认领治子（这涉及遗产继承）、分配以静子日记为素材创作的《斜阳》的版税，为此，井伏鳟二、伊马春部、今官一三人成为津岛（太宰）家的代理人，拜访了大雄山庄。

《斜阳》修订版的版税扣除税金后，余款的一半十万元是静子的。他们要把其中预付款三万元带去交给静子，同时把静子视作珍贵的四册大学笔记本还给她本人。

但是，日记不向社会公开。太宰写给静子的信也要还给津岛家。交税后的余款由新潮社支付以后，不再提其他的要求。

以上大致是津岛家方面（恐怕还包括律师的提议）提出的条件。

静子没有很好地理解这些条件，在第二次交涉时，在津岛家方面准备好的治子放弃继承遗产的文件上签字按押，随四册日记本一起，领取了剩余的七万元版税。

尾崎一雄提到这些事情，写道："后来听太田小姐来提起，她和太宰君遗腹子治子的处境好像不太被重视。我感到心烦，但从她的性格来看，她又是个不谙世故的人，所以这样能沉住气，也是没有办法的吧。"

晚年，野原一夫问静子，收到富荣的信里说"我喜欢太宰，所以要和他一起死"的时候，是什么样的心情。

对此，静子的回答，还是要如实引用野原回忆里的记述：

"是感到钦佩，非常感激。不！我说的是真话。竟然会跟着他去。我做不到。我吧，非常怕死。即使到了这把年龄，还是怕得不得了。一起陪着去死，我无论如何也做不到。听说他咯血已经很厉害了。山崎在守护着他。这一点，我也做不到啊。我吧，是个根本没用的女人。我只有撒娇的本事。

“我直到现在，对山崎还是心存感激。”

静子用缓缓的语气说道。

关于和太宰一起投河的女人，从当时流传开来的印象，由于昭和四十二年（1967年）版长筱康一郎的大作《山崎富荣的生涯》，到如今已经发生了很大的改变。

接下来要根据这本书的珍贵和翔实的调查，来讲述她的成长经历和履历。

山崎富荣作为在御茶水创立日本第一家美容学校即东京妇女美发美容学校的山崎晴弘、信子夫妇的小女儿，于大正八年（1919年）在老家出生。

听说她从幼年时起就得益于容姿，美丽又可爱，所以受到美容学校学生们的宠爱。《山崎富荣的生涯》一书在卷首插入的女儿时代清纯秀雅的照片，足以使人相信那样的说法是真实的。

这所学校于大正二年（1913年）创立，通称御茶水美容学校，昭和二年（1927年）改建成地上三层、地下二层的现代钢筋水泥校舍时，在校生达到八百人，以前的毕业生实际上已经超过了六千人。

富荣以品学兼优的成绩毕业于老家元町小学，考进京华女子学校以后，转校到锦秋高等实业学校夜校部，昭和十一年三月毕业。转校的原因是双亲要她将来继承美容学校（同时设立西式裁剪部），要专门地教她美容和西式裁剪技术。

毕业后，富荣遵循父亲“美容界今后必须将目光朝向海外”的想法，通过日本大学附属第一外国语学校和基督教女青年会学习俄语和英语。

在战败日益逼近的昭和十九年十二月，她与三井物产的职员奥名修一结婚，但新婚生活仅仅过了十天，丈夫突然受命奔赴马尼拉就任。（此后随着战局的恶化，奥名修一在就职地征召被送往战场，直到昭和二十二年七月家里收到战死通知，其间一直处于杳无音信的状态。）

御茶水美容学校的钢筋建筑已经被内阁的规划院（战时统管经济的中心机关）接收。在它边上新建的木造校舍，后来也因爆炸而化为乌有，山崎校长全家疏散到有亲戚居住的滋贺县八日市町（碰巧那里靠近太田静子的故乡爱知川町）。

在八日市町和富荣同住的义姐得到资助，在镰仓市长谷街开了家美容院。受父亲委托、与义姐一起在银座经营奥林匹亚美容院的富荣也一起参与。

美容院的生意很红火，但要从与资助者对半分的收益中还要让自己再取一半当薪酬，面对丈夫在作战期间病死、带着两个孩子的义姐，富荣感到于心不忍，便转到御茶水美容学校的毕业生、在三鹰经营美容院的塚本女士那里打工。

富荣住在塚本女士求熟人野川家借来的二楼六叠房间里，一开始工作，娴熟的美容手法和技巧就得到顾客好评，不仅仅是当地人，从远处慕名赶来点名要富荣做美容的顾客也越来越多。

塚本女士看上了富荣的工作能力和会说英语的条件，便在驻日盟军专用的夜总会新城堡里设置美容室，由富荣当主任，让她给为美国大兵工作的女性提供服务。

父母在疏散地绞尽脑汁地计划要重建御茶水美容学校，富荣考虑在资金方面给予帮助。她为了先在东京开一家自己的美容院，白天在站前的三鹰美容院、夜间在新城堡的美容室里拼命地打工。

昭和二十二年三月中旬的一天夜里，在新城堡的美容室里当富荣助手的今野贞子，在下班回家路上途经三鹰站前的面条摊上，有个长发披到额头、皮肤白皙的高个子男子与她搭讪。

于是就认识了——富荣听贞子说有个名叫太宰治的小说家，谈话生动有趣，魅力超群。富荣被弘前高中出身这一点强烈吸引，求贞子介绍给她认识。

富荣的二哥年一从本乡的京华中学考进弘前高中，目标是要考进帝国大学，不料在读书期间得急病早逝。

二哥是兄弟中最出众的人才。富荣至今依然没有忘记少女时对早逝的二哥怀有的尊敬和惋惜。她觉得太宰与哥哥的年龄差不多，也许认识哥哥……

根据长筱康一郎的推测，作为单行本出版的山崎富荣日记就是从那里开始的。三月二十七日，是今野贞子介绍富荣和太宰相见的日子，在三鹰站前的面条摊。这一系列记述，可能是把此后大约一个月里靠着回忆记录下来的。我也同意长筱的推测。

富荣的哥哥早逝时，太宰是在比她哥哥低两年的班级里，所以恐怕不认识。

根据日记记载，开始时好像只是笑着听太宰借着才气和醉意说些带玩笑的话，其中还有“风采优雅地在自我炫耀‘是贵族’”的记述。

这时太宰正在创作把“我是贵族”这句话留在最后、直治（作者的分身）自杀的《斜阳》，所以尽管富荣没有理解太宰这句话，但她还是接着写道：“已经有了打破道德的藩篱，成为时代弃子的觉悟。”这到底是什么意思呢?

富荣没有太多的疑问，偏执地觉得太宰的话就是上天的启示，很快就对太宰敬爱有加。

接着，五月三日，富荣遭到太宰的强吻，太宰逼迫道：“你就不能抱着必死的决心来恋爱吗？”“你快和你丈夫分手，喜欢上我吧！”五月二十一日，富荣就已经说出“我做好了在分手时给你一次的心理准备。你应该知道，性的问题需要慎重，关系到社会生活的全部，要认真对待，这是真的”“至高无上的人给予我作为女人最高的喜悦，我是幸福的”这样的话了。

从这些文字中，也能看出富荣是那种认死理一条道走到黑的性格。同时，她用英语写下了爱慕太宰的情诗，让人想起她曾在基督教女青年会学习过的经历。

可是，虽然日记作者的真实性不容怀疑，但文章的主观性很强，按常理来说，只有两个人时，太宰会接连不断地说些肉麻的

“必杀句”，所以很难会照单全收。

日记里的记述和野原一夫的回忆有重合之处，我想对两者进行比对，尝试着重现八月二十二日的那一段。

和富荣两人在三鹰町上连雀西山方的工作室里，太宰说“野原即使现在出现在这里，我也不会感到意外”时，野原悄悄地露面了。

“不！前天是我大意了，竟然会被你这种小我十三岁的人弄哭了，疏忽，疏忽，是我一生的疏忽。”太宰这么说道，是因为两天前有过这样的事。

前面提到过，《斜阳》脱稿后，太宰像是故意要损毁自己身体似的自虐性地喝酒，每逢有人来便不要命地侍奉着。野原对这种方式的喝酒和款待感到十分担忧。他去太宰的住处拜访，等先来的两位杂志记者回去后，便正襟危坐着狠狠心说出了一直憋在心里的话：

“先生，你要养生。”

“我总觉得先生是真的想死吧？……大家都很担心，比起我来，其他的人，大家更担心你。可是当面对先生说，总觉得实在……”野原结结巴巴、断断续续地说道，太宰猛地转过脸去，站起身，快步走了出去。野原低俯着身子，双手支在膝盖上，听见从檐廊那边传来强忍着的呜咽声。

这天，富荣出去买酒和食物后，太宰送给野原一盒骆驼牌香烟，说：“这是干那活赚的。驻日盟军的士兵给盒烟代替钱，她就把它交给我了。”（可见新城堡的女人们经常陪着美国大兵顾客来美容室。）

几年前，和平牌高级香烟采用雷蒙德·罗威[①]的新设计，彻底改变了烟盒包装，使销售量快速增长。美国香烟从烟盒里抽出一支放在鼻子下闻一闻，就能感到令人陶醉的芳香，与马粪味的日本国产烟草相比，简直是天壤之别。

那个时候，即便是如鱼得水的文化人，也在路上捡烟蒂，收集吸到眼看就要烧焦手指的烟头剥开，用拆散《简明英和辞典》的薄纸卷起烟丝来抽，甚至用花斑竹的嫩叶晒干后当烟草来抽的人也并不罕见。

外国产的威士忌也亦然，是普通百姓高不可攀的珍品。

在那个时代里，在生计方面再怎么吝啬，对沉迷于高级烟酒的太宰来说，富荣有通过驻日盟军搞到普通人搞不到的外国威士忌和美国香烟的门路，的确是很稀罕的。

估计利用这个有利条件，同样在八月，在富荣住处召集的井伏鳟二和筑摩书房的“选集”碰头会，在出版日记（无论是以前还是今后，“日记”都是这个意思）里没有记录。

根据日记记载，八月二十六日白天，在走出西山方的道路边，看见太宰呕吐，富荣自己也常在酒席上逞强陪着痛饮，因此感到自

---

① 雷蒙德·罗威（1893—1986），美国著名设计师。被誉为二十世纪最伟大的设计师之一。

责："是因为喝混酒了吧？他的身体真的很虚弱。（自己也负有责任）感到很痛心，在内心里深感歉意，说声对不起。"

太宰回到家好像睡了一会儿。

井伏九月四日寄给太宰的长信里这样写道：

> 前几天《展望》编辑石井君来，告诉我你因病卧床。因此我想立刻去探望你。当时石井君劝阻我说："别去！再等几天。"因为你让石井君带口信给我，说请转告我，希望绝对谢绝接受您的探视。不过，石井君说，那也许是你的反话。说你一看见朋友就立刻想要喝酒，所以我现在也改变了主意，觉得应该暂时回避一下。关于喝酒，我也没有资格劝说别人少喝，少喝酒有什么用？你对石井君说，要转告我喝酒时不要咕嘟咕嘟地光喝酒，偶尔夹夹菜，扇扇扇子，让端酒杯的手有个空闲。这时石井君吐露出他的观察，说了实话：不！太宰在吃饭时也喝酒。而且我从别人那里听说你扬言要去死。事到如今，脑子里去想这些事，就只能是一种罪孽。请你无论如何要自爱。或者我也许会写信给（津岛）文治。我想不至于写出"令弟喝酒有时会喝过头，不听朋友的劝告，在折磨自己的身体云云"如此这般的信。

接着，井伏告知上个月过了二十日，去了趟御坂岭和甲府游玩，详细述说了天下茶屋的近况、新婚时太宰住过的甲府寓所的废墟、汤村温泉、梅枝旅馆等现在的状况，然后诉说井伏自己的见闻：“町上水果店里挂着的价格牌，一百文目的桃子二十元，甜葡萄二十五元，油桃二十五元。”然后这样写着：

> 我的选集一事，等你的病痊愈之后心血来潮时来拜托你。我一点也不急。前几天给石井君看过目录，我想大概那就是全部了吧。以后出版的，眼下新作品集就这么一卷。要出的话就给你。
>
> 此后，谷津南豆庄来信。有口信要转告给你和龟井君。说，次女和三女先后去世，最近只有老奶奶一个人，客人全都被回绝了，但对你和龟井君，希望无论如何要设法安排时间来住几天。不过，写明一滴酒也不提供。
>
> 希望你一门心思养好身体。

据推测，在信的末尾提起靠近伊豆半岛南端谷津温泉客栈的事，委婉地包含着这样的意思：即使去那里住一段时间也不给酒喝，要努力静养，怎么样？

读者大多会把这封信当作井伏担心太宰的健康而提出的忠告来读吧。但是，不知道太宰是不是这样来理解的。

上次碰头那天，先到移动售货摊的鳗鱼屋去，若松屋的老板对井伏说：“我在等您呢！今天太宰先生兴致很高。”

太宰的精神头可见一斑。是与久违了的老师重逢的日子，又是一次荣耀的聚会。因为太宰为老师的选集做了各种准备并已经谈妥，这次是做最后的商议。

关于初次见面的古田晁，井伏写道："令人吃惊的是，古田那喝猛酒的模样就像是浸泡在酒缸里，而且他是诚心诚意地在喝酒。我觉得他对太宰的看法也是认真的。"

人们模仿"罚酒三杯"称古田是个"罚酒三瓶"的酒豪。他就是以这样的速度将啤酒杯喝空，但也有人证实说他好像不爱喝啤酒。其实在松本高中到东京帝国大学伦理学科的学生时代，他是个不会喝酒的人，喝半杯啤酒就会满面通红。

古田从昭和十五年创办筑摩书房以后，尤其是跟随青山二郎[①]、小林秀雄、河上彻太郎这些著名酒鬼得到锻炼，认定从事文艺出版的人必须会喝酒，经过拼命地反复训练，最后就成了"罚酒三瓶"。

不喝酒时，他非常羞怯，怕见生人，甚至不能与人正常地交流。其性格与太宰一模一样。不同的是，酒一下肚，胜过常人的热忱和侠义的本来面目就会毫不掩饰地流露出来。

他在昭和十六年八月出版太宰的短篇集《千代女》，与太宰成了意气相投的朋友，交情很深，两人的关系用"肝胆相照"这个词形容十分贴切。

弟子为老师倾注自己的全力使选集的出版得以实现，这是一段

---

① 青山二郎（1901—1979），日本装订家、美术评论家。古董收藏、鉴定方面的名人。

佳话。

侠义的古田越喝越成了“一团火球”，太宰也舍命陪君子，多喝了很多酒。

喝酒一直喝到天亮才结束，不知过了多久后，井伏通过编辑石井带来的，是担心太宰喝酒没有节制而进行规劝。

太宰为出版井伏的选集竭尽了全力。作为太宰来说，他期盼着的，首先是井伏对他的辛劳进行慰问和感激，这是最重要的，所以想必一定是颇感意外。

井伏的信里“你让石井君带口信给我，说请转告我，希望绝对谢绝接受您的探视”这句话，也可以看作是体现了太宰那样的心理。

井伏在以后写给太宰的信里，也没有表示出任何感激或慰问的话。

井伏说也许会写信给文治，是因为他知道太宰对长兄的害怕到了不正常的程度。无疑是一心想着无论如何都希望让太宰控制酒量，但这在太宰眼里又是触犯他神经令他感到不快的话。

太宰还以为井伏一定会非常高兴，便不辞辛劳地斡旋于选集的出版，提出要亲自为全卷写解说等等，为各种事项到处张罗，操碎了心，不料老师寄来的竟是一如既往的苦口相劝的一封信。

人们公认的佳作《维庸之妻》开拓了前所未有的新天地，从《新潮》第七期开始连载的《斜阳》也引起很大轰动，太宰希望能站在战后新文学浪潮的前端。作为太宰来说，只会觉得“町上水果店里挂着的价格牌，一百文目的桃子二十元，甜葡萄二十五元，油桃二十五元”这种井伏式的描写，一成不变，充满着肤浅的低级趣味。去御坂岭和甲府旅行，也被太宰认为是至今还沉浸在往事的回顾中不能自拔的怀旧情趣，不能不令太宰感到郁闷，并产生厌恶感。

太宰觉得自己在快速进步，作家的地位正在扶摇直上。也许还会有这样一种情感：以前的知己依然在坦然自若地原地踏步，即便他是老师，也显得陈腐不堪，落后自己一大截。

最令太宰不快的，应该是后半部分里的这一句：

> 我的选集一事，等你的病痊愈之后心血来潮时来拜托你。

据我推测，井伏的选集是太宰为自己的全集做彩排，所以那样会很尴尬。如果不尽快完成井伏的选集，着手出版自己的全集，不知道在出版之前能否保住性命。

这边在拼命埋头苦干，而你却摆出一副悠闲自得的姿态，与自己拼死拼活地工作相比，你珍惜的却是健康？……如果钻进了诸如此类的牛角尖里，以前沉没在意识深处的对老师的不满情绪，就会像决堤似的不断地喷涌出来。

与太田静子、山崎富荣的关系，事实上已经打破了交给井伏的保证书里做出的誓约。太宰对此有着一份歉意和内疚。

井伏看见在举行酒宴的房间角落里，山崎富荣用菜刀在切着什么。井伏把山崎富荣看作“败家”。敏感的太宰不会没有注意到井伏的目光。

想使那种歉意和内疚正当化的心理作用，渐渐改变了太宰的心态，变成了对井伏的反击。

上述这样的心理和情况郁积在一起，从那时起，长年来对老师怀有的崇敬，开始慢慢地变成了太宰曾喝醉酒后缠着尾崎一雄用同样的语气说“怎么回事，井伏鳟二”的情绪……

在前面提到的井伏的信里，有一句“我从别人那里听说你扬言要去死”的话。在山崎富荣七月十四日的日记里，太宰说过这样的话：

“不准你一个人去死。你说过想比我先死吧？想把我一个人孤零零地留在世上，真是太过分了。太过分啊！如果你先死的话，我会把尸体踢飞的。——呃！一起去死。我就是这样相信的……”

据我推测，听到此话的富荣和说出此话的太宰，两者的心情一定会有很大的不同。因为十七年前的镰仓殉情事件，结果让对方田边静美一个人死了。太宰至今仍备受罪恶感的折磨，每次喝得烂醉在半夜里醒来，就会发出“野兽般的呻吟”。

现在若是让山崎富荣自杀，自己再次面对社会的指责，心理上也会不堪承受的。

总之，富荣把为阻止她自杀才说的话，听成了表明殉情的决心。她在日记里写下了留给父亲的信。摘抄如下：

我知道死在父母前面是不孝。可是我遇到了在男人中再没有人超过他的人了。父亲也许会很不理解。只要太宰活着，我也活。不过，他是要去死的。

父亲，请宽恕我吧。除此之外，富荣没有别的活法。父亲也是一个倘若太宰是自己的儿子便会喜欢得不得了的人。

让我在远处凝视着您的晚年。

我喜欢的人是津岛修治。

即使在意识上有差距，在这个阶段，两人都还希望对方活着，并在对方活着期间，自己也活下去。在这一点上，两人的想法是一致的。

实际上，两人此后生活了将近一年。

下面，从富荣的日记中摘录感兴趣的部分，追溯一下流逝的时光：

九月一日 ……用氰化钾好像三分钟左右就死了。

富荣带着在战争末期为防备美军登陆日本本土而分发的、用于自杀的氰化钾，正如后面会提到的那样，这一直是威胁太宰的、令人担忧的根源。

十月十七日

阿修已经有很长时间常常睡着。不知为何感到很高兴。真希望他能从编辑和来访者中解脱出来，让他那疲惫的身体多休息一会儿。睡觉，好好睡一觉，写出好作品来。

以前太宰一直暴露在毁誉参半的风暴里。作家或多或少都会有那样的境遇，尤其是太宰，他有着强烈的习性：即使自己的作品得到相当高的评价也不会感到满足，差评反而会在他的头脑里扩大好几倍，怀有强烈的受害者意识，他觉得自己置身于四面楚歌之中。

那样的时候，弟子们对他敬而远之，没有人理解他。在众人的骂声中，他也许是把自己想象成被钉在十字架上的样子，希望振作起来，增强自己的勇气。

他在《叮叮当当》和《斜阳》里反复引用马太福音里的话“不要害怕那些杀身体而不能杀灵魂的人。要害怕那些能把身体和灵魂都灭在地狱里的人”，也体现着这一点。

在两人之间一本正经地说着，若是对别人说肯定会被看作精神失常的事时，富荣不正是如她所言，几乎全都深信不疑的吗？

在十一月十五日就有一个残酷的仪式，太宰当着富荣的面写下取名为“太田治子”的字据——

十一月二十一日　看见和井伏先生拍在一起的照片。我也想要。

从这些记述来看，太宰对井伏的反感还没有达到临界点。一旦太宰开始说坏话，富荣作为太宰的信徒就不会这么写。

十一月二十五日 要等到我的户籍（山崎入籍）手续结束。

是指和因事外出的太宰一起去本乡区公署时的事。之前通过三井物产本社收到奥名修一战死的公报，所以富荣恢复了“山崎”的姓。

十一月三十日 修治君，我如果发疯了就杀了我。

药放在蓝色旅行包里。

十二月二十日 堤先生、横田先生，从京都上京。

是指因太宰满腹牢骚出言不逊，富荣用明信片请来了堤重久和奈良女子高等师范学校在研究太宰文学的横田俊一。

堤重久和横田俊一去山崎富荣的住处时，太宰吩咐那个家政妇似的女人说：“我不抽日本烟，味太重啊。”并让她拿来驻日盟军的香烟，除了自己外，还给他们两人每人一盒，硬塞在他们的手里。

《乡愁的太宰治》作者、诗人别所直树[1]记着翌年昭和二十三

---

① 别所直树（1921—1992），诗人、评论家。

年一月八日最后一次见面的时候，太宰指着富荣说的话："那个女人的积蓄，如果是一个人能生活两年，我把它全都用来买酒喝了。"

不可能是自己一个人喝酒，其中也包括在富荣的住处招待客人的费用。

堤重久在黑市场里看到，富荣"从大大鼓起的钱包里像自己的钱似的毫不吝啬地往外付钱"，那也许真的是自己的钱，才在购买鲷鱼和蟹等高价食物时毫不在乎价格，肯定也有着想让太宰尽量多地补充营养。

可是，读者至今还在心里牵动着当时太宰对堤重久说的那句话吧："井伏先生很过分。说没有爱情就分手！"

无论怎么考虑，订婚时井伏拿到过"决不再离婚"的保证书，他不可能说出这样的话。和美知子结婚以后，太宰生活安定，同时在精神和肉体两方面都得到康复，佳作连连。这时，井伏才终于长长地松了口气，露出释然的神情：太宰真的变好了。

井伏的感叹没有改变过，这由井伏在太宰去世五十周年之际第一次公开的昭和二十二年十二月十日（堤重久上京的十天前）的书信得到证明：

昨天甲府的村松君造访寒舍，告诉我太宰君生病的原因。我想去探望他，但因为他的病况拒绝探望，所以觉得去见面的话太宰会分神，便打算暂时不去。在这期间，向某位消息灵通人士打听后，还是决定去探望一趟，不管如何，我祈愿他得到静养和专业的护理。他内心很坚强，所以好好疗养甚至树立信心的话，会恢复得很快，这是不言而喻的。与书店之间的杂务，如果有什么事腾不出手来，请直言不讳。写信告诉我，我会来办。如果其他有什么杂事，请不用客气。以后如果护理人手不够，我有人手，请不用客气。不要有顾虑，请告诉我。

眼下看来好天气会持续下去，对病人会有好的影响。我也希望那样。祈祷护理不要出差错。

拜具

十二月十日　井伏鳟二

津岛美知子

又及，我知道你很操心，殷切希望你坚强并保重。又有年幼的孩子，你辛苦了。

即使从信里的“又及”来看，显然不可能说出什么“没有爱情就分手”之类的话，何况从八月为“选集”聚会到翌年正月，井伏都没有和太宰见过面，所以把那句话解释为是太宰的虚构，或是浮现在太宰头脑里的幻影，这都无关紧要。

太宰大概是把那个“又及”当作严厉的忠告来读了吧。

昭和二十三年一月一日，太宰由美知子陪同去井伏家新年拜年。作为美知子来说，也有对二十天前收到的信里的“又及”表示感谢的意思。

美知子先回去以后，太宰在新年的酒宴上自觉没趣感到十分疲惫，便喝醉了酒在隔壁的房间里打瞌睡，听到了老友们夹着“小丑”的谈笑声。

根据前面提到过的小说《一个季节》里，把这句话当作井伏说的，后来太宰提起酒席的话题时，听到此话的臼井吉见不相信会有什么误会，古田晁则流露出半信半疑的神情。

《井伏鳟二选集》第二卷的后记，山内祥史的年谱记载，是从昭和二十二年十二月时写到昭和二十三年三月左右。

据说当时在场的堤重久读着拿来的稿子，觉得太宰是“艺术怪才”，并且落泪了。这大概是因为太宰写了下面有关定稿的部分吧。

在截止期迫在眉睫的《青之岛大概记》（《中央公论》昭和九年第三期）里，太宰在苦心创作的井伏身边帮着誊清稿子时……

“这里怎么写好啊？”井伏不时地停下笔，自言自语似的呢喃道。

“是哪里？”我想让井伏尽早地写完，所以才这样多管闲事地问道。

“嗯。是喷火的地方。什么样的场合喷火最可怕啊？”

“不是石块会掉下来吗？被石雨砸到的话不得了啊。”

“是吗？”井伏用一副不快的表情答道，随即郁闷地埋头写给我。

"岛山鸣动，猛烈燃烧的大火从石块的火坑里喷射出来，将火石喷向天空，火石间不容发地倾注到整个岛上。大石块像雨一样倾泻下来，巨大的石头从虚空中发出轰鸣的呼啸声，像陨石一样迅速坠落，立即砸向一对男女。小石块高高地射向天空，在虚无中飞舞两三天。"

我将它一字字地誊写着，同时真心实意地觉得这是个天才而令我感到战栗。在我以前的生涯中，日本的作家中能真切地觉得是个天才的，前无古人后无来者，仅这么一次。

那天和中村地平一起来访的太宰，在以资料（伊马春部从老师折口信夫那里借来的《八丈实记》）为参考写稿子的井伏附近，和中村下着将棋，下完棋便提出要做口述笔记。

井伏在昭和三十一年（1956年）发表的随笔《社交性》里，这样追忆当时的情景：

文章里"岛山鸣动，猛烈燃烧的大火从石块的火坑里……"这个地方，是从折口那里借来的资料里摘录出来的。第三者不知道这个事实，而且在场的中村地平君也睡着了，所以不知道，只有我和太宰知道真相。而且，采用从资料里盗用的文章，在那里使用"真心实意地觉得这是个天才而令我感到战栗"这种被认为是最高级的表现。读到这句话让人面红耳赤的，是我。我想，这是用心多么险恶的恶作剧啊。

恕我多言，我的《青之岛大概记》这部纪实作品，有相当多的地方是从资料中引用原文的。太宰君当时其实在场知道真相，但他偏偏赞扬不该赞扬的事，摘选按原文摘抄的片段，写着“真心实意地觉得这是个天才而令我感到战栗”。资料是长达三十册左右的浩瀚的手写本，我盗用的部分事先让太宰君朗读给我听过，所以他应该很清楚。资料的作者是江户时代被流放的近藤某人，这事太宰君也应该知道。因此，对我盗用的文章说觉得是天才，还不如写被流放的某人是天才，这才是实话。对在生理上厌恶不诚实的太宰来说，写出那样的话来，对我无疑是一种讽刺。

然而，如果参照小野正文的《如何阅读太宰治》，故事又大相径庭。

据说，昭和十一年初夏，小野去船桥拜访，太宰向小野东拉西扯地谈论起文学时……

关于井伏鳟二的描写能力，列举火焰熊熊燃烧的情景，赞不绝口地说是“日本第一”。

我写信向作者请教“这如果是指《青之岛大概记》……”得到小野下面的回信：

你询问的那件事，是去船桥拜访太宰治的时候，他说井伏先生的文章很棒，我猜他是拿到了刊登《青之岛大概记》的杂志。他是发自内心地评价说是名作，这事我印象深刻。

小野在这本书里写道：“太宰的书架上只是排列着几本森鸥外全集。我想，他说的学习，就是读森鸥外啊。”

就是说，当时太宰将崇拜成“历经明治大正年间第一文豪”的森鸥外的几册全集，同时又把两年前刊登《青之岛大概记》的《中央公论》奉为案头常备书之一。

《八丈实记》中被认为是“岛山鸣动……”原文是这样写的：

“同一天十四日又发生的山岳震动众多，从地下冒出熊熊的火焰，黑烟遮盖着天空，岂止是恐惧。大树在空中闪现，盘石如雨点。大石块当夜落下砸男女。小石块在天空中飞舞两三天散落，苦了老少，岩灰不分昼夜地落下，掩埋陆地大致厚度三百六十丈，此时六十三户人家全部焚毁，后来其他池泽深邃可谓三百寻[①]余的水底也片刻被沙石掩埋成平地，就连仅剩的两座高出地面一町[②]多的沙山也燃烧起来。”

① 寻，长度单位。1寻，中国周代为8尺。日本为6尺（约1.8米）。

② 町，日本度量衡的长度单位。1町约合109米。

与井伏的文章做比较，的确到处可见相同的字句，但在井伏的文章里充满着深厚的、原文所缺乏的文学性感悟。（如果把《八丈实记》和《青之岛大概记》全篇比较着来读，就会更加明显。）

倘若读过原文，太宰一边为井伏的口述做笔记一边即使在内心里连连咋舌，也完全是在情理之中。

让堤重久读着选集后记的稿子不由得落泪，不是因为一边嚷嚷着“不想写”“不想写”，一边却当场将事先打好腹稿的思路写下来，而是因为从昭和九年自己亲手记下《青之岛大概记》里绝妙的段落以来，直到那时开始觉得反感这一长期以来内心里怀有的真情实感。

井伏没有领会这一点。

在太宰死后，井伏在八云书店版全集月报上刊登的臼井吉见《〈人间失格〉的时候》这篇文章里，得知第四卷后记乍看像是赞誉的选集是把前一天夜里的坏话还回来的。他把对《青之岛大概记》的赞誉也理解为是指桑骂槐而感到无地自容。后来他尽量不把这部作品收录到单行本里，有一段时间也没有收录在自己的全集里。

井伏也许是天性耿直和实诚的缘故，其实完全没有必要感到如此羞愧。

《八丈实记》如果没有被井伏采用，一直这样长眠着，一般的人首先就不会去看它。《青之岛大概记》作为文学作品而使《八丈实记》里的观察和记录重放光彩，这就是能使人一字字一行行仔细阅读的、富有个性文章的力量，是独特的文体魅力。只有这种独特的文体，才应该被称为井伏文学的精髓。

井伏文章里描述的情景，在追逐文字的人们脑海里映现得栩栩如生。默读着这些文字的人们思绪渐渐地、实实在在地飘向远方。

暂且不说阅读速度的快慢，这种视觉性和听觉性、美术感和音乐感的共存，与太宰文体里的特征是相通的。因此，太宰从少年时代第一次读到井伏《山椒鱼》的原作《幽闭》时起，便被牢牢地吸引住，知道古记录的原文再用耳朵听着作品的口述，能最大限度地发挥理性、感性和想象力，同时靠指尖记录文字时也一定能全身心地感受到令人悚然的感怀。

同时，从《山椒鱼》到《黑雨》，井伏文学的特性就是凭自己的个人力量审视着世界正在步入绝境的荒谬，用抑制着的低沉嗓音叙述着人们生活在神佛不佑之处的悲切，这一特性也始终贯穿在《青之岛大概记》里。

然而，太宰留下在人们眼里像是赞誉的表现令普通的读者感动，同时却隐含着只有井伏一人能看懂的讽刺性文章，从这个世界里消失了。

要说感动和讽刺哪一个是真的，其实哪个都是真的，所以文艺的妙趣就存在于非虚非实之间。

而且，在文艺上最后留下的只是本文。因此，太宰撰写的选集后记，构成其核心的、对井伏文学长期以来的崇敬，无疑是释放着绝不会磨灭的内秀而永世长存。

前面提到过，昭和二十三年一月下旬，野原一夫到山崎富荣的住处去取新潮文库《高尾忏悔》的解说稿子时，太宰发高烧躺在床上。

野原在另外的回忆文章里也提到过，曾看见太宰在富荣的房间里咯血。太宰用双手抓着下面垫着报纸的脸盆边上，将脑袋伸在脸盆里吐血，富荣拼命地抚摸着太宰的后背。

富荣在一月三十一日的日记里有一段记述：

> 结核，修治生病，所以住在野川家的人都感到很恐怖。
>
> 今夜，野川先生叮嘱我：
>
> 一、卫生纸不能扔在垃圾箱里
>
> 二、不洁物消毒
>
> 三、应该在井边洗东西

根据长筱康一郎的缜密调查，这件事的前后情况如下。

野川家里瓦斯和水管都在一个地方。住在野川家的人们早就对住在富荣房间里的太宰很不满。长筱的文章虽然很长，但下面还是按原文引用一下：

> 据说，在一个大雨如注的夜里，不停地闪烁着的电灯灭了，紧接着正在写作的太宰突然咯血，也许是血痰堵住了喉

咙，非常痛苦。富荣下楼去汲水时，提着油灯赶来的用人看见她满脸是血吓坏了（富荣是吮吸堵在太宰喉咙里的血块）。接着几天后，同住的人们感到太宰来访很麻烦，对野川家户主说："像太宰那样随地吐痰、扔卫生纸很不好。就算把房子借给了山崎，也不是借给太宰吧！"并强行进行了谈判。在同住的人们中间还有年幼的孩子，再说害怕感染结核病，这是事实。太宰在这些方面的确满不在乎。第二天，富荣被野川家的主妇野川绫女喊去，催促她希望做到下列几点。

太宰使用过的卫生纸等，不扔在垃圾箱里，而是在空地上烧毁。有两个并排着的厕所，规定只能专用一个，使用后必须进行消毒。洗东西不使用水管里的水，而在后面的井水边洗。

当时结核病被认为是不治之症，死亡率很高，所以住在野川家的人都感到很害怕，这也在意料之中。

太宰也不是没有意识到周围人的那种担忧，这在后面还会提到，但随着意识到死亡的临近，视野狭窄以自我为中心的精神状态比以前更差。

不管如何，严重的咯血，会越来越强化他内心深处自暴自弃的情绪。

富荣没有把野川家的要求告诉太宰。兴许觉得他很可怜才没有说，如果要说，又担心他不会来自己这里了。她不得不经常意识到同住人的目光。她肯定也会常常感到无处安身的苦恼。由于全身心地献身于太宰，才会忘掉自己所处环境里各种各样的难堪。

衰弱得连走路都很危险的太宰，有事需要外出时，富荣就成为他的拐杖扶着他，一乘上电车就飞快地打量四周，发现座位上有哪怕些微的空当，马上就让他坐下。

根据美知子撰写的文章里说，从某个时期起，太宰去自己家附近的内科医院，给他打葡萄糖复合制剂[①]以后，他照例待在工作室里写作。除此之外，常用的维生素制剂等注射数量增多，使用的量也达到常人的几倍。外出前由富荣为他注射这些药物。

这成为“太宰如果再次药物中毒……”这一传说的根源，但在去年底的十天里，堤重久连睡觉吃饭都和他在一起。堤重久写道：“丝毫也没有药物中毒的迹象。”该年第三期《新潮》开始连载《如是我闻》。承担《如是我闻》口述笔记、在太宰死前不久经常从半夜里到翌日中午十二个小时不睡觉陪同太宰的编辑野平健一也说，完全没有感觉到有药物中毒的形迹。

从山崎富荣注射维生素制剂的熟练手法来看，在事先对她不了解也没有反感的人眼里，她就像是太宰的护士和陪护。

在一月接受野川家提出的卫生方面严格要求后，一月下旬脱稿的《眉山》刊登在《小说新潮》第三期上。这是一部以富荣为原型的短篇小说。

---

① 葡萄糖复合制剂，具有钙剂和溴剂的镇静作用和葡萄糖强心、解毒、营养、利尿作用以及邻羟苯甲酸剂解热、镇痛作用的注射液。

女主人公被描写得很搞笑，诱发读者对游刃有余的文字游戏哄然大笑的同时继续读下去，读到最后会感到一种肃然的哀惜情绪。故事内容大致如下：

在新宿的废墟里最先振兴的，是经营饮食的商店。帝都座背后的若松屋这一紧急搭建的二层楼房屋，也是其中之一。

“若松屋没有眉山也挺好。”我这么说着，每隔三天带客人去若松屋一次，在二楼的六叠房间里喝得烂醉。总之，最重要的是能赊账。

女用人阿年自称从孩子时起就喜欢读小说胜过吃饭，其实一无所知，我向她介绍秃顶的西洋画家桥田，说“是林芙美子”，她便说：“哎呀！林先生是个男人？”

引见钢琴演奏家川上六郎时，阿年纠缠着打听名字，我只告诉她姓氏“叫川上啊”，她便认定我的朋友全都是小说家，说道：“呃，我知道了。是川上眉山。”（作品中没有做任何说明，川上眉山是明治时代的走红作家。）

从此以后，二十岁左右的阿年在背地里就被大家称作“眉山”了。

愚昧无知爱吵闹的眉山装出一副什么都懂的模样喜欢插嘴，被我们大家讨厌，她自己却觉得很享受、是受大家欢迎的人。

听说真正的贵夫人撒尿时是不蹲下来的，她便实际试了试，弄得尿液四溅，地上的不洁处一片汪洋，结果令喝醉酒的我们背了黑锅。

眉山上下楼梯时很鲁莽，上楼时“咚咚咚”，下楼时就像滚下来似的发出“嗒嗒嗒”的声响，跳过不洁处，砰地关上房门。

有时她从外面跑进来，一脚踩在放在地上的配给豆酱上，直接就走进了厕所里。

在端出食物的房间里，踩过豆酱的脚印踩进厕所里，这很糟糕。目睹这种场合的西洋画家桥田说：

“很壮烈啊！踩豆酱眉山。快成为吉右卫门[①]的叫座剧目了。”……

这样的情景有好几次，我喝酒过度喝坏了身体躺下了，过了有十天左右才出门。黄昏时分，在新宿与西洋画家桥田不期而遇。他告诉我，说阿年查出患有晚期症状的疾病，不久要死了，现在回老家静冈去了。听说病名是肾结核。

结尾部分相当长：

“是吗？……她是个好孩子啊。”我不由得叹息着说出这

① 吉右卫门，全名中村吉右卫门（1886—1954），擅演历史剧中的悲剧角色，人称“菊吉”，开创了大正、昭和歌舞伎的黄金时代。

句话，顿时感到很尴尬，真想捂住自己的嘴巴。

“是个好孩子。”桥田沉静而痛切地说道，“如今脾气那么好的人很少见了。为了服侍我们，也是很拼命的啊。我们住在二楼，凌晨不管两点还是三点，一醒来就下楼去，只要说：阿年，拿酒来！她先回答‘是’，就是天气寒冷，她也毫不懒怠地马上起床，拿着酒送来了。那样的孩子，很少见啊。”

眼泪眼看就要流出来，我慌忙掩饰着说道：

“不过，什么踩豆酱眉山，那是你起的名字啊！”

“我觉得很对不起她。肾结核，好像与撒尿频繁很有关系啊。踩豆酱，在楼梯上滚落似的下楼冲进厕所里，这都很正常啊。”

“眉山的一片汪洋呢？”

“肯定是的啰！”桥田对我开玩笑似的提问生气地说道，“没有贵族站着小便的呀！至少，她只想一直待在我们身边才不断地忍着。上楼梯时‘咚咚咚’，因为生病身体不听使唤，但是她还硬撑着服侍我们。我们大家都得到过她很大的照顾啊。”

我站起身，感觉想捶胸顿足：“去别处吧。在那里我喝不下酒。”

“我也有同感。”

从那天起，我们就突然换了个地方喝酒。

文章从前半部分到中段充满着诙谐，这个伏笔是经过盘算的，在最后一揭示真相，那些情节就全都活起来，对女主人公的滑稽哑然失笑的读者，和作品中的“我”一样，肃然沉浸在哀惜的情感里，受感慨的引导，觉得人物的表象和人生的真实真是天壤之别……

在这里，莫比乌斯带的表里在结束时明显发生逆转。可以说这是漂亮的创作技巧吧。当时，在日本的纯文学领域里，充满荒诞可笑的作品仅此而已，就已经被人看作“庸俗”，伏笔和结尾的部分被当作“虚构”，还成了被人视为层次低的主要原因。

太宰在《眉山》发表两个月之后发表的《樱桃》里说：“人们鄙视我，说，名叫太宰的作家这种时候很轻薄，仅靠逗趣吸引读者，这是最廉价的。”“有人为别人效力是坏事吗？老是不笑，就是好事吗？”这就是对那种倾向的抗议。

若松屋阿年的幽默，也许会被看作极端的虚构。其实这是一幅相当正确的富荣画像。当时富荣映现在太宰周围大部分人眼睛里的，的确就是那副样子。

在前面引用的书里，别所直树在最后一次见面的一月八日，听到太宰提起富荣时说：“一有什么不称心的事，就在楼梯上嗒嗒嗒地跑下去，咔啦咔啦地整厕所的门……然后，她又开始捣鼓剪切机，发出新的噪音。”

同样的话，太宰曾蹙着眉用一副烦心的表情对野原一夫也说过。其实野原也曾听到过这样的脚步声。

富荣在楼梯上发出很大的响声，原因是她高度近视。野川家从二楼六叠房间通往楼下的楼梯狭窄、陡峭、昏暗，厕所就在楼梯尽头。

长筱康一郎的著书卷首插进许多肖像照片和抓拍照片。按顺序看下去，富荣那少女时代清新可爱的面影，在初次见面的人眼里，变成了用人似的质朴印象是在戴上眼镜以后。

太宰一定会把富荣的照片专辑拿给人看，说还是不戴眼镜好。富荣在太宰面前不戴眼镜以后，狭窄、陡峭、昏暗的楼梯，对她来说是很危险的。意识到这一点而尽量憋着尿意，最终憋不住了便跑下楼去，楼梯踏空就会发出“嗒嗒嗒”的响声。

富荣有时又凭着一知半解的了解插进太宰与来访者的文学讨论里，令满座的人都很尴尬。

因此，了解富荣的人一读到《眉山》，就能察觉出作品里的原型，不能不对她怀有好感，替代了以前的反感和蔑视。太宰还用嫌弃的神情向好几个人说起“嗒嗒嗒”的事，不能不想到这与不久将要发表的小说情节一样，若是为了引导身边的人改变那种看法的伏笔……

有时候太宰会当着富荣的面对关系亲近的编辑说：“我老婆还是很有气质啊。和她不一样。”态度很残忍，说话不分轻重。不过，太宰也许是希望通过编辑把这样的话传到美知子那里去。客人都离开、只剩两个人以后，太宰会紧接着竭力讨好富荣的。

不言而喻，这样的努力大致会是有效的。这可以由富荣二月九日的日记里记载着的、信的草稿中一段作佐证：

为第三期还是第四期的小说新潮写《眉山》这部小说，我想，这一定是一部完全有可能引起堤君肠扭转的作品吧。

就是说，在把稿子交给杂志社之前，富荣读过稿子，完全能理解自己在《眉山》的前半部分凄惨地被当作笑料的创作意图。

总之，由于富荣有在日记中记录信件草稿的习惯，知道堤重久回到京都以后还会继续与太宰通信。

无论生前还是死后，富荣在了解太宰的人之间口碑不好，宁可说大部分是诋毁，这也许更接近实际。

在大多数人的眼里看来，富荣独自霸占太宰，像是要把他“软禁”在自己的房间里。

富荣在去年秋天时辞去美容院的工作，开始一心一意地照顾太宰。在临近年底的日记里写着（括号里的文字是我自己添加的）：

“我打工时积攒的存款都用在招待他的客人身上，所以生计变得很艰难啊。是第一次拥有的生活方式，所以完全没有头绪。说什么‘钱的事说清楚啊’‘还有吗’，但‘已经没有了，给我钱’之类的话，我实在很难说出口啊！”

在那次举行残忍“仪式”的十一月十五日，富荣不得不接受了给太田静子寄钱的代理人角色以后，筹集汇款的事项也压上身来，平时还要参与部分收入的管理，如果把那个时候不太常见的用语也混在一起说的话，就是已经有着管理人兼秘书兼护士的意识。

太宰无论身体多么虚弱，早晨一早便带着盒饭出门，在附近医院里注射葡萄糖复合制剂之后，去“千草”餐馆二楼的工作室专心写作直到下午三点。

就这样，太宰从昭和二十三年一月到死亡不到半年的时间里，除了创作《美男子与香烟》《眉山》《女类》《候鸟》《樱桃》《家庭的幸福》等六部分别充满着独特趣味的短篇小说，其中包括经典杰作之外，还完成了代表作《人间失格》，引起争议的随笔《如是我闻》四回，以及口述井伏鳟二选集的后记，所以对他的创作热情和强悍的专注力，惊叹远远胜过感慨。

真正的作家太宰治每天从埋头写作的早晨九点起到下午三点期间，说白了就是只存在于这段时间内创作的作品文本里，然而很多人却对下午三点以后从全神贯注地工作状态中释放出来的太宰怀有更大的兴趣，当作茶余饭后的谈资。

从早晨起开始写作、体力已消耗殆尽极度疲惫的太宰——原本就是怕见生人不善于与人交流的人，把工作室设在餐馆二楼这件事本身就很荒谬或者很失策——休息一个小时左右下楼，开始陪伴估摸着时间来的编辑和粉丝们。

总之，他是个希望把“他最喜欢逗人高兴”这句话刻在自己墓碑上的、具有强烈奉献精神的人，所以酒一下肚便将暂时恢复的元气全都倾注在机智幽默的谈笑里，热热闹闹地喝着酒，不停地说笑着，直到最后一个客人心满意足地离去。

太宰对野原说："我的开销我是知道的。我不会在高级餐馆里和艺伎玩，充其量就是在三鹰附近的小餐馆里和书生们饮酒作乐。"当时如果慷慨大方地请那些人喝其他价格昂贵的酒，付款的账单会一个劲儿地增长到难以想象的数额。

富荣对自己的积蓄失去了掌控，到了不得不为了寄抚养费而精打细算的地步。随着管理人兼秘书兼护士的意识越来越强，太宰那样的喝酒和消费方式，无论在健康方面还是在财政方面，都只能认为是硬撑着灌入嘴里却没有任何好处的浪费，甚至是在消耗太宰最重要的生命。

关键是担心太宰的健康，为了让他少喝酒，夜里富荣尽量不让他离开自己的房间，对窥探"千草"餐馆后上楼的客人，一概拒之门外，告诉他太宰不在家。

客人们察觉出太宰在家，便在"千草"餐馆花自己极少的钱喝酒（大部分是最便宜的糟酒），喝醉后走到店外，朝着太宰所在的野川方二楼窗户，每个人轮流着反复大声高喊：

"山崎浑蛋！"

无疑是出自盼望着好不容易能与太宰喝酒谈天的机会却遭到阻拦的郁愤，但在他们的心底，也许还有连他们自己都没有意识到的男尊女卑的封建观念。

周围的人都觉得富荣以女性特有的独占欲把太宰"禁闭"

着，这也有太宰经常用表情和举动暗示自己显得像是被软禁着似的缘故。

原本自己就是加害者，却不知不觉地变成了受害者的意识，眼神也变得像是那么回事。这也是太宰擅长的技能，肯定是期盼着自己的状况能如此传到在家抱着三个孩子忍受着孤独和不安、悲伤等待着他的美知子那里。

可是，他害怕富荣带着的氰化钾，这似乎是事实。

野原一夫劝他以筑摩书房或新潮社留宿为借口，去下曾我看望治子如何，太宰说富荣藏着氰化钾，并且以一副认真的表情说："去下曾我的事如果败露，她立刻就会一口吞下去。她做得出来的！"

氰化钾以前应该放在蓝色的旅行包里，后来被藏到别处。太宰趁富荣不在家时，在屋子里找过，但没有找到。

他当着野平健一的面吻了富荣，在她出去买东西不在家后，也曾请求野平："氰化钾就藏在这屋子里。不知道放在哪里。我猜会不会放在衣柜里，你帮我找找看。"

富荣的偏执一天比一天强烈，在内心里早已超越了管理人兼秘书兼护士的意识，感到太宰就是她的"夫君"。

摘抄富荣的日记——

三月二十七日　是我们夫妇邂逅一周年的纪念日。

五月二十二日　难道会分手？我也有自尊。

他说“想去死”的话，会狠狠地骂他：“什么一个人去死！是一起去啊！”

五月二十六日　无论如何想要生个孩子。我想要孩子。一定要生。生个你和我的孩子。

其中“难道会分手”这句话，暗示太宰有了新的情人，是激烈争吵到最后写下的。

据说对方是个医生的女儿，住在阿佐谷，女子大学毕业，二十六岁，苗条高个，但手脚娇小，很会打扮，会说法语，长得很漂亮，走在路上行人的回头率很高，性格温和，真是个无可挑剔的人。

正如太宰曾把富荣当作挡箭牌与静子分手那样，估计这次又有了新的情人关系，企图要与富荣分手。

然而，与静子的情况不同，太宰遭到猛烈反击，不得不承认这种企图几乎没有成功的概率。

前面提到过几次的、从那个深夜的活地狱里发出的呻吟依然在继续。富荣在三月十七日的日记里写着，看见太宰那张在半夜里出现的备受煎熬的脸——

众多往事浮出脑海，压迫着修治。那些往事全都与现实相关联，而且还栩栩如生地活着，我感到束手无策，无法忍受。

如果现在再让富荣自杀的话，太宰感到四面楚歌的脚步声正在步步紧逼，猛然高涨起来，人世间的诽谤会成为无法推翻的事实。

如果那种坏名声涉及对太宰文学的整体评价，把死后的希望押在这一点上的全集发行，将很容易遭受致命的打击。

就这样，太宰眼下不得不面对过去的噩梦，以及不久的将来可能发生的事态带来的噩梦。

第十六章

人间的离别

离太宰死亡大约三个半月前，在二月二十七日的富荣日记里，像太宰作品的题记那样引用了伊藤左千夫[①]的歌“强自忍至寂，天地寄残命”以后，做了如下记述：

> 太宰的情绪强烈地撞击着我的心胸，叫我受不了。
>
> 简直已经累得精疲力竭，却说“要耗尽最后的体力”，猛地站起身又进行口述。真可怜，今天差点儿掉眼泪。
>
> 一副悲壮的表情。

这是太宰生前与井伏鳟二的决裂起关键作用的随笔《如是我闻》开始口述的那天。

太宰的疲惫确实达到了临界点。

加上病情恶化，从一月上旬到这个月的二月底，在不到两个月

① 伊藤左千夫（1864—1913），本名伊藤幸次郎。日本近代短歌创作巨匠，著名小说家。代表作《野菊之墓》与川端康成《伊豆的舞女》齐名，被称为“日本纯爱小说开山之作”。

的时间里，他耗尽自己的体力和技能的极限，创作了《美男子与香烟》《眉山》《女类》《候鸟》《樱桃》《家庭的幸福》等六部短篇小说，将所有的心思倾注在当时令自己痛彻心扉的主题上。其中也包括超越文坛水准的优秀之作和值得自豪的作品，不难想象随着肉体上的疲劳接近极限，相反却有一种心理作用，使他在精神上得到很大的振奋。

预定连载一年、担任口述笔记的《新潮》编辑部野平健一，于六月中旬太宰刚死后不久，在杂志上发表的《〈如是我闻〉和太宰治》里，大致如下描述开始口述那天的情形。把当事人的推测和解说加在一起摘录下来……

是以前约好的，因此去拜访山崎富荣——野平的文章里没有写名字，用“现在身边有名的女士”这样的表现来暗示——的住处，不知为何，太宰对即将开始的工作颇感犹豫。

他用微笑着的眼神向试图找出犹豫原因的野平示意：……是啊，你猜得没错，再等等。片刻后，他调整呼吸正想要说的一瞬间，富荣便像阻止他开口似的，眼睛看着手上的针线活，说道：

“野平君，如果你觉得先生很可怜的话，就死了这份心吧。会死人的。”

夹着我的推测，太宰犹豫的是即将要说的主题，到时可能会遭到猛烈攻击，所以有必要重新下决心打好腹稿。

太宰拿定了主意刚要开口时，富荣不依不饶地说道：

“不想写的东西，硬逼着写，不行啊！”

太宰的脾气是有人当面反对不能置若罔闻，于是，便用开玩笑的语气说道：

“是啊！是啊！写不想写的东西，不利于健康。会折寿的。折寿的。”

接着，他让富荣拔去瓶栓开始喝啤酒，过了不多会儿，又让富荣去买蟹。

太宰是个食欲旺盛的人，最爱吃的是毛蟹。蟹在三鹰站前的黑市里不是常有的，富荣为了给太宰增加营养，就算是坐电车到吉祥寺和荻窪的站前去找，也要直到找到才回来。

富荣出去购物后，太宰绷紧表情，开始口述：

> 说攻击他人，这不足取。应该攻击的，是那些人的神。只有敌人的神，才值得攻击。可是，在攻击之前，首先要发现敌人的神。人，常常会把自己的神藏匿得很隐秘。
>
> 这像是法国诗人瓦雷里的喃语。自己在这十年里即使生气都会强忍着。今后每月有人为此无论怎样让我感到不快，我都要写在这本杂志（《新潮》）上。于是，不听从自己意志的“时期”终于来临。对各种五花八门的缘由，希望得到原谅，或者，恩断义绝也在预料之中。我知道这样的事会被说成是夸大其词或厌世恶俗，令那些人皱眉。就是说，我要写自己的抗议。
>
> 开头时提起瓦雷里，是因为我接着要攻击的对象，其中

大半都是诸如以现在大受欢迎的法国文学为佛光、胡乱地写一连串法国人名便会有人出来捧成所谓“文化红人”而起哄的人们，另一种就是死守古老传统的人们。

有一群称为“老前辈”的人。他们的神，是什么呢？我最近终于知道了。

是家庭。

是家庭的利己主义。

那便是终局的祈福。我想是被这些人骗了。说句粗俗的话，不就是只疼爱妻子一个人吗？

口述到一半，富荣回来了，太宰便说：“我累了。工作果然很累。必须摄取营养。”于是一时间欢快地讲解着买回来的蟹的吃法，一边把蟹脚和蟹壳内的蟹黄放进嘴里，还劝野平也一起吃，然后再回到工作中。

经过长时间的紧张工作，真的累了，他便躺下。

“嘿！要耗尽最后的体力。”

他给自己打气，说着便重新爬起来，继续口述。

把“老前辈”们全都包括在内，痛斥他们都是没有文化、暴力的人，不懂得柔弱之美。然后，这样继续说道：

听说某位“老前辈”说我的作品装疯卖傻令人恶心。但这位“老前辈”的作品是什么？是在夸耀自己的正直？在夸耀什么呢？这位“老前辈”是在吹嘘自己的男人气量。何时翻阅他的选集来看，煞有介事的侧脸照片，没有丝毫的羞愧的表情。简直就是一个冥顽不灵的人。

给他装疯卖傻的印象，那也许是我的厌倦，可是对他的神经紧张，我也不得不退避三舍。

神经紧张地说话，这本身就是冥顽不灵的证据，而且又是指完全没有把人的神经当回事的状态。

虽然没有指名道姓，但承接前半部分说的“出色”“清高”“贵族气质”这些形容，一目了然，就是指志贺直哉。

在同年一月发行的杂志《文学行动》举办的、包括广津和郎[①]在内的座谈会上，志贺直哉向一名与会者打听对太宰治的印象，说：

年轻人大概很喜欢，但我讨厌。这是在装疯卖傻啊，那种态度，我喜欢不起来。

太宰正月里在井伏家听到“小丑”这个词，深陷在四面楚歌的心境里，文坛最高峰“小说之神”这句话，更像是刺中了软肋的

---

① 广津和郎（1891—1968），小说家、评论家。成名作《神经病时代》，描写知识分子对丑恶现实感到不平却又无力反抗的彷徨苦闷形象。作品有《愤怒的托尔斯泰》《壁虎》《在波浪上》《抱着死去的孩子》等，并翻译契诃夫的小说。

箭，令太宰更加深了孤立无援的悲壮感。

一月八日，那年最早创作的《美男子与香烟》里，开头写道：

我是准备孤身一人独自战斗到今天的，但不知为何，总觉得像是要败下阵来，心中惶惑不已。

如果摘录下来，就是记录了当时像下面这样的心情：

我的战斗，一言以蔽之，就是与蹈常袭故的现象做斗争。

守旧者心术不正。他们总是寻找各种机会毫不羞愧地念叨着什么陈词滥调的文学观、艺术观，用来践踏冒死萌发的新生事物，而且看来他们根本没有意识到自己的罪恶，实在让人不敢恭维。

他们只是一些惜命、惜钱、想出人头地讨妻儿欢心，因而沆瀣一气、相互吹捧、所谓抱团欺负势单力薄的人。

前几天在某个地方喝酒，有三个年长的文学家走进来。我与他们既不认识也无来往，他们却围着我，一副烂醉如泥的模样，对我的小说进行诽谤。我这个人无论喝多少酒都极其厌恶失态，因此对他们的恶语相向付诸一笑。

回到家里，吃着已经很晚的晚饭时，感到悔恨不已，不由得哽咽出声，不能自制，放下碗筷，竟然呜呜地号啕大哭起来，对伺候自己吃饭的妻子断断续续地说：

“我如此豁出命来拼命地写，大家却把它当作随意嘲弄的对象……那些人都是前辈，比我大一二十岁，而且他们合起伙来想要诋毁我……卑鄙啊！狡猾啊！……算了！我也不用再顾忌了，我也要公开说说前辈的坏话，我要和他们斗……太过分了！”

我语无伦次地嘟囔着这些话，哭得越发伤心起来。妻子露出惊诧的表情，说道：

“去睡吧，唉……”她把我拽到被窝里。我躺下后还在抽抽搭搭地啜泣着，自怨自艾，抽泣不止。

这个场景与美知子写的太宰“说大家合伙欺侮我，就好像在外面淘气受欺负后回来的孩子，抽抽搭搭地低声抽泣……”形成了对比。作为妻子，看着丈夫在面前哭得如此伤心，就算他在外面有了孩子，就算他此时明显有了出轨的迹象，肯定是很难置之不理的。

就是在这样的时候，志贺直哉迅疾地射出一支短箭，准确地命中他的胸口。作为太宰来说，就把整个文坛都当作了敌人。

光看这些，太宰似乎单方面地成了受害者，但他在四年前的《津轻》里，就已经对明显是指志贺的作家写道：

曾经听到过“贵族气质”这一幼稚的批评，这是很无聊的，（中略）那是贵族的仆人中常有的类型。不能使用贵族气质之类不合时宜的语言。

众所周知，在这之前，关于太宰，有过志贺对尾崎一雄说的“很傲慢啊”这句话。

《如是我闻》第一回的结尾如下：

本月这篇文章只是泛泛而谈，像是怒气冲冲地乱发一通脾气，但首先要表现出自己的气度，然后，这才是向混蛋学者、混蛋文豪开始要说些奇谈怪论的前奏。

这是对我的小说读者说的，不要责怪我的轻举妄动。

不仅仅是太宰的读者，对无论处于何种立场的读者来说，这都是一场大戏，让人联想到不得不捏一把汗的波澜万丈的走向。

野平健一《〈如是我闻〉和太宰治》的文章，是在太宰刚去世后不久，为反驳“街头巷尾”传说《如是我闻》是《新潮》揪住瘦弱的太宰的衣襟硬逼着他写的，这是把他逼死的原因之一……而发表的，文章开头这样说道：

《如是我闻》是太宰先生心甘情愿亲自挑选的一个果实。既没有任何人的推荐，也没有任何人的怂恿，是他自己的魂。

如果了解到这些内情，大多数人肯定会认为这个说法才是真的吧。

根据野原一夫“包括我在内”的叙述，野平是当时太宰最称意的编辑。总编斋藤十一也在刊登这篇文章的杂志上撰写编辑后记，写道：“写《〈如是我闻〉和太宰治》这篇文章的野平健一君是本杂志的编辑部编辑，他是受太宰生前最关照的人，太宰也说‘《斜阳》就是为野平写的’。”

只要是太宰的稿子，无论多么简短，杂志新闻业都会纷至沓来。太宰从中选择《新潮》作为一定会引起巨大反响的散文连载舞台，其理由之一，也在于委托知根知底的野平做口述笔记这一点。野平在晚年回想起来时说道：

> 每一回大约十五页稿纸，共四回……那是很精彩的口述。
>
> 大概在脑海里就已经完成构思了。我是按先生说的记下来。句号、顿号、换行、括号……全部都说得清清楚楚。而且速度很慢，容易记下。
>
> 没有临时想起来才说的感觉啊。最后重新看一遍，这就脱稿了。

那次口述从中途起后面的稿子有越来越详细的草稿，这在以后会提及。

野平把连载第一回的稿费送去时，太宰把装订好的一叠稿子叭地放在野平的面前。

标题是《樱桃》，附着“我要向山举目。—— 诗篇第一百二十一”的题记。

野平在把稿子交给杂志编辑部之前先读了一遍，茫然了好一会儿，眼眶里溢着泪水，说不出话来。太宰问野平：

“怎么样？”

“呃……”

“怎么样？你什么也不说吗？真拿你没办法啊。”

野平默默地把稿子滑落似的放到太宰的膝前。

“哪里？让我看看。”

富荣在边上说道。她是想，野平说不出口的感想，还是由自己来说吧。

“呵！你什么都想看看，小说你是看不懂的，”太宰噘着嘴，问，“呃，野平，不能让她看啊。还是不给她看的好吧。”

“不行吧。”野平勉强开口道。

太宰的小说有时具有隐含着写给特定人物私信的性质，美知子带着三个年幼的孩子强忍着忧伤在家里苦苦等待着他，《樱桃》就是写给美知子的信。

在《如是我闻》里，一边说“老前辈”们的神“是家庭”，“是家庭的利己主义”。一边又在小说中说：

哭泣的不是光你一个人。就连我，考虑孩子的事绝不会输给你。孩子半夜里即使咳嗽一声，我一定会醒来，感到难以忍受。我也很想搬到再稍稍好一点的房子里，让你和孩子们高兴，可是我无论如何也没有安排周全到那一步。我已经竭尽全力了。我不是残暴的怪物，我没有坐视妻子不救而坦然处之的“心胸”。

语气是克制的，但写出了思念妻子的丈夫、思念孩子的父亲那股切的心情。接着，叙事者“我”，一边极其厌恶地吃着在孩子的眼里像珊瑚首饰似的樱桃，硬撑着虚张声势，和樱桃核一起吐出了“与孩子相比更珍惜妻子”这种悲痛的反话。

野平在读着稿子的时候，就直觉地感到这也许会是作者的代表作之一，这天无论如何都必须把太宰送到家才能令人放心。

无论是开始口述《如是我闻》那天，还是发生插进《樱桃》稿子这一幕的那天，读者能够感觉到富荣的言行都非常自负，甚至已经变成了傲慢。

可是，太宰的小说里都有一种独特的性质，就是，能使读者不知不觉地认定只有我才了解这个人（作者）。

何况，富荣原本就不离太宰左右，管理人兼秘书兼护士的意识更强烈。她觉得，现如今我比任何人都更理解太宰文学！富荣存在这样的心理也是无可厚非的。

回到前面的场景，结果她像抢夺似的把《樱桃》稿子拿到了手里，但这部作品是写给美知子的信，太宰其实从一开始就想让富荣看看的。

在回家的路上，富荣抱着甜橙一路跟着太宰和野平直到家附近。

浑身还散发着醉意的太宰弓着背，将双手插在外套的口袋里，左右摇晃着，跌跌撞撞地走着。

一走进玄关，太宰便告诉美知子：

“我在野平那里干活。”

毫无疑问，即使明知是谎话，那无疑也是对妻子的一种礼仪，一种牵挂。

三月七日，太宰和富荣、筑摩书房古田晁、《展望》编辑部古井立、神田神保町“圣路易”酒吧老板娘五个人去热海。

是为了创作要在《展望》上连载的《人间失格》。

在被杂志新闻业界蜂拥而至的众多约稿追逼着时，太宰自己提出要在《新潮》上连载《如是我闻》，在《展望》上连载《人间失格》。

按照顺序《人间失格》在先，去年六月底写完《斜阳》后不久时，太宰几乎是请求总编臼井吉见，说下次要写一部此类题材的悲惨作品，要刊登在《展望》上。这是一部太宰唯恐失之的作品。

筑摩书房当然干劲十足，太宰终于决定动笔时，为了躲避络绎不绝的客人以便能集中精力写作，古田晁在热海的高台上将视野开阔的起云阁扩建部位准备了一个封闭式的环境。

一起去的人在度过一夜号称壮行会的酒会回家以后，只剩富荣留在太宰的身边，太宰开始动笔创作。（富荣接触到太宰夜里被噩梦惊醒的情形，就是在这里写《人间失格》的时候。）

在创作最投入的三月十五日，野平健一收到太宰的来信，说：“《如是我闻》一事，我准备在二十八日、二十九日从这里撤离，请在三十日早晨喊我，同我合作完成。”

在信的结尾处写着“我来这里后酒量减少，变得很高雅了”。但野平知道在伊豆三津浜的安田屋旅馆写《斜阳》时，太宰每天一结束工作便大量喝酒的事，对太宰的话有点儿难以置信。

太宰在热海（途中有事回东京两天）写完《人间失格》第一回一百零三页，三月三十日回到东京，四月二日在富荣的房间里进行《如是我闻》第二回的口述。

但是，那天夜里来客不断，酒喝到最后，初次见面来拜访太宰的青年服用了一百颗溴米那制剂企图自杀，被总会在半夜里醒来的太宰发现，引起了很大的骚动。

富荣冒着雨三次跑出去找医生，直到早晨才终于让青年住进了医院。

只剩和野平两个人时，太宰用双手掩着脸面说道：

“为什么唯独我要遭受这样的罪？为什么简直就像是恨我似的在我的房间里自杀啊？对我会有什么样的怨恨？”

太宰的愤怒是针对井伏鳟二的。这位杂志社的青年编辑来访时，自称是井伏的熟人。

"井伏会责怪我说，你一定是又说了什么怪话吧。这事我受不了了！完全陌生的人突然闯进来，什么也不说就突然死了，会被人说是你太宰的责任……肯定会说是我的小说不行啊。真让人受不了！"

青年经过医生的诊治总算保住一命。四月三日，井伏接到通知赶到富荣住处拜访太宰。富荣的日记里写着：

夜里，井伏露面。没出息的人。

据长筱康一郎推测，太宰为了青年自杀未遂事件向井伏发牢骚，估计当时井伏是劝告太宰停止《如是我闻》从《新潮》第三期开始的连载。

从事发的状况来看，那天夜里，两人的交谈怎么也不可能始终都是心平气和的。

四月六日重新开始口述的连载第二回，引用了在中期杰作《越级申诉》最高潮时也被引用过的马太福音第二十三章作为文章的开始。

第二回开头时的引用是把《越级申诉》里没有写进去的几节文章摘选出来进行拼接，浓缩成为《如是我闻》这本书最为精华的地方，所以文章很长：

凡他们所吩咐你们的，不要去效法他们的行为。他们把沉重难担的担子捆起来，搁在人的肩上，但自己连一个指头也不肯动。他们所做的一切，都是要给人看见。因为他们将佩戴的经文匣做宽了，衣裳的穗子也加长了。他们又喜爱筵席上的首座、会堂里的高位。且喜爱每个人在街市上问他们安，称呼他们为拉比。但你们不要受拉比的称呼，也不要受师尊的称呼。

假冒为善的经学家和法利赛人，你们有祸了！因为你们在人前把诸天的国关了。你们自己不进去，也不让那些要进去的人进去。瞎眼领路的，假冒为善的经学家和法利赛人，你们有祸了！你们外面显出公义，里面却装满了伪善和不法。假冒为善的经学家和法利赛人，你们有祸了！因为你们建造申言者的坟，修饰义人的墓，并说："若是我们在我们祖宗的日子，必不和他们一同流申言者的血。"这就是你们证明自己是杀害申言者之人的子孙了。你们继续为恶吧，像你们的祖先那样。像你们这类毒蛇、毒蝎之种，看你们怎能逃避火坑的审判?

在这段引用后面，太宰紧接着这样呼吁道：

L君，你虽然坏，但这个月看来我要对你说道说道。听说你现在是个学者。你一定非常努力吧，你在大学时代虽然不太出众，但还算是努力的吧。可是，最近一个偶然的机会，我拜读了你的一篇随笔似的文章，对那种装模作样甚感惊讶，你是外国文学家（这个词也颇为奇妙，能听成"外国人的文学家"

吧），却简直就像把经典著作的作品粗粗地翻阅了一下似的，我真的是吓出了一身冷汗。自古以来，俄国人文学家没有受到过经典文学折磨的人，大概只有你一个人吧。不是有数万颗星星以经典作品为主轴在旋转吗？

日本人的名字首字母不可能是“L”，所以最初的提问是针对不特定大多数的外国文学家。然而，要了解太宰一旦发火时，其锋芒会是多么激昂和猛烈，所以不可能跳过这个段落读下去的。在摘要中掺杂着引文进行介绍：

我阅读了你们“学习”的精华所做的翻译，其实是获得了很大的快乐。关于这一点，我会永远怀有感激的心情。可是，我觉得再也没有像你们最近的随笔那样内容空泛的东西了。

你们只是个语言学老师（应牢牢记住）。你们对“诗歌”简直是一窍不通。回避诗歌，称你们是纯粹的语言学老师，这也太屈尊纡贵了。你们满足新闻的要求，装作“拉比”的样子，但是你们在社会上多少还能获得信赖的最后一件东西是什么？

教养？优雅？对哪一个都没有自信吧。对语言学，当然没有丝毫自信。出洋。在那样的地方，你们和民众的相互哄骗才能格外轻易地得手。难道不是吗？

读了某位外国文学家在某本文学杂志上发表的读后感，是关于我的《维庸之妻》。我对他的昏聩颇感惊讶，我真心怀疑他不会是得了积脓症吧。说是大学教授，也不可能事事都精通，这样的人在大学教授文学犹如在犯罪，其恶劣程度让我不寒而栗。

那位糊涂先生还想象力贫乏，说什么“作者在这部作品背后嘻嘻嘻地笑着”。在嘻嘻嘻地笑着的，是那位先生自己吧。

那部作品的读者假如有五千人，会想到“嘻嘻嘻”之类卑鄙污秽词语的人，除了那位“高尚”的教授一人，我觉得恐怕不会有别人了吧。你很光荣啊！你是五千人中之一人，稍稍觉得有些羞愧。

虽然没有指名道姓（在后述的“创作手记”里注明着），但这是对渡边一夫[①]在《文明》杂志上发表的《关于犬儒主义》的感想进行讽刺。渡边一夫在文章里说：

我不久前读了太宰治的小说《维庸之妻》。正因为是屈指可数的作家作品，所以能很感兴趣地一口气读下去。但是，这位作者照例玩味儿似的嬉皮笑脸地将文章背后的隐喻埋藏起来，让人在阅读时抓不住文章精髓的所在，也由此来彰显他的才华，这实在令人作呕。

---

① 渡边一夫（1901—1975），日本法国文学家、日本学士院会员。因翻译法国拉伯雷《巨人传》而闻名。

太宰叙述道：

这种事，虽然我不想说，但我一边在写着小说，一边就算付出痛苦得要死的努力，也从未用过“嬉皮笑脸”的态度去戏弄人。不！这不是太理所当然的事吗？尽管我只是这么写着，但也渐渐地痛感你的愚蠢，笔头变得沉重，面目也变得可憎起来。

太宰接着说道：

听说，另有一名外国文学家评论我的短篇《父亲》，说“读起来真的很有趣，但第二天早晨什么也没有记住”。这个人追求的是宿醉。那时说读得很有趣，那就是幸福感。不把这种幸福感带到第二天早晨就受不了的贪婪、淫乱、健将，这也是一个大笨蛋先生。

但是，与此相对应，在刊登在《群像》上的作品总评座谈会上，参加座谈会的中野好夫①对向太宰表示不满的参会者说：

---

① 中野好夫（1903—1985），日本英国文学学者、文艺评论家。曾任《和平》杂志主编，热心于世界和平运动。主要作品有《伊丽莎白王朝戏剧讲义》《文学入门》，译有《莎士比亚选集》等。

可是，一边心怀不满，一边却觉得写得真棒而快乐地读到最后，这是怎么回事呢？其实要说《父亲》，我也觉得很有趣，可是问我在写些什么，几天前的，我就想不起来了。我想那不就是一种妙趣吗？

是不是应该被骂“大笨蛋先生”，这正是看法有分歧的地方。

如果换个思路，也不是不能采用褒扬的语言。在前述渡边一夫的文章里，有句话说：“中野好夫说这部《维庸之妻》是高级落语，最后结尾部分的插科打诨写得如此漂亮，使他的作品光彩夺目。”《三四郎》里的人物说：“阿小是个天才，那样的艺术家已经不多见。只是我们任何时候都能来听便觉得不值钱了，实在是于心不安。和他生活在同一个时代，我们是很幸运的。”这句话对落语这种艺术给予了高度评价，就是夏目借角色之口在赞赏落语。

可是，在当时的纯文学领域里，不用说最后结尾的插科打诨和伏笔，就连所谓的“很棒”“有趣”之类的语言，也未必就是褒扬，这与后面的叙述也有关，希望读者记住。

在这里，先了解一下当时太宰的小说观。

太宰在回答《个性》杂志第三期“所谓的小说是什么”的抽样调查时，以《小说的趣味》为题大致陈述了如下观点：

小说本来就是供女子阅读的，实际上如果用来哄骗女人的话会大获成功。那种哄骗手段五花八门，或者假装严谨，或者赞扬美貌，或者假冒名门出身，或者炫耀贫乏的学识，或者不顾廉耻地公开自己家门的不幸，尽管想要获取女性同情的意图昭然若揭，有评论家这种蠢货捧它，好像把它当作自己的饭碗一样，很令人吃惊。

据说以前有个名叫泷泽马琴[①]的人，在毕生巨著《里见八犬传》的序言里写着，“如果有办法能消除女人睡意的话是幸福的”，但为了让那女子清醒过来，他竟然弄坏了自己的眼睛，尽管如此，他靠口述笔记仍然继续创作着，这不是很蠢吗？

我忘记了是什么时候，因为睡不着，便把藤村这个人的《黎明前》通读了一遍，一直读到清晨，把厚厚的书扔在枕边，迷迷糊糊地睡着后，做了一个与此无关的梦。后来一打听，才听说那人为了完成《里见八犬传》这部作品，竟然花了十年的时间……

太宰认为，在另一方面与那时的私生活一样，所谓的小说就是甚至不惜缩短自己的生命来创作令对方快乐、喜欢的“故事”。

---

① 泷泽马琴（1787—1848），日本江户后期小说家。作品以儒教道德为基础，强调佛教的因果报应，具有浓厚的劝善惩恶主义倾向，对后来日本的通俗小说影响很大。代表作有长篇传奇小说《里见八犬传》，另有《椿说弓张月》《朝夷岛巡记》等。

如果能得到一夜的幸福感，作为作者来说是十分满足的，所以如果把这“故事”当真而自杀的话，就会是很大的麻烦。

同时，在和坂口安吾、织田作之助一起出席的、《文学季刊》的“谈现代小说”座谈会上，主持人平野谦在开场白中率先发言：“志贺直哉的文学是现代日本文学最严谨、最正统的文学，如果从这个常识来看，现在这里的三个人就被看作是脱离了那种正统的写实主义、创作时进行了某种变形的作家……”太宰当场就反驳说“别开玩笑啊”。

太宰说：“我到任何时候都自认为是写实主义的，将现实在哪个面上截取才好？怎么样才能表现出现实感，我为此呕心沥血费尽了心机，我不认为志贺直哉的那些东西是正统的，宁可说作为文学是歪门邪道……”

这是太宰始终不会改变的自我认识。这与战争中出版的单行本《富岳百景》的序言里写的一样：“不要说我的文学是胡说八道啦夸张啦这些蠢话，知道我追求终极正确总是活得很辛苦的读者有几个人呢？”

这个“终极正确”，其实就是作者自己“主观真实”的想法。

在响晴薄日的正晌午，让月见草勇敢地挺立、与富士山对峙的太宰治，是个彻头彻尾的主观的人。

美知子是比其他任何人都近在身边、最了解太宰的文学和为人的人。根据美知子的文章，说太宰是个“死心眼儿的人，尤其是有意识地想要树立‘自我之塔’”的作家。

那个高高的“自我之塔”里的居民，长年来不断地燃烧着忧愤之火。这时发生了一件火上浇油的事。那就是志贺直哉在与佐佐木基一[①]、中村真一郎[②]的“作家的态度”座谈会上的发言。那次座谈会刊登在《文艺》杂志第六期上。

这次说是座谈会，从“围绕着志贺直哉”这个副标题就一目了然，内容就是战后在文坛上声名鹊起的新锐作家，向战争期间一直保持沉默的文坛前辈请教现在的文学观。从座谈会开始的时候起就出现了太宰的名字。只摘录志贺的发言，他是这样说的：

> 最近，我读了三部梅崎春生[③]的作品，然后，还读了太宰君的小说《斜阳》，但闭嘴了呀。
>
> “闭嘴”这个词，是贵族女儿使用乡巴佬女用人似的语言。从农村来的女用人对自己会使用敬语，到处都是这样的语言。我也很讨厌贵妇人在庭院里小便的场景描写。也许是讨厌

---

① 佐佐木基一（1914—1993），评论家。作品有《我的契诃夫》《个性复兴》《革命与艺术》等。

② 中村真一郎（1918—1997），小说家、文艺评论家。艺术院会员。因《在死亡的阴影下》而成为战后派作家，其他有《空中庭院》《四季》等。评传《赖山阳和他的时代》获艺术奖。

③ 梅崎春生（1915—1965），战后派重要作家。短篇小说《破屋春秋》反映战后市民生活和城市的荒废景象。主要作品有短篇小说《日落处》《饥饿的季节》，以及长篇小说《沙计时器》《失常的风筝》《幻化》等，多以探索战时和战后的人生意义为主题。

作者对那种事感兴趣。

不要在乎那位作者的装腔作势。好像有点儿装傻似的。比他年轻的人也许不会那么在乎，但我们是年长者啊，就觉得再写得稍稍认真些就好了。那种装腔作势总觉得是软弱吧，是出自软弱的遮羞啊。

（《斜阳》）到处都出现乡巴佬女用人使用的敬语，真让人受不了啊。

说好评如潮的人的坏话，实在开不了口啊，但我真的找不到优点啊。

（编辑部提问：《中央公论》新年号的《犯人》如何？……）那部作品我读过。写得太过分了吧。作品从一开始就知道结尾。作者不知道我已经知道结局，还在拼命地写。

（我的情况）最先写好事件的结局。事先让读者知道故事发展到这里结束。再把那过程精心地写下去。也许是我的嗜好，我不喜欢拼命写的东西。读者只有兴趣看事件会变得怎么样才来读。

（编辑部说：通常小说很有趣的时候，总是恰恰相反吧？）通俗小说也许那样就可以了，但还是要乐观地看待读者吧。还有，小说难道只读一遍吗？难道读两遍吗？因为自己在创作时是反复阅读精心写作的呀。第二遍要写兴趣迥异的东西就很没趣啊。

太宰君的装腔作势，就是来自软弱吧。

> 应该正面冲突啊！不朝岔道上躲闪一下就会感到不安似的……
>
> 所以若是当事人，对此也许会有辩解，但读的话，会不开心的。

志贺对引起社会舆论的《斜阳》持批评的态度，对《犯人》，几乎全面否定。

在分两次刊登的座谈会上，受到志贺严厉批评的，不仅仅是太宰一个人。志贺曾这样说：

> 野间宏这个人的作品，我也只是看了一下，总觉得很难读啊。
>
> 总之，写得不是很拙劣吗？他有写得好的地方吗？（笑）
>
> 野间这个人的文章很难读，我读到一半就放下了。
>
> （与会者问：您读过什么？）读过什么呢？已经忘了。

关于梶井基次郎，他说：

> 我不知道。拿到了书但没读过。死后才读的。

志贺只说了这么一句，以后的感想什么也没有说。

对小林秀雄，他这样评价：

小林的东西，还是应该用再稍稍谦逊些的心情来写。因为有的地方头脑很好使……而且会靠着坏习惯来虚张声势吧。不再谦逊一些不行啊。烂朋友很多吧，朋友中没有情调再稍稍高雅一些的人就……

这些也全都是很辛辣的评语。也包括崇敬志贺常常来往的小林秀雄在内，他对任何人都不留情面地批评。

归根结底，志贺直哉不仅仅是“小说之神”，还是直率得绝不逊色于太宰的“损人大师”。

太宰《如是我闻》第三回的口述笔记，是在写完二百零六页的《人间失格》的三天后，到开始动笔为朝日新闻写连载小说《惜别》之间，于五月中旬见缝插针进行的。

因为是在刊登上述座谈会的《文艺》第六期出版之前，所以《如是我闻》从第三回起对志贺直哉指名道姓，并不是因为读到那篇座谈会记录：

有句话叫“谋反”。

开头就这么写道。在日本，谋反在各种恶劣的品行中也是最不得人心的，并指出即使暂时胜利了，最终也必然会灭亡的：

以前有个家伙干过这样的事，那不过是权势欲或者善于逢迎的勾当，在默默无闻地经受着闲言碎语的折腾中自生自灭了。好像有个前辈也在担心我太宰就此已经完蛋了，或是一定会得到忠告的。可是，自古以来被认为肯定会失败的所谓谋反人，这次民主革命的意义不就是存在于不会输的地方吗？

民主主义的本质，我认为就在“人不能服从于人”或者“人不能征服人，即不能征服家仆”这一点上。

有个词叫“前辈”，它好像“永远”比我们伟大。我们无论怎样声嘶力竭地叫喊，社会总是半信半疑的，前辈一句“那不行”，就具有天皇颁诏似的效果。与他们相比，我们永远是不行的。

奴隶禀性。他们有意无意地在最大限度地仰仗这种奴隶本性。某位评论家对某位老前辈的作品三叩九拜，这样说道：“这位先生没有迎合读者，所以伟大。太宰治他们尽在取悦读者……”

奴隶本性也达到了极致啊。就是说，根本不当回事地自我羞辱的作家，好像是值得感激的。这大概就是：“如果不懂得水墨画的美妙，就无法理解高尚的艺术吧。”尾形光琳[①]的

① 尾形光琳（1658—1716），日本江户中期画家。擅长装饰画，创立表现华丽的琳派风格。作品有《燕子花图屏风》《红白梅图屏风》等。

花里胡哨，大概就以为不是高尚的艺术吧？就连渡边华山[①]的画，不全都是如此优雅的迎合吗？

后辈敬畏前辈，学生尊敬老师，孩子孝敬父母，这些都让我们受教到讨厌的程度，并且想要让我们多少遵循尊卑有序的礼仪。可是，前辈对后辈有礼，老师对学生有礼，父母对孩子有礼，却一句也没有教给我们。

民主革命。我痛切地感受到它的必要。也来听听年轻人的辩解！也来像年轻人那样思辨！我要写这种《如是我闻》之类的拙作，既不是发疯，也不是心血来潮，又不是受人吹捧，更不是取悦读者，而是认真的。

拼着性命行事，会是罪孽？草率行事坑蒙拐骗，为了追求安逸的家庭生活就是行善？关于我们的苦恼，你们哪怕些微地为我们考虑过吗？

太宰就这样说到这里，才第一次抬出志贺直哉的名字，写着外行、六大学联赛、不是“绘画”而是“著书”、放荡、玩物丧志等，前面连珠炮似的写下这些不断想出来的恶言恶语，将各种丑态写到一半（下回有续篇），这样说道：

---

① 渡边华山（1793—1841），日本江户后期的西洋学家、南画画家。著有批评幕府海防政策的《慎机论》。因蛮社之狱受牵连，蛰居故里，后自杀。

我创作这部在社会上说起来显然像是愚蠢之举的《如是我闻》并发表出来，绝对不是为了攻击“个人”，而是向没有信仰的人宣战。

我的全部苦恼，也可以说是与“爱人如己”这一难题有关。

你们持有的道德，全都是为了保全你们自己或者你们的家庭，除此之外，绝不敢越雷池一步。

我再问，即使被时代驱逐也无妨，拼着性命行事会是罪孽?

我不是为了自己的利益而书写。不敢相信吧?

我最后再问，软弱和苦恼，会是罪孽吗?

第三回的口述最初大概到这里结束的。之后隔开一行，补充从“写到这里结束时，我偶然读到某杂志座谈会的速记记录。可见，志贺直哉这个人……”这句话开始的、即像预告篇似的简短附记。

根据这段附记来看，好像在下一回里将接过志贺的话题，要展开更猛烈的反击。

六月四日，野平健一夜里九点回到家里，有份电报送到他这里：

赶快，来我家。太宰。

电报是下午过了五点发出的，准是发生了什么意外……野平顿时心惊肉跳，感到不祥。他就算是结婚，太宰参与其中充当着重要角色。他带着妻子房子从租房的西荻窪赶往三鹰。房子每星期来一次，帮助美知子做家务。

打开房间的玄关门时，刺鼻的线香烟雾令他大吃一惊，太宰随即露面，野平才知道弥漫着的是驱蚊香的烟雾。

太宰正在查看书柜，“呃！你有志贺直哉的书吗？”他和美知子一起在家里已经找遍了，但一本也没有找到。“没有缘分啊。嘿！算了。”他说着，便和野平夫妇一起离家去拜访熟人，借了志贺的《暗夜行路》和随笔集《早春》，还有刊登志贺在战后第一部作品《灰色的月亮》的杂志，回到富荣的房门前，他说接下来要开始《如是我闻》第四回的口述，对房子说道：

“夫人，我今晚要借你丈夫一夜。”

不管如何，要攻击名作傍身的大师，手头上的书和杂志却只有这些，总觉得心中没底，但是从实际的叙述来看，就知道太宰非常仔细地阅读过志贺的作品并烂熟于心。

即便如此，这样的状态绝不会是希望讨论某位作家的文学，而是用找碴儿的目光在读。在批评作品时，最重要的，首先是虚怀若谷。

结果，这将成为最后部分的第四回，从一开始就直言不讳地罗列着对志贺直哉充满敌意的大肆谩骂和对对方人格的诽谤。

太宰是个说话带着轻妙的讽刺、骂起人来犀利而尖锐的高手。

别说在平时的文学讲道方面，即使在写作的细枝末节之处，也始终毫不掩饰自己的才能，一旦自己成为被他人批评的对象，便立即勃然大怒，激动万分，疯狂得几乎不能自已。

到那时，语言的刻薄中又有着奇妙绝伦的含义，对此感兴趣的人还是应该直接阅读原文，这里还是把焦点集中在志贺《灰色的月亮》和太宰《犯人》这两者的小说观和文学观的差异上。

刊登在昭和二十一年第一期《世界》杂志上的《灰色的月亮》，告示着在战争中没有发表过一篇作品的大师，依然保持着明晰而透彻的观察力与创作能力。《灰色的月亮》是四百字稿纸共有六页的短篇，但太宰认为这开头的一行实在难以理解，于是如下所述：

> 即“站在东京站已经没有了屋顶的站台上，没有风却冷飕飕的，靠穿来的一层外套正合适”。很无聊。冷飕飕的，所以刚以为会冷得发抖，却靠穿来的一层外套正合适，这是怎么回事啊！简直是不可理喻。这部作品里对这名打工少年没有表现出丝毫的同情。看来是用了一种早已唾弃的、古老的通俗手法来表达爱，那就是败笔。而且，到最后一行“这是昭和二十年十月十六日的事”，只能令人喷饭。坑蒙拐骗已经不起作用。

这明显是太宰在找碴儿。

从文章开头写到这里的几行，叙述者夜晚伫立在被空袭烧毁得只剩下残墙断壁的东京站站台上，他的身影显得很清晰，也的确能感受到冷飕飕的天气。

去品川方向不那么拥挤的电车驶进站台，叙事者“我”虽然能坐到座位，但座位左侧一个十七八岁估计是打工少年的孩子闭着眼睛，精神涣散地张大着嘴，将刚要向前倾倒的上半身挺直起来，便又要倾倒，就这样不停地前仰后合着，如果要打瞌睡，这样连续打着盹儿让人看着很揪心，“我”很自然地与孩子隔开些距离坐着。

接着用简洁的笔墨鲜明地描述车厢内的情景以后，附近的乘客担心他那副像是得了什么病似的坐不稳的模样（好像已经快要饿死），他自己在与这位乘客的对话中说打算去上野的，却坐上了相反方向的电车：

> 打工少年站起身想要看窗外时，身体失去重心突然倒向我这里。这是我始料不及的，事后我自己也觉得很奇怪，怎么会做出那样的事。当时我几乎是本能地用肩膀把打工少年朝我这里倒下的身体顶回去。这是完全违背我意志的动作，连我自己都感到意外，打工少年那倚靠上来的身体阻力太小，这使我感到他更可怜。我的体重现在减轻到十三贯[①]二三百文目，打工少年的体重比我轻得多。

---

① 贯，日本旧度量衡的重量单位。1贯约合3.75公斤。

我问少年是从哪里上车的，得知是从涩谷上车已经过了目的地上野站，现在要朝着涩谷的方向坐回去，另有乘客插嘴说：那就是坐了一个来回呀！于是——

> 打工少年把额头贴在窗玻璃上想要看窗外，但立即就放弃了，用很低的、刚好能听见的声音说道："无所谓了，没关系。"
>
> 打工少年这句自言自语的话到后来一直缠绕在我的心里。
>
> 附近的乘客们也没有再提打工少年的事。大概是觉得帮不上忙吧。我也是其中一人，觉得无能为力。如果带着盒饭之类的食物，也能做些使自己的心情得到些安慰的举动，就算给钱，即使大白天里兴许也帮不了什么忙，更何况是夜里九点，没有地方能买到食物。我在涩谷站心情黯淡地下了车。
>
> 这是昭和二十年十月十六日的事。

这无论如何也不像太宰说的那样，"对这位打工少年没有表现出丝毫的同情。看来是用了一种早已唾弃的、古老的通俗手法来表达爱，那就是败笔"。

用作者从初期起就形成的创作特色，即能够客观地看待自己和他人的现实主义作家的目光，深刻地触及肉体与心理的背叛、同情和漠视共存的人性本质，直至神经在这两极之间摇摆的细微动态，在只有六页的稿纸里描绘得完美无缺，无比正确，令人刻骨铭心。

最重要的是，昭和二十年十月十六日，在夜晚的电车车厢内与孤独的少年邂逅，作者通过肉体的感觉，具体而细致地描写出潜伏在少年内心深处的绝望和虚无感，几乎无可挑剔。

太宰在对《灰色的月亮》恶语相向之前，当自己的作品遭到全面否定时，他这样说道：

> 关于我的小说《犯人》，说："那部作品我读过。写得太过分了吧。作品从一开始就知道结尾。作者不知道我已经知道结局，还在拼命地写。"那既不是结局也没有见鬼，从一开始就知道，是在说只有自己的慧眼才能识破它，这真是个老糊涂。那不是侦探小说。

《文艺》第六期的座谈会是在天朗气清的三月十五日在志贺直哉的山庄里举行。时间碰巧一致，这天太宰正在热海的起云阁扩建的房间里埋头创作《人间失格》。山庄坐落在热海大洞台的高岗上，从同年的一月起成为志贺直哉的新居，视野极其开阔。志贺在这之前读过刊登在《中央公论》第一期上的《犯人》，这也许是太宰的不幸。

作为太宰来说，文章内容少见的粗糙，从开头起就不断地换行，好像纯粹只是为了获得加快作者运笔和读者阅读速度的效果而采用的手法，不能否认给人的印象首先就是接近通俗小说的文体。

主人公是二十六岁的男子（省略"鹤田"的姓，称呼阿鹤），与同事三人一起住在公司宿舍一间六叠的房间里。在井之头公园里与公司同僚、二十一岁姑娘幽会时，对方说如果有哪怕只有三叠大的一间能一起回家的房子，会是多么幸福啊，因此才发生了“可怕的事件”。

姐姐嫁给了三鹰的肉铺老板。阿鹤去找姐姐求她出租二楼的房间，因言语不合而勃然大怒，拿起肉铺里的切肉刀刺杀了姐姐，从销售款中偷取几千元逃跑，在备受恐惧和不安折磨的逃跑中，最后在关西大津的旅馆里服下两百颗安眠药自杀。

得知此事——

> 姐姐（其实没有被杀，而是被刺中的左臂，用白布吊在脖子上）只是一个劲儿地流着眼泪。体会到年轻人恋爱时犯起傻来也是不能轻视的。

这就是结尾的一行字。

如果把这当作“结尾”，的确是看破了，一切都是按照程式、按照约定的套路。即使有人说“就算是通俗小说也不算写得好的”，这也是无可奈何的。

但是，当时许多人生活在与主人公没有多大差别的贫困状况里，世态炎凉，读者中有不同感觉的人兴许不会少。

在社会上，接触到犯罪事件的新闻报道时，有的人站在严厉告发、定罪、审判一方来阅读新闻，也有人不能不把自己放在被告发、被定罪、被审判、被追查的一方。

实际上，阅读《犯人》那样的小说，像鹤子那样软弱而不会杀人的人，会立即把感情移植到潜逃的主人公身上，就算在平常的情节里，也会感到强烈的恐怖和不安，最后当得知阿鹤没有犯下杀人罪时，才终于长长地松了口气，抚摸着胸口，觉得是不幸之中的大幸。

总之，把结束看作“下场”还是“万幸”，读后感大相径庭。

但是，《犯人》这篇文章的中间段落很粗糙，所以结局一旦揭晓，就不会产生再读的欲望，“万幸”停留在一夜的幸福感里。

如果是《眉山》，在结束之前的过程中，有好几个释放着光怪陆离的色彩让人忍俊不禁的片段，所以反复阅读也不会感到腻味，不过……太宰的批评也对准了否定“仿造”的论调：

> “仿造”“仿造”地说得很起劲儿，这才是二十年如一日发了霉的文学论。与日常生活中日记似的小说相比，仿造更要卖多大的力气，而且相比之下还不能讨得所谓评论家的欢心，你也应该因为《克罗谛思日记》等深有体会。而且，只有懒惰得不愿动弹的人，即迷恋于自己日常生活的家伙，才会写这种日记似的东西。那样做对不起读者，于是就要想出所谓的构思来。唯独这时候，才会有作家真正苦心经营的东西吧？归根到底，你们是懒汉，而且只是虚头巴脑地坑蒙拐骗。

可是，尽管说“这种日记似的东西”，连日常生活和言行的各个细节都令人万分紧张，不断地启动着作家才有的察言观色的敏锐目光和反躬自省的谦逊思考，如果在创作中不倾注雕心镂骨的苦心，就不可能产生《灰色的月亮》那样的作品。

志贺在座谈会上不可能那么强硬地坚持否定“仿造”。他只是说：“即使仿造，如果模仿得好，那就很好，如果模仿得很差，那就很讨厌啊。”他还说：“年轻人还是应该冒冒险多看看。”“还是应该要多一些变化。”

志贺当时虚岁六十六岁，他以自己的切身体会说的，就是对自然要有感恩之情，说照本宣科的人只能是宿命性的动物本性，经历过战争的人全身心渗透着人生无常的感觉，等等。座谈会自古至今都是以主人喂养的动物故事结束的。

志贺直哉作为坚定地保持着强烈的自我、客观地直面自他关系的近代写实派而起步，以排除多余的情绪和伤感、志向鲜明的文体，达成了日本散文的一个理想，逐渐进入将动物和植物放在与人同一水准上进行描写的境界，构筑起通晓东洋思想和美术极致的独特的文学。

在另一方面，太宰治是彻头彻尾地以自我为中心的人。他在与坂口安吾、织田作之助一起参加新举办的座谈会时，他说：“我吧，以前是不写人的呀。最近稍微会写别人了，是以和我差不多的仁慈……说仁慈，这话说大了。会拼出性命来写了，我很高兴啊。总觉得范围稍稍有些拓宽了，会写写别人了！”

原本是伪装成私小说、写的却是虚构故事的太宰，如果能继续活下去，能客观地看待自己的同时也能客观地看待他人，熟练掌握夹带着自己擅长的诙谐逗趣的描写方法，也许能成为日本独一无二格局很大的西欧风格本格小说的作者。

换言之，志贺直哉与太宰治的对峙，来自两人的个性和文学观、风格的截然不同，并形成鲜明的反差，尽管两人共同的特点都是有意识地把自己放在世界的中心。

志贺的文学生涯是以确立近代性自我为目标而进行战斗的时候开始，渴望自己的个性与人生、艺术的统一并颇有韧劲地探索着，不久便达到了与他人或自然协调共存的稳定境界。

太宰的文学生涯是从叙述近代性自我分裂开始，尤其是学生时代遭遇马克思主义和那起镰仓殉情事件以后，通过他内心深处和脑海里如影随形的个人罪孽意识和苦恼，坚持探索克服并超越这些意识和苦恼的、具有普通意义的爱和正义，在还没有来得及描绘出与对立的他人共存的境界便玉楼赴召了。

在苦恼的另一边，尾崎一雄举荐时刻不忘幽默一把的太宰的《罗马风》和《畜犬谈》，对老师志贺批评的《斜阳》也表示出好感。在太宰死后不久，他咬牙切齿地说，为什么不敢断然说出志贺直哉就是志贺直哉、我就是我？……从性格上来看，说出这句话难道很难吗？我对此也有同感。

两者的差异在生活态度上也昭然若揭，太宰在患有结核病这种顽疾期间还大肆饮酒，每天过着自轻自贱的生活。志贺则与此相反，他不喝酒，本身身体就很强健，自此几年后过了七十岁还保持着充沛的精力，据披露甚至在热海的山庄庭院里踩着高跷倒走来回踱步。

志贺在昭和二十三年第十期《文艺》上发表了《太宰治之死》的文章。他在文章里提起那次座谈会上的发言，写道："当时我说话的语气未必是平和的。要说为什么，因为我知道太宰君对我有反感，所以说起话来多少带些恶意。……看来我很不幸，读到的全都是太宰君的作品中写得不好的东西。太宰君死了以后，我在《展望》上读到《人间失格》第二回，丝毫也没有感觉到厌恶。"

这肯定是真话。不过，志贺直哉也不是个善茬，面对别人批评自己的作品，也不会淡然处之，壮年时期曾屡次毫不留情地予以反击。

这是从阿川弘之[①]的传记中摘抄出来的，说津轻出身的诗人福士幸次郎[②]评价《和解》，说它即使在志贺直哉的作品中"也应该能作为他最坏作品里的代表"。对此，志贺直哉写道：

> 福士君不是一个听不懂东北口音的人吧？我对这篇评论的糟糕程度感到吃惊——与其说这是一篇文章，还不如说以前的东西稍微差一点。

---

① 阿川弘之（1920—2015），小说家。日本艺术院会员。文化勋章获得者。代表作有《春天的城》《云的墓碑》等。

② 福士幸次郎（1889—1946），诗人、评论家、民俗学者。作品有诗集《太阳之子》等。

那个反唇相讥也是旗鼓相当的。

话题回到昭和二十三年六月四日，《如是我闻》第四部分的口述从半夜里开始，到翌日中午时分结束。

深夜到熟人那里去借志贺直哉的书，总觉得是临时抱佛脚，其实在口述开始之前，太宰就已经写下了详细的草稿。

读了在美知子夫人去世后被发现并公布的岩波书店稿纸上的内容，经确认是太宰本人的笔迹，尤其是第四回的主要部分，就知道与发表的稿子几乎是同样的文章。

再花大约十二个小时的口述将它重新记录在二十页四百字的稿纸上，所以显然不是当场临渴掘井拼凑出来的。

对太宰来说，第四回的最大攻击要害：

还有一件事对你很感厌烦。那就是你简直无法理解芥川的苦恼。

隐忍者的苦闷。

软弱。

圣经。

生活的恐惧。

失败者的祈祷。

你们丝毫也不理解，自己很蒙昧，却狂妄自大。有那样的艺术家吗?

在结尾处又写道：

> 贵族们喋喋不休地说个不停，（所谓的“贵族”，全都慷慨激昂得令人讨厌，真是不可理喻）在某个新闻座谈会上，宫先生说：“我喜欢读《斜阳》，因为我能感同身受。”这不是很好吗？这不是你们这些暴富的家伙所能理解的。嫉妒。偌大的年纪，害羞啊。你能杀掉太宰他们？来而不往非礼也，回敬几句。

草稿上连换行的方式也大致一样。

野平健一看到已经过了五十年才公开的草稿复印件，想起在做口述笔记时，太宰好几次像在大声朗读稿件似的。

结束部分出现“杀掉”这个词，这被说成是“贵族女儿使用乡下女用人的语言”，太宰颇感愤怒，在前半部分写道：

> 在你的《兔子》里应该有“父亲要杀掉兔子吗”之类的话，我真的觉得很诧异。“杀掉”，说得好啊！不觉得羞耻吗？

由此可见，太宰应该读过并记得志贺昭和二十一年九月发表在《素直》第一辑上的短篇小说《兔子》。

这部作品从“现在，我喂养着一只兔子”开始写起，作品中的对话其实是这样的：

现在喂养着的兔子，是在这里的町议会办公室里出生后让给我们的。去年年底，最小的女儿贵美子说："兔子，可以养吗？"

"长大后要吃掉啊！如果你同意，也可以养着它。"

"可以……长大后父亲一定会舍不得杀掉它的，所以我同意。"贵美子从一开始就没有当回事。

"不！杀了吃掉它，一定要吃掉它。"

"行。没关系。"贵美子微微地笑着。

此后，十七岁的贵美子读到了《如是我闻》第四回，担心自己"杀掉"这个词引起争议，志贺便安慰她说"舍不得杀掉"这句话不足为奇，很正常。

关于这个问题，据说野平健一经宫内厅某人介绍认识了两名皇室相关人士，便向他们请教是不是觉得《斜阳》里女儿的话"很唐突"，回答说："《斜阳》使用的语言是东京山手方言。用法完全不像志贺批评的那样觉得很奇怪。""同样，志贺女儿说的'父亲一定会舍不得杀掉它'，作为山手方言也丝毫没有用错。"

倘若真是如此，关于这一点，的确是"来而不往非礼也"。而且，如果从结尾处"回敬几句"来看，这个时候是死亡前的八天或九天，太宰应该还打算继续连载下去的。

可是——

根据前面引述的平野谦所说，志贺直哉的文学是现代日本最正统的文学。这样的想法，在当时刚战败后不久，还是文坛上的常识。

策划并主持《文艺》杂志座谈会的，是主编杉森久英[①]。在座谈会上，有两位战后派新锐作家围着蜚声文坛的志贺直哉打转。

杉森比太宰小三岁，在东京帝国大学国文科读书期间就在杂志《新思潮》发表文章，毕业后在旧制中学当了三年老师，然后在《中央公论》当编辑后不久，受老编辑的指派，去找以前几乎从来没有读过其作品的新人作家太宰约稿。当时太宰在写的，就是《越级审诉》。

此后，两人之间产生了微妙的心理隔阂，处在总感觉到太宰对杉森心存芥蒂这样的关系里。（后来杉森久英作为作家而独立，他在传记小说《苦恼的旗手——太宰治》里这样揣测道。）

因此，在《如是我闻》第三回的附记里，太宰对志贺的言论发牢骚：

> 有个卑微而瘦弱的势利作家如茶坊老板那样对那位老人溜须拍马，说：完全是那样，就像是大众小说啊。这是题外话。

① 杉森久英（1912—1997），小说家。传奇小说《天才与狂人之间》获直木奖，自传小说《能登》获平林泰子文学奖，《近卫文麿》获每日出版文化奖。

读到这里时，杉森觉得攻击的矛头也对准了自己，感到全身发热，在太宰死后也没能消除心中的块垒。

《苦恼的旗手——太宰治》叙述了当时那种感情嬗变的过程。结尾处真实地流露了杉森久英的直率和公道，原文是这样写的：

此后好几年，即使太宰的作品在我眼前，我都不想拿起来看，只要看见太宰这个名字，就会转过脸去。即使与人交谈，一谈到太宰，我就闭上了嘴。

有时候我写作写累了，顺手拿起一本放在桌子上的书，随意地翻开书页开始阅读。那轻快的文体和幽默沁人心脾。重新再看标题，是太宰《御伽草》里的《噼啪噼啪山》。忧伤掩埋着嘲笑，涨潮般地填满我的内心。

“是吗？你是写这种东西的人？是那样简单、容易受伤的人吗？是如此具有聪慧睿智的人吗？”

接着，我读《浦岛（太郎）》，读《晚年》诸作品，就像笼罩着的乌云豁然开朗、富士山露出身姿一样，太宰显出那高大的身影来。我这才知道自己以前是多么不了解太宰。而且，才第一次知道不了解他是多大的损失……

志贺直哉在尾道的旧居里度过了生涯中最重要的一段时期。如今旧居作为“尾道文学馆”之一而被精心保存下来，成为文学旅游景点，成为游客们值得留恋的地方。但追溯到很早以前，这件事最先发起的，也许就是井伏鳟二。

尾道水路面对着濑户内海，狭窄的坡道像迷宫似的纵横交错，狭长的街道上到处散落着持光寺、天宁寺、西国寺、净土寺、千光寺等古寺院。昭和十年十月，三十七岁的井伏在这些古寺院里游览期间，听尾道警察署工作的下见喜十指教，才得知是志贺直哉曾经临时居住过的房子。

那幢房子正如《暗夜行路》里写到的那样，不过是千光寺山半山腰里长屋中隔成若干间的旧房子，但想到志贺以《清兵卫与葫芦》《偷小孩的故事》为主的许多名篇也许就是在这间屋子里完成的，便觉得难以弃之不管。即使志贺直哉先生的作品肯定是不朽的，这个值得纪念的房子也已经是屋檐倾斜墙面脱落，处在眼看将要被拆除的命运里。作为日本文学史的参考物，对这幢房屋无论如何也应该留下一笔吧。

以上文作为引言，在翌月执笔创作的《志贺直哉与尾道》里，井伏鳟二做了如下陈述。

井伏首先拜访长屋的房东和土地所有人。房东是尾道警察署前的煤铺老板，即使对他说要保存这幢长屋，他也一口回绝，说那个破房子不值得修缮。

土地所有人是长屋附近宝玉寺里的住持，代替他来交涉的女儿说，志贺的小说她知道，做梦也没有想到他会住在这里，她还是第一次听说。

住持的儿子把井伏带到长屋里，向他做了介绍。

长屋里三间房子，右边是巡查一家，左边住着土木工人，志贺曾住在中间，房屋已经完全荒废，最近几年没有人来租房。

从这幢房子的檐廊上眺望前方，景色与《暗夜行路》里的描写完全一致。正如电影里的摇摄[①]镜头那样，描写白天的景色里夹杂着尾道水路对岸传来的造船所的锤声和山边采石场里人来人往的喧闹声。接着写道：

> 一到六点，山上的千光寺会响起报时的钟声。“咣”的响起，立即就有回声“咣”的一下，声音从远处一下又一下地传回来。从这里起，白天在向岛绵亘不绝的山峦之间稍稍露出头来的百贯岛上的灯台开始闪光。它啪地发出光又熄灭。水里映出造船所里好像在熔化铜的火。
>
> 一到十点，去多度津的渡船拉响着汽笛回来。渡船行进时，船头的红绿灯，甲板上黄色的电灯，就像用美丽的绳索摇动着它们似的映现在水里。

这样的景色，几年后阿川弘之拜访尾道，陪同阿川弘之的市

---

① 摇摄，摄影时左右移动摄影机。

文化遗产保护委员森信藏露出惊讶的神色，说道：“我们从小在尾道长大的人眼里看来，觉得十分平淡。怎么能描写得如此明晰准确呢？”

话题回到井伏的文章上。他追寻着房东即煤铺老板告诉他的线索，拜访了尾道中学的老师角田。《暗夜行路》里形象鲜明地写到长屋里的“邻居阿婆”。角田曾在长屋附近寄宿过，听说过志贺直哉住在这里时的情况。（志贺直哉临时居住在这三间长屋里，是二十年以前的事。）

据说，邻居阿婆很崇敬志贺。附近的人都把这个早晨睡到很晚、夜里坐在桌子前苦思冥想、有时突然去东京、好像带回大把大把钱的三十岁左右的男子看作是个怪人。

志贺离开尾道，经过很长的岁月之后，有《暗夜行路》的单行本寄到阿婆这里。阿婆不太识字，眼睛也花了，所以让关系亲近的大婶读给她听，附近的主妇们也都围上前来聆听朗读，不久这便成了一种习惯。

阿婆特别喜欢《暗夜行路》中用尾道方言与主人公时任谦作对话的片段，和土生土长的尾道人耳闻目染的景色描写，听众请求相同的段落反复朗读了好几遍。一读到那里，阿婆必定会饱含着泪水，听众不知不觉地都和朗读者齐声背诵起来。

阿婆到了老年起床不方便，志贺经常寄钱给她，以前坐轮船路过尾道的港口时，总是把阿婆的名字和住址告诉运输船的水手，让他们带口信问好，并托他们带些钱去。……

井伏原本就相信志贺的文学“不朽”（从青年时代在尾道中学当国语老师、后来成为帝京大学文学部教授的角田一郎那里），得知这些事情后，对这位从未谋面的作家的人品不能不感到钦佩和怀念。

此后过了十三年，太宰在《新潮》昭和二十三年第三期上开始连载《如是我闻》时，井伏还没有和志贺直哉见过面。

因此，井伏劝告太宰停止连载，不难设想与担心文坛上的人际关系相比，他的出发点首先是几年来对志贺文学怀有的深深的敬意。

昭和四十二年，长筱康一郎编辑将山崎富荣的日记并以《雨中的玉川殉情》的标题公开出版。他在解说里猜测井伏劝告太宰的时间是在那青年自杀未遂的夜晚，这在前面提到过。相马正一也在昭和六十年（1985年）出版的《评传太宰治》第三部里，说井伏是考虑到太宰的前途才劝他停止的，这些内容都能在井伏自己的随笔《女人心》里关于当夜的叙述得到印证。

在相马正一的著作中写道，在大致确认了太宰和富荣投河时，从富荣的房间里发现的遗书废纸上，有句“井伏是坏人”的话。这在报纸上有过报道，所以当时的文学爱好者大抵都知道。但是，井伏为此在接受《时事新报》的采访时说：“听说把我说成是坏人，但我想不起来有什么事。”不过他又说道：“也许是因为我总是不厌其烦地劝他‘不要喝酒’‘不要写杂文要写小说’，被他记恨了吧。”

后来，青森县近代文学馆公开了太宰晚年创作的《文库手帖》，其中写道：

井伏鳟二要我罢手，扯我后腿，在“家庭幸福”的人背后，趁着混乱取得分数。卑怯，为什么要我罢手？“是爱？”我一直被那家伙哄骗着。人无法爱别人，只有利用，回想起来，井伏这个人全是靠着别人活下来的，好像很孤独，再也没有像他那样没有“朋党”就活不下去的人了。没有人说井伏的坏话。是个怪物。长着一张傻子似的脸，糊弄人的作品（偷工减料）却不被任何人憎恨，即使说人坏话也是当着面什么都不说，咒骂早稻田也赞扬早稻田，绝不会有丝毫的爱校心、清廉心。是最卑贱的政治家。规矩些！（马上对人发牢骚。如果觉得窝心的话，那就闭上嘴开始艰辛的工作呀！）我要抛弃你。你们很强大。无聊的东西（别人的赞美），根本不懂我的文学，只是显得很任性。在现实生活中只是靠讨价还价地活着。很下贱。我也许会输给你们。可是，我是一个人。我不结“朋党”。你要结“朋党”。我要结说“太宰疯了吗”那样的朋党。嫉妒，恶人，好像说得很不中听，你好像说在照顾我，但说得不正确，我曾经做得令你满意，但我丝毫不快乐。

老师井伏鳟二崇敬志贺直哉，太宰不会没有感觉。正因为如此，太宰在开始连载《如是我闻》的时候，开头就写道：“因为各种缘分，希望你能原谅，我也想到过会恩断义绝……”

不出所料，井伏一提出忠告，太宰便觉得自己的期望遭到了自己喜欢的作家的背叛时，天生的个性使他火冒三丈，这次经过左思右想之后便发作了。

太宰肯定觉得井伏在盘算文坛内的帮派，最终会站在自己将要攻击的敌人一方。

性格稳重的井伏无疑也在斟酌，太宰一时冲动，对文坛最高权威志贺直哉进行猛烈攻击，即使不攻击，也会使本来就不太好的口碑更加一落千丈，这对太宰将来的发展不是上策。但是，太宰从连载的第一回起就被卷入了周围出现的鼓动和诽谤的旋涡里迷失了自己，何况酒量大增，私人生活和身体都遭到严重损害。井伏最担心的是，太宰的小说会写不下去。

太宰实际上得到井伏多大的关照，却批评对方“全是靠着别人活下来”。太宰因药物中毒，无论在肉体上还是精神上都开始崩溃。井伏在说服太宰去精神病医院住院的时候，苦口婆心地极力劝说道：“你无论如何要住院，这是我一生中唯一的愿望。一旦失去生命就不能写小说了，这是很可怕的啊。”

与太宰一样，井伏除了当作家之外，没有其他的生存之道，而且他坚信文学具有无可替代的价值。对他来说，不能写小说，是最可怕的事。

当时太宰如果没有住院，他的人生也许就不会有以后那么长久。

同时，出院后，在杉并的出租房里过着帮闲钻懒自甘堕落的生活时，太宰如果不是被井伏请到御坂岭的天下茶屋，并得以和石原美知子结婚，恐怕会是以性情乖僻不求上进的作家而告终。

他通过井伏鳟二这一个身上释放着神秘气场的作家，奇迹般地结交了本来不可能结交的朋友，才使他在中期创作了一批辉煌的作品。

太宰的中后期文学，如果没有井伏，也许就不存在了。

在井伏鳟二的晚年［平成元年（1989年）］，我唯一一次，也极其难得地见到了井伏鳟二。那时我在机关杂志《小松座》做访谈，与井上夏[1]一起来到了在杉并区清水町的井伏家。

当时，他说出了长年来埋藏在心里的疑问。

太宰于昭和十一年十二月在热海修改《二十世纪旗手》的稿子时欠债回不来了，檀一雄从初代那里拿了钱赶去救他，结果适得其反，债台更是高筑。

太宰把檀一雄押作人质，说去东京筹钱便一走了之，等了好几天都没有回来。檀一雄与催债人一起回到东京，一走进井伏家，就看到太宰竟然在那里和主人下将棋。

面对火冒三丈的檀一雄，太宰手指颤抖，碰翻了棋盘上的棋子，惊慌失措，连话也讲不出来。井伏与催债人交涉，总算把催债

---

① 井上夏（1934—2010），日本剧作家、作家。著有《吉里吉里人》《突然遇上飘篓岛》《手锁情死》《绿叶葱葱》等。

人劝了回去。

在井伏离开座位的间隙，太宰弱弱地说："到底是在等的人痛苦，还是让别人等的人痛苦？"狡辩的语气里隐含着强烈的不满。

檀一雄《小说太宰治》里记载，太宰欠款总额将近三百元，井伏带着檀一雄到佐藤春夫那里去商量，最后佐藤拿出九十元，其余由井伏典当自己的和服和初代的衣服凑钱，和檀一雄一起到热海去还钱。

去还钱的，不是太宰，而是井伏鳟二和檀一雄。这也许有些令人难以理解。

先生就没有因此而把太宰逐出师门，或者觉得再也不想见到他了？

我的提问。一般认为，这次热海欠债事件，太宰会被逐出师门，或者至少下逐客令，今后不允许他再到自己这里来。

假如当时断绝师徒缘分或者保持距离的话，就不会对太宰有无微不至的关照，也不会因为关照招来连续不断的麻烦，更不会被说成"井伏是坏人"就恩断义绝了。

没有！因为我喜欢太宰君。是啊，发不出火来啊！

这就是井伏给我的回答。

井伏极少当面赞扬作者的作品，但对太宰的旷世奇才瞠目结舌，内心里充满着很大的期望，对他的将来翘首以待。同时，太宰有着“好孩子”和“坏孩子”两个方面，两者互通，他对太宰有着“淘气鬼”的印象，无论如何也恨不起来。

太宰死后好一段时间，井伏说“我把热情都给了太宰”，相信这是充满着感慨的话，没有半点虚假。

井伏显然爱着太宰。然而，太宰在手记里写着“人不能爱别人”，这是什么意思呢？

堤重久《与太宰治的七年间》记载，太宰曾经以近乎悲怆的表情吐露出这样的话：

> 我吧，从来没有爱过别人。一个人也没有爱过。我原本就缺乏爱的能力吧。想到此事，就感到极度恐惧，睡也睡不着。

这大概也就是在那天半夜里从生的地狱深处发出呻吟声的一部分。

在臼井见吉的小说《一个季节》里，也写到过这样的场面。太宰在酒席上说：

> “我吧，以前从来没有爱过别人呀！我实在是缺乏爱别人的能力吧。如此一想，自己也感到可怕，夜里也睡不着啊。”
>
> 于是，满座刚才还热热闹闹的人们，顿时都沉默了。

自己真正地爱着别人吗？……如果从本质上来思考，无论是谁，这个问题都是最难回答的。

太宰在《如是我闻》第三回里写道：

我的全部苦恼，也可以说是与“爱人如己”这一难题有关。

在日本刚战败后不久的随笔《返事》的结尾，“你们要爱人如己啊。这是我最初的箴言，也是最后的箴言”这句话，首先被引用在大战即将开始前的作品《风捎来的信》里，继而在大战末期的《惜别》战后的《十五年间》《苦恼的年鉴》《冬天的焰火》里，被引用了好几次。

太宰认为这是对自己的生活方式一针见血的质疑。他虽然天性是个爱说谎的人，却同时又书生气十足，十分耿直，对这个问题彻底地钻入牛角尖里，无法自拔。

可是，他说井伏写“糊弄人的作品（偷工减料）”，这是具有争议的。

从战争结束后到这个节点上，井伏发表的作品数量庞大，有《两个故事》《经筒》《侘助》《路劫的故事》《当村大字霞森》《桥本屋》《忙于搬家》《因之岛》，是一批创作风格独特超然、内容充实耐读的佳作，终究不能说是“偷工减料”的。

太宰没有与战后新的现实产生实质性的关联，根据疏散到农村后的当地见闻，或者在甲州的历史中取材，描写早稻田的学生时代寄宿生活。那些作品的的确确会被认为是回顾性的、轻描淡写、漫不经心的东西吧？

不过，现在如果重新来读，就不难看出作者的鲜明个性和文学信念以及决不与时代潮流妥协的抵抗精神，是贯彻到底的。

其中颇有趣味的，是《经筒》的结尾。他写道：

> 听说《妙法莲华经序品第一》这部经书，开始读作《如是我闻》。
>
> 所谓的“如是我闻”（我是这样听到的），据说是在记录释迦语言的经典卷首、成为最早佛典结集中心的弟子阿难加上的句子，根据中村元主编的佛教辞典，是为了区别于旁门左道的典籍，所谓的“如是”，意味着相信自己听到的法，“我闻”则意味着坚持这种信念的人。

太宰对佛典也有所了解，喜欢写在彩纸上的“圣谛第一义”，是在禅书《碧严录》第一则出现的词语。

手记里写着井伏“糊弄人的作品（偷工减料）”，佐藤春夫对此曾提出十分严厉的批评，我觉得放在这里也完全合适：“这个人，若是别人的事，始终都是装疯卖傻地蒙混过去，事情一旦落到自己头上，立即小题大做，说出什么‘拼上性命的真诚’的话来。

这是很不地道的做法。我要奉劝他换副眼镜用‘拼上性命的真诚’看待他人，以鸟羽僧正的方式凝视着自己。”

与“咒骂早稻田也赞扬早稻田”的手记有关，太宰在手记里另外还写着“一起在早稻田散步”，“这个，这个不行，没有寄宿街的气息”，“井伏的青春，寄宿生活，筹款旅行”。这在《井伏鳟二选集》第三卷的后记里写着：

> 早稻田一带。
>
> 寄宿生活。
>
> 井伏的青春好像在那里被浪费似的。爱你，恨你。这不是很接近井伏对寄宿生活的感情吗?

用隐含着讽刺的笔触描绘出一个插曲，最后结尾道：

> 井伏和寄宿生活。
>
> 不过，日本的文学因此而获得了一个重大的收获。

“这个，这个不行，没有寄宿街的气息”，这句话是井伏以前和太宰一起在早稻田一带散步时的台词。“马上对人发牢骚。如果觉得窝心的话，那就闭上嘴开始艰辛的工作呀”这句话，也不是太宰对井伏的批评，而是井伏劝告太宰停止连载时说的话。

若是如此，对眼下正拼着性命打算走在日本文学前端的太宰来说，井伏以前辈的口吻这样教训他，不言而喻，想必是令他生气的。

太宰在《如是我闻》第三回里就写道：前辈对后辈的礼仪，我们一句也没有学到过。

前面提到过，说《井伏鳟二选集》的碰头会之后，井伏从开始就劝诫他“要控制酒量啊”，太宰应该是感到很意外的。包括这一点，也说说我个人的推测。

井伏从疏散的老家回东京，筑摩书店就赶紧提出选集的事，这恐怕是令井伏心花怒放的喜讯。但是在碰头会上，他渐渐地察觉出这是太宰最先提出的建议。那个时候，井伏不免多想是怎么回事？是这么回事吗？……作家的心顿时变凉了。于是出选集的事完全没有必要着急，反而劝导太宰少喝酒，努力疗养身体。不用说，这是出自真心在担心太宰的健康。（可是，这是人之常情，太宰被人击中自己也很在乎却改不了的弱肋，便以超出常人的愤怒进行了猛烈反击。）

选集的编辑工作正在具体地落实推进，读了太宰撰写的第一卷后记的稿子后，希望读者再读一遍井伏写给太宰的信（就是前面提到的昭和二十二年十二月十日的信）[①]。

这不是前辈对后辈的说话方式，与对等的作家相比，写的语气更矜持、更谦逊。

井伏处于这样的心境里，他带着教训的语气试图让太宰放弃对自己尊敬的志贺直哉的攻击时。这在太宰是无法容忍的。他写道：

① 日文版原文如此。就是指第十五章中井伏写给美知子的信。

“无聊的东西（别人的赞美）。”

手记上在另外的地方写着“青之岛大概记、誊清”“和井伏旅行”，不难推测这是为了给选集第二卷、第四卷写只有与井伏极亲近的人才能看懂的、隐含着毒刺的备忘内容。

要说手记中关于“我曾经是做得能令你满意，但我丝毫也不快乐”这句话，太宰就算是过着放荡无赖般的生活，但只要在井伏面前时也始终保持着规规矩矩的礼节。

堤重久在吉祥寺的酒屋里曾遇到过这样的事。两人正在交谈时，感觉到有人进来，太宰转过头去，神色顿时变得张皇，用右手做了个制止堤重久的动作，表示“保持沉默，接下来别说话，别露头，要装作若无其事的样子”。

井伏鳟二身穿黑不溜秋的轻便和服，带着同伴走进店里，一副有什么事顺便过来看看的模样，即使太宰劝他坐下他也不坐，站着接过老板娘递过来的酒杯，太宰半弯着腰为他斟酒。

接下来的情景即使在《与太宰治的七年间》里也是不可多得的著名场景，所以一定要读原文：

> 斟满着酒的酒杯，在井伏先生那乍看像女人的手似的松软饱满又白皙的手指间，像魔术师操弄赛璐珞球似的被灵活地包裹着，接着刚觉得那手闪出白色，酒杯瞬间便喝空，无声地回到切菜板上。那手的动作、那体态，都很柔软，而且充满着扣人心弦的力量。我不过是诚恐诚惶地乜视一眼，就觉得井伏先

生那样的身影接近名角的绝技。

井伏与太宰仅仅交谈了一两分钟，便和同伴消失了。在这短暂的时间里，店内的气氛便陡然而变，仿佛这沉淀着温暾空气的地方，吹过了一股清冷的秋风。

太宰向堤重久询问对井伏的印象，堤重久回答说只感觉到有一种威慑的气势，于是太宰说："说起来也是，是啊。我到现在都心惊肉跳。"然后便做出一副淘气鬼的表情补充道："我的小说还没有受到过他的表扬呢，一次也没有……"

这是当时太宰对堤重久说的原话。读者应该知道井伏对太宰的《回忆》曾给予"上乘之作"这一最高的评价。

野原一夫曾经遇到过这样的事：

昭和二十二年夏天，在去参加《井伏鳟二选集》碰头会的时候，太宰邀请野原"你也来吧"。

但是，他还叮嘱道：你不要直接跟井伏说话，井伏是我的师父，你是我的弟子，徒孙跟师爷说话之类的事，放在以前是不允许的，所以你如果有什么事需要求教，在我耳边说，我再把话传给井伏先生，一定要按这样的顺序做……

太宰的语气和表情都不像是在开玩笑，所以野原回绝了那次复杂的晋见。

同时，在文学青年围着太宰喝酒的酒席上，野原无意中称呼

“太宰君”而不是“先生”时，太宰顿时露出凶险的表情：“太宰君？！”

轮到自己的身上时，太宰也要求面对老师的弟子、面对前辈的后辈都必须严格遵守礼仪。

也有居住在同一町里的缘故，敬重井伏鳟二且关系密切的河盛好藏这样写道：因为六岁时失去了父亲，所以——

井伏和哥哥一起接受祖父的养育，从幼年时起就受到祖父的宠爱，在庇护中长大，所以是个老成持重的人，在其反面有难以取悦之处，一生气就束手无策。极其厌恶不守规矩、不分尊卑的行为，在这一点上是非常传统的。

这的确是相当可怕的，太宰在井伏面前也许不敢有半点的松懈。

因此，回过头来看，也许就会“丝毫也不快乐”，可是像太宰那样特别爱撒娇任性的人，如果不是经常这样意识到“可怕人”的目光，在创作初期相当芜杂的作风，在中期以后就不可能将清澈的结晶度增加到那样的程度吧。

在太宰死亡前一个半月的四月二十九日，他和富荣在神田站与古田晁会合，一起去大宫。

为了让太宰完成《人间失格》的剩余部分，古田把坐落在大宫市郊外僻静的小野泽家深处两间屋子用作封闭的场所让太宰写稿。

以下内容是根据野原一夫《含羞的人 回忆的古田晁》和山内祥史的年谱记述。

古田当时借住在义姐出嫁地大宫的宇治医院里，因为与站前的“天清”炸虾店老板小野泽清澄同是信州人，所以常去他店里，两人交情颇深。

在小野泽家租借两间屋子，太宰将三叠房间当作工作室，富荣平时在隔壁八叠房间里安静地做编织。

太宰每天早晨九点起床，中午起将矮脚饭桌当作工作台，写作三个小时，晚上慢悠悠地吃饭。

古田托小野泽说，希望让太宰多吃点有营养的东西。当时日本闹粮荒，小野泽寻找在大宫极难搞到的新鲜优质鱼，特地隔天去筑地的鱼市场，生鱼片、烧烤、煮菜等翻着花样为太宰进行调理，在晚餐上再添加从川越搞到的黑市威士忌。

有时古田来访，太宰自然会酒量大增。筑摩书房负责经营管理的老人为此操透了心，向专务发牢骚说太宰这个人是个酒鬼，禁闭写稿的费用要高达稿费的三倍。

尽管如此，因为每天都吃有营养的新鲜食物，太宰的衰弱的体力多少出现了康复的征兆。

富荣在五月九日的日记里写道：

膳食也是这里的老板精心制作的，所以吃得很香。托他的福，太宰明显地胖了。他自己也感到很高兴，躺在床上，仔细地打量着两条手臂。在边上看着他那副样子会招人发笑，甚至会高兴得流出眼泪。

我多么希望他的身体结实起来啊。只要没有编辑来催稿，心情也能放松些，真好啊。

太宰从年轻时起就是个食欲旺盛的人。他在三十四岁时的随笔《美食家》里，写过这样一件事：

听说，所谓的“美食家”，是指很会吃的人。我曾经在非常会吃的时候，总是觉得自己是个很会吃的美食家。我把前述美食家的定义告诉朋友檀一雄，在御田屋按豆腐、油炸豆腐丸、萝卜、豆腐这样的顺序没完没了地吃下去，檀君把眼睛瞪得彪圆，口服心服地说：你是个不得了的美食家啊！我还把这定义告诉伊马君，眼看着他面露喜色的说，说不定我也是美食家。后来我们一起喝了五六次酒，果然他也是个不折不扣的大美食家……

美知子也在回忆录里写道：

也许是体质或者工作用脑的缘故，他特别想吃肉、鱼、内脏等，所以在三鹰我连日在食料集市上奔走，向摊主女老板说每天来买鸡蛋而挨过骂……

除了体质和用脑之外，酒精的大量摄取，也成为身体本能地需要补充动物蛋白质的主要因素，同时正因为有这样的饮食生活支撑着，所以才能以当时常人无法想象的饮酒量大量的饮酒。

太宰在《家庭的幸福》里对官僚进行了彻底的批判，这在事过半个世纪后的今天还完全适用。

在街头的大喇叭里出现的——官员“呵呵呵”地讪笑着用不痛不痒的狡辩躲避着民众剑拔弩张的投诉。叙事者“我”情绪激动地对着政府官员大声呼吁。写这本小说的时候是太宰刚收到武藏野税务署通知缴纳十一万七千元税款的通知书后不久：

> 我是打算不缴税的。我靠借债生活，还喝酒，抽烟。这些都附加着高额税金的，所以我的债务只会越来越多。我还四处奔走到处借钱，我已经没有力气缴税了。何况我体弱多病，为了支付副食、注射液、药物的钱还要借债。我现在在做很难做的工作，至少与你们相比，工作很艰苦。我绞尽脑汁在想的，全都是工作上的事，甚至连我自己都怀疑会不会发疯。如果你们说酒和烟，还有美味的副食，在现在的日本是奢侈品应该放弃的话，那我敢断言，在日本会连一个好的艺术家都没有了。

太宰对自己所遭受的攻击和打击感同身受，谋求自我的正当化，开始时发表的只是一味地讲些自私的道理，不知不觉地超越了“自我”，开始悄悄地走向“公共”的维度，具有提高到还没有人提到本质上的特殊才能。

这对《如是我闻》也有几分说得过去吧。

食欲丝毫没有减弱的他，还保持着比外表更富有持续性的体力和气力——生命力。

否则，每天晚上陪着接踵而来的酒友喝到很晚，不可能连续集中精神口述《如是我闻》长达十二个小时。

自己是弱者，远离那种纷至沓来的环境，下狠心燃起残存的生命之火，谋求自己人生的全面正当化，这就是已成为遗作的《人间失格》。

这部作品的创作形式，是在开始的《前言》和结束的《后记》之间，以男性第一人称的“叙事”，插入下面这样的信：

我过着一种自惭形秽的人生。

在我眼里，人们的生活是无法预测的。我猜不透别人在想什么，陷入不安和恐惧之中，几乎不敢与旁人对话。

这时，我能想到的就是扮演滑稽相逗人发笑。那是我自己对人类最后的求爱。

进入中学以后，我继续扮演着滑稽相搞笑，但某天，在练单杠的我故意做失败时，不料被白痴似的同学竹一看出来：

“他是故意的，故意的。”

竹一喜欢绘画。受竹一的暗示，着手制作自画像，完成的画作阴惨得连自己都吓一跳。这才是拼命藏掖在内心里的自己的原形。

我带着竹一给我“会被女人迷上”和“会成为伟大画家”的预言考进了东京的高中学校，便来到东京。在画塾里遇见名叫堀木正雄的画学生，让我知道了酒精和烟草、卖淫女、当铺、左翼思想，从出生时起感觉像见不得人似的自己，只有沉浸在那里面时才能心安。

和银座的女招待常子在镰仓投海，女人死了，唯独自己一个人获救了。

“会被女人迷上”的预言兑现了，“会成为伟大画家”的预言却落空，被高中学校开除的自己成为蹩脚漫画家，住在常去东京父亲别墅的古董商的家里吃闲饭，接着我恍如一个男妾一般与女记者静子、酒吧女老板同居着，不久后认识天真无邪的良子，当作非正式的妻子。

一天，和堀木玩悲喜剧名词的猜谜比赛，一问“罪的反义词是什么”，对方却回答道“法律啊”，我感到诧然。要是陀思妥耶夫斯基把罪与罚认作反义词而不是同义词……我的头脑里像走马灯似的不停地旋转着时，而此时良子在楼梯下受到了常来的小商人的侮辱。

良子对人深信不疑，不懂人心险恶。难道信赖会是罪过？

不反抗也是罪孽？

我沉溺在酒精里，图谋自杀，坠落在吗啡中毒的地狱里，被迫住进了精神病医院。

失去了，做人的资格。

我已经完全不是人了。我既没有幸福也没有不幸。只是，一切都将要过去。

估计酒吧老板娘与写下这篇手记、名叫大庭叶藏的疯子住在一起。老板娘曾对我（作者）这样说道：

“我们认识的阿叶，非常率真，非常机灵，如果连酒也不喝，不，即使喝点酒……是个神灵般的好孩子。”

这部作品在太宰死亡大致一个月前完成，是虚构了作者少年时代的自传。但是，与初期的自传《回忆》的阳光率真相比，《人间失格》的主人公肖像，描绘的色彩多么灰暗阴惨啊。

甚至觉得，他画出来并给竹一看的自画像，好像就是指这部小说。关于作品中的自画像，太宰说：

我完成的画作阴惨得连我自己都感到惊讶。但我暗暗地承认，这才是我拼命藏掖在内心里的自己的原形，表面上笑得很灿烂，又逗人发笑，但实际上自己的内心却很悲凉，真是没有办法！不过，那幅画除了竹一之外，我到底没有给别人看过。

不给别人看，拼命藏掖着自己的原形——那是特别多愁善感、不断地在自我意识和自身之间痛苦地取得平衡的青春时代，恐怕人人都会在自己的内心深处有所体会的。

这部作品里描绘的，与其说是对所有人——不如说是思春期的男女站在与外部接触的入口时必须面对的问题，即对“他人”的极度不安和恐怖，由那些“他人”形成的对学校和社会的纷争和疏离的感觉，为了填补那种落差的演技意识，等等。

这些问题即使在程度上有差异，人们都会真实地感受到，所以肯定会像面对外部与内部的巨大落差而烦恼的人那样，长长地舒出一口气：哎呀！不仅仅是我一个人……

尤其是现在遭到欺凌的少男少女如果读到，会觉得完全像是在写自己。

而且，面对太宰独特的、内含“私信”性质的陈述，惊叹这个人怎么如此了解我啊！不久便会坚信只有我一个人理解他。

彻底地强调主人公的软弱和阴暗的一面，由于最后老板娘的一句“……是个神灵般的好孩子”，作者把描绘得简直像照相的灰暗负片似的肖像，顿时反转成明亮的正片。

在平成十三年（2001年）春季新潮文库前十名长销书排行榜上，昭和二十七年（1952年）十月初版的《人间失格》是6.629.000册，以微小的差距超过第二位夏目漱石的《心》而占据第一位。（第三位以下是海明威[①]的《老人与海》、武者小路实笃的《友情》、加缪[②]的《局外人》、岛崎藤村的《破戒》、萨冈[③]的《您好，忧愁》、夏目漱石的《哥儿》、川端康成的《雪国》，紧接着是4.195.000册的《斜阳》，占第十位。）

新潮文库《人间失格》上印着“读者被分成了两派：有人认为主人公是作者自己，也有人认为不是作者自己”。这句推荐语真的很棒！

《人间失格》里有两个与以前的作品截然不同的特征。首先，作品中的叶藏不是用“我”、而是用“自己”这个第一人称叙事。

“自己”这个词，正如有“他人”这个词一样，是在更强烈地意识到与他人的关系时使用的人称代词。

在“私小说”里，如果从客观小说为佳的立场来看，有一个重大的缺陷，即使大致了解叙事者“我”在主观上的判断和心情，还是会不太清楚对方如何看待、如何思考这个“我”。就是说，他人的客观关系不清楚。

尽管在这部以“自己”这个第一人称叙事的《人间失格》里，最后靠酒店老板娘说“是个神灵般的好孩子”（这也许是作者自己

① 海明威（1899—196），美国作家、记者，在美国文学史以及世界文学史上都占有重要地位，被认为是20世纪最著名的小说家之一。

② 加缪（1913—1960），法国作家、哲学家，存在主义文学、“荒诞哲学”代表人物。1957年获得诺贝尔文学奖。

③ 萨冈（1935—2004），法国著名畅销书女作家。关于分析恋爱心理。以华丽的辞藻描写青年一代的感情，被视为一个时代的青春代言人。

的话）这一定论，中途同居的对象静子说“是因为人太好了，所以才……”让那女儿繁子说“父亲是个很好的人，大家都这么说”，但叶藏映现在许多有具体关联的他人眼里是怎么样的，这不太明朗。

要说为什么会很模糊，是因为所谓的人类同一性（自我同一性）是存在于自己的主观和他人的客观这两者之间的。

现在流行“寻找自我”这句话，但如果探寻自己的内心，什么时候、在哪里能找到真正的自我……诸如此类的事是不可能有结果的。

如果对自己来说有个理想的同一性，那就是在与他人的关系和对应方法方面，只有反复探索，不断付出脚踏实地的努力，才能孜孜不倦地积累、创造，没有别的路可走。

他人关系基本上是单向的《人间失格》，缺乏将读者引向那种思考和想象力的契机。

主人公自始至终几乎没有变化，因此没有发生真正意义上的戏剧性事件。“自己”的心情能够尽力地坦露，但“他人”则一成不变，缺乏立体性的描述。

说得极端些，要使戏剧性得以成立，然而那里却没有极其重要的真正的“他人”。

这正如前面提起过的，在与坂口安吾、织田作之助的座谈会上，说“我以前不会写人的。最近稍微会写别人了”那样，作者自己已经清楚地意识到，并把希望寄托在将来。

那么，作者怎么做才能从这里起步继续往前走呢？

战后，太宰快速成为人气作家，就算是暴露在文坛内部的嫉妒和攻击的时期之前，他有时候也会深陷受害者的意识里无法自拔。

昭和十一年秋天，太宰药物中毒，最后连他自己也在某种程度上自认倒霉，住进了板桥的东京武藏野医院里。开始时他被安排住进总院开放病栋二楼明亮的特别病房里。据说因为发现他的忧郁状态远远超出预想，担心他上吊，又立即将他转移到有锁的封闭病栋一间病房里，即窗户上设有铁格子的六叠单人病房，因此太宰认定“是受骗住到这里来被当作疯子对待”，他那无处发泄的愤怒和憎恨，首先将初代当作了出气筒。

《HUMAN LOST》是将住院期间碎片化的思想片段拼凑起来的。在《HUMAN LOST》中，作为最早的浓缩部分呈现的，是题为《斥妻文》，把对初代的恼怒和痛恨组合起来的作品。

太宰心中的怨愤也对准了办理住院手续的北芳四郎和中畑庆吉，以及来劝说他住院的井伏鳟二。在作品中的思想片段里，有这么一行字：

在这五六年里，你们上千人，我一个人。

在完成这部《人间失格》之后，在太宰死亡的几天前，古田晁来拜访井伏鳟二，求他说，太宰像现在这样下去就废掉了，不仅作为作家会一事无成，就是身体也会垮掉的，现在是紧要关头，能不能带着太宰去御坂岭的天下茶屋……

古田认为，现在能救太宰的，还是只有井伏。

井伏说："太宰如果同意的话就住一个星期？"古田说："一两个星期不行，希望至少带他住一个月。"

但是，井伏问"大米怎么办"，古田说，大米和马肉、土豆都在信州筹备，自己用背包背过来，每十天送一次。井伏也约定如果太宰同意，就住一个月。

在古田离家去老家信州筹备食料时，太宰来大宫宇治医院临时住处拜访古田。

这是投河前一天的事，根据院长女儿的记忆，说太宰穿着灰色裤子、白色衬衫，拖着木屐，听说古田不在家便露出沮丧的神情，对她说"请向他问好"便回去了，他的背影总显得很孤单。女儿看见他身上的服装，和他投河时穿着的服装一样。

太宰又拜访了照顾他的"天清"炸虾店老板小野泽清澄，说《惜别》写得不顺，很烦恼。回去的背影显得特别落寞……这也是野原一夫的作品中提到的小野泽的回忆。

古田事隔两天后回来，得知太宰来访过，接着接到太宰投河的讣告，痛心疾首懊悔不已，说如果早两天回来的话……

如果见到太宰，事态在那以后也许会得到哪怕些微的扭转而朝着不同的方向发展吧?

三月初，太宰与来访的《朝日新闻》东京本社的学艺部长末常卓郎在"千草"餐馆见面。末常卓郎是来向太宰正式约稿要连载小说的。

《朝日新闻》的连载小说栏目是个只要是作家人人都梦寐以求的豪华大舞台，所以太宰喜出望外。

在接受约稿之前，紧接在《人间失格》之后，太宰的脑海里已经萌发了新作的构思。

过了二月中旬，来打探消息的朝日学艺部记者，是这样听他说起这个构思的：

标题是《惜别》。一个男人战后与所有的以往、权势、权力、宗教、道德、习惯、生活、女人等诀别。抛弃一切，想要开始新的生活。

可是最后，他自己被自己抛弃的东西的总量即现实抛弃了。总之，这就叫惜别……

这个构思是这样展开的：

主人公是三十四岁的杂志主编。把妻子放在农村的岳父母家，独自在东京郊外的住宅里生活，在当杂志编辑的同时做着黑市买卖赚大钱，与近十个情人有性关系。

也许是因为年龄大了，最近主人公像是得了思乡病，要与黑市买卖和女人们都一刀两断。他购置了一栋小房子，把妻子和孩子从农村接过来，想要专心地做杂志编辑……

但是，怎样才能与近十个女人断交呢？主人公向初老的不良文人讨教计谋，并将流氓文人教他的方法付诸实行，与一个接一个的女人分手，结果终于干净利落地与所有的情人绝交了。

最后他自己被妻子“惜别”了，他诧异得说不出话来……

五月四日，关禁闭创作《人间失格》的太宰给美知子的明信片里，他报告说：“平安无事，大快朵颐。工作也顺利。”在七日的明信片上报告说：“回家要到十六日傍晚。以后就是朝日新闻的事了。身体好，所以心情极好。”

字里行间弥漫着喜不自禁的情绪，无论如何也不会想到这个阶段他会有死亡的念头。

比告诉美知子的预定日期还早，太宰于五月十二日回家，正如前述，《如是我闻》第三回的口述脱稿以后，从十五日起，他开始动手写《惜别》。

报纸连载从六月二十日左右起预定八十回，实际在报纸上刊登到第十三回，没有写完就无疾而终。文章的叙述大致如下：

在参加文坛上某位大师的告别仪式后回家的路上，杂志《方尖塔》主编田岛周二向走在一起的即将步入老年的不良文人说着自己最近的想法，请求商量“要与女人们分手有没有什么好主意”，向他讨教有什么好办法。

文人说：找个绝世美人来，让她冒充你的老婆，带着她一起去一个个地拜访那些女人，女人们全都会一声不吭地缩回去。怎么样，不去试试？

这是溺水者的救命稻草。田岛心动了。

可是，那样的绝世美人，到哪里去找啊。他找遍了能想到的所有地方，但没有找到，田岛开始绝望，傍晚时在新宿车站背后的黑市市场里溜达时，有个人在背后恶声恶气地招呼他：“田岛！”

发出乌鸦般嗓音的人是个拥有怪力的女人。她虽然很消瘦，却是个颇有蛮力的女人，能轻松背起十贯。总是穿着裙裤和橡胶长靴、满是泥土的衣服，一副看不出是男是女的肮脏打扮。这个时候——

是个无法想象的灰姑娘。洋装的爱好很高雅。身材苗条，四肢小得可怜，有二十三四……不……五六，脸色忧郁，如梨花般微微发青，的确高贵，绝世美人。想不到她竟然会是那个能轻松背起十贯的人。

嗓音嘶哑，是因为受过伤，这一点，只要她保持沉默不说话就行。

可用！

正如“人靠衣裳马靠鞍”，靠服饰就能变得面目全非令人无法辨认。拥有怪力的女人（名叫永井绢子）说刚才是去新宿看了电影，田岛把她带到常去的黑市料理店，开始与她商量。

女人散发着高贵的气质，在去料理店的路上，迎面而过的行人十之八九会回过头来看她，但一开口说话便嗓音嘶哑，措辞粗鲁，而且饭量大得惊人。

炸猪排，油炸鸡丸，金枪鱼寿司，墨鱼寿司，中国面条，鳗鲡，什锦火锅，烤牛肉串，攥寿司拼盘，虾肉色拉，草莓牛奶。

而且，还要吃金团[①]。难道女人全都是这样吃的？不！还是……

谈好报酬，商量有了结果。几天后，两人结伴第一次出门。在日本桥百货商店内的美容室里，田岛对在那里工作名叫青木的未亡人介绍说："是这次从疏散点叫过来的妻子。"仅仅这样就足够了。青木已经被绢子的美貌所压倒，一副卑贱的、快要哭出来的表情，胜败昭然若揭。

让青木给绢子烫头发做发型。做完发型时，田岛把一叠约三厘米厚的纸币塞进青木白上衣的口袋里，以几乎是祈求的神情呢喃道：

"再见。"

此后，作为报酬，让绢子去百货商店里购物，绢子尽挑选高级商品——难以想象的优雅而颇有情调的物品。

---

① 金团，在糖煮栗子、豆类中拌馅的一种日本甜食。

田岛也不是能容忍绢子痛痛快快地白花钱、默默地表示自己是大度的人。

畜生！不知好歹。要控制住她。

他在电话本上查到绢子的地址，拿着一瓶威士忌和两袋花生米拜访绢子的公寓。他呆然地站立着，打量着那间房间。

杂乱，恶臭。四叠半的房间，满地杂物，几乎连踏脚的地方也没有。绢子还是穿着脏得满是泥土的裙裤，肮脏得完全看不出是男是女。墙壁上贴着一张标会公司[①]的海报，其他没有任何装饰。这是二十五六岁姑娘的房间？只点着一盏小灯泡，极其荒凉。

尽管如此，因为心有所图，所以便走进屋子里。绢子立即端出下酒菜，拿出田岛爱吃的干鱼子，作为其代价，又敲了一笔钱。

绢子说自己很爱干净，打开壁橱给田岛看。田岛瞪大了眼睛。

> 清洁，整齐，闪着金色的光，如散发着馥郁的芳香。衣柜、镜台、皮箱，装木屐的鞋箱上可爱地放着三双小鞋。就是说，唯独这壁橱，才是这个灰姑娘的秘密后台。

话不投机地交谈着，一边喝着威士忌，装作喝醉的样子想要睡下却被赶走，作为最狼狈而拙劣的手段，他突然想要抱住绢子。

---

① 标会公司，日本民间信用互助形式的公司。起源于日本室町时代，盛行于江户时代。

拳头砰地打在他的面颊上，田岛“呀”地发出极其奇怪的惨叫声。在这一瞬间，田岛想起绢子能轻松背起十贯的蛮力，不寒而栗。

“放了我！抓小偷！”他莫名其妙地叫嚷一声，赤着脚跑到了走廊里。

不久，田岛发现了利用这种蛮力的办法。

情人中有一位名叫水原惠子的西洋画家。她有个哥哥，长期在满洲（ 这里指伪满洲国）过军队生活，是个粗鲁的大个子。最近从西伯利亚复员，似乎赖在惠子的起居室里不走。

田岛去访提起分手的事，如果发生当兵的哥哥对自己动武的事，那时就可以躲在绢子的蛮力背后。

“行吗？我觉得多半没问题吧，那里有一个粗暴男子，如若他挥起拳头动武，你就这样轻轻地抓住他。其实吧，他看样子是个很柔弱的人啊。”

他对绢子说话也开始明显地使用委婉的语气了……

说是《朝日新闻》的连载，太宰没有感觉到肩膀上有丝毫的压力。

在阴忧的《人间失格》里被压抑着的天生的风趣幽默，在这里尽情发挥，其实只要读原文，几乎每隔一行都充满着机智和诙谐，妙趣横溢，令人忍俊不禁。

长达半个世纪前创作的，却丝毫也没有过时，好像直接就能成为最新的电视剧或好莱坞电影的剧本。在每一回的结尾，设置务必想要读下回的悬念，的确有着作者想把“他最喜欢逗人高兴”这句话刻在墓碑上的逼真形象。

在太宰的创作能力和想象力中丝毫看不见软弱的阴影，根据这段概要也一目了然了。

尤其是反复阅读太宰作品的读者，在这部未完成的作品里洋溢着的才气焕发自由奔放的笔力的丰富性，和“厌恶写小说的话就去死”这句遗书上的文字，是无论如何也连接不到一起的。

但是，从概要中的引用部分可以察觉到，语句中类似于俏皮话的玩笑，像相声似的对话接二连三地出现，形成了清脆舒适朗朗上口的节奏，让人忍俊不禁，同时还应该补充一点，它与通俗小说的文体相差无几，隐含着轻薄的、随波逐流的危险。

末常卓郎读过最初的四回稿子后，禁不住感叹道：“这家伙有点儿俗气啊！”然而太宰则表示出满满的自信：“不！以后会渐渐高雅的。嘿！你不用那么担心，我的小说不会没趣的。”

要将十个分手场景设置得全都各不相同，就必须对每一个分手场景准备各不相同的出场人物和丰富多彩的话题。

可以推断太宰首先以几乎接近通俗小说的引子，使出浑身解数抓住大多数读者的兴趣后，渐渐地沿着与以往的一切权势、权力、宗教、道德、习惯、生活以及女人诀别这一最初的创作意图，处处夹杂着他擅长的、对文明和社会进行辛辣而无情的批判。这不就是想写情节的趣味性和内容的思想性兼备的小说吗？

富荣读过最初两回稿子，在日记里写着读后的感想：“幽默小说风格，很有趣。”

在不良文人出谋划策下、主人公田岛开始动心之前，绝世美人绢子还没有露面。

以后的稿子每次写完，如果富荣都读过，她的心里也许会渐渐地产生波动。

在第六回里，田岛周二（不用说会使人联想起津岛修治）带着绢子去告别的第一个情人，是日本桥百货商店的美容室里工作、约三十岁的战争未亡人……这个人物设置大致与富荣自己一样。

根据末常卓郎《惜别的事》这篇文章的描述，太宰在第十回之前写得比较顺畅，后来的写作进度突然慢了下来。

据说太宰解释说是在为申请减少税款四处奔走，但这明显是借口。因为应付税款的事，他全都交给了美知子去办理。

根据山内祥史的调查，在无疾而终的十三回中，推算从开始写到五月十八日的三天时间里，他写了两回，接着到二十七日的九天里写了八回，再到六月四日的八天里写了三回。显而易见，速度的确骤然下降。

而且，此后到死亡的将近十天里，《惜别》的创作已经停止。

在这期间，大概发生了什么事。

前面提到过，在五月二十二日的富荣日记里写着，太宰直言不讳地说自己有了新情人，两人之间发生了激烈的争吵。

太宰说的新情人的特征，据说是医生的女儿，女子大学毕业，二十六岁，身材苗条，很会穿衣服，是个绝世美人，走在路上回头率很高，四肢纤细，而且（不知为何）臂力很强壮。

他还说对方是个老实得无可挑剔的人，所以虽然不知道是怎么回事，但与《惜别》第三回开始登场的女主人公永井绢子有着共同的特征，这是显而易见的。

富荣在二十七日的日记里写着："惜别，第十回将要完成。"

即使著名的一流出版社的编辑，去拿稿子都会被富荣骂回去。

在创作《惜别》前不久，就连《新潮》的野平健一去送《如是我闻》第三回的稿费时，富荣都不让他上楼。六月四日半夜开始《如是我闻》第四回的口述。口述笔记结束，富荣出去购物之后，太宰对野平说："当时我就在这里啊！"

六月初的时候，野原一夫先向"千草"餐馆的增田静江打探自己能不能见到太宰，得到许可后走进房间里，看样子太宰没有喝过酒，躺着看文库本的书。

在房间的角落里，正在怄气的富荣眼皮浮肿，像是刚哭过。

太宰吩咐富荣拿酒，和野原两人对酌。他一反常态，讷讷地说道：

现在我在读缪塞[①]的短篇，是个好作品。缪塞、梅里

① 缪塞（1810—1857），法国诗人、小说家。浪漫派代表作家之一。作品多姿多彩，描写肉欲的忧愁和时代的苦恼。著有诗集《夜歌》、自传体小说《一个世纪儿的忏悔》和剧本《勿以爱情为戏》等。

美[①]，梅里美的短篇也写得很好。《古花瓶》这样的短篇是绝品啊。提起法国文学，马上会说出司汤达[②]、巴尔扎克[③]、福楼拜[④]，但缪塞、梅里美，他们的作品很耐看。还有都德[⑤]，作品也很好。

若在平时，这个时候正是太宰在“千草”餐馆或常去的小餐馆“堇”里被访客包围着，热热闹闹地开着酒宴，神气十足。然而现在却与太宰在房间里安静地喝着酒，这还是第一次。

野原不知为何对忧郁沉闷的气氛感到畏葸，不到一个小时便说要回去了。太宰对野原转过脸去点了点头。那是野原见到的、太宰最后的表情。

富荣把太宰“禁闭”起来，不仅仅是作为女性的占有欲，可能还考虑到太宰的健康和经济……我这么猜测，是因为有野原诉说的

---

① 梅里美（1803—1870），法国现实主义作家、剧作家、历史学家。以简洁冷静的笔法创作出众多生动热情的中短篇小说，著有《高龙巴》《卡门》《嘉尔曼》等。

② 司汤达（1783—1842），法国小说家。作品深刻地描绘个人与社会的关系，被视作现实主义小说的经典。著有《阿尔芒斯》《红与黑》《巴马修道院》《意大利遗事》等。

③ 巴尔扎克（1799—1850），法国小说家，现实主义文学巨匠。以丰富的想象力和创造力，艺术地再现当时现实社会的全貌，全部作品的总标题为《人间喜剧》，有《朱安党人》《驴皮记》《高老头》《贝姨》等。

④ 福楼拜（1821—1880），法国小说家。19世纪现实主义文学大师。著有《包法利夫人》《萨朗波》《圣・安东尼的诱惑》等。

⑤ 都德（1840—1897），法国小说家。作品为富于浓厚的人情味和通俗易懂的文体。著有短篇小说集《磨坊书简》和长篇小说《雅克》等。

这段“安静”时间的印象。

但是，在富荣的房间里弥漫着的，不只是“安静”的时间。

“千草”餐馆夫妇的住处与富荣的房间隔开一条马路。夫妇俩在半夜里经常听到富荣的房间里传出太宰吼叫似的呻吟声。那呻吟声总要持续一分钟左右，然后一片寂静，没有任何动静。

增田静江听着觉得瘆得慌，有次遇见富荣便问：“昨晚吵得很厉害吧。”当事人不太在意地回答：“是啊。老毛病了。”从那个活生生的地狱深处发出的呻吟声，肯定是连日来每天都是那样的。

六月七日，野平健一带着最后成为绝笔的《如是我闻》第四回的稿费八千五百元，去富荣的住处拜访，把它交给了太宰。

富荣的日记里记录着那天招待的内容：“啤酒两瓶。酒两瓶。花生米三颗。香烟一盒。”

吃完这些东西，太宰带着野平和龟岛出去。对野平来说，和太宰深夜在三鹰的街道上溜达，这是很久以前的事了。

太宰在小餐馆“堇”喝酒时比平时更纵情欢快。喝完酒后，太宰将野平他们送到三鹰车站告别。这是野平最后一次与太宰见面。

从翌日八日起，太宰独自去大宫拜访古田晁，到十二日在宇治医院和“天清”炸虾店露面的四天里，以编辑和朋友的名义见面的人一个也没有。

公开发行的富荣日记里，从在住处招待野平和龟岛的第二天起到写下遗书的十三日，是空白。

因此，在这期间，度过的是什么样的时间，详情无法得知。

接下来完全是我个人的推测。

太宰治的死是他对自己感到的、几乎所有的苦恼所致。这可以在作为终极难题的耶稣“爱人如己”这句话，和在作品中被当作主人公的愿望但其实是他自己希望刻在墓碑上的“他最喜欢逗人高兴”这句话，重重缠绕着怎么也无法释解的地方去寻找。

他在昭和二十二年十一月的《小说新潮》里刊登的谈话笔记《说我的半世人生》里说过这样一件事：

> 我现在住在真正意义上的破房子里。连我都想住在普通的房子里。有时也觉得孩子很可怜，但我怎么也住不起好房子。那好像不是从无产阶级意识或无产阶级思想体系那样的东西里得到的教诲，而是偏执地坚信“爱人如己”这句话。可是，这时候开始痛切地觉得，爱人如己这件事是怎么也做不完的。人类，大家都是一样的。这样的思想，是不足以把人逼向自杀的吧。
>
> 我不会是错误地理解了“爱人如己”这句话吧？它不会是有更深的意思吧？如此思考的时候，我想起了“如己”这个词。还是也要爱自己。开始隐隐地察觉到如果厌恶自己或者虐待自己爱别人，理所当然就只能自杀。但是那只是诡辩。自己对世人的感情还是很腼腆，开始怀有必须压低着身姿走路的真实感。我仿佛觉得我的文学的根基就在这样的地方。

他自己知道要完全做到“爱人如己”这句话，对人类而言是不可能的，觉得自己的解释也许是错误的。

可是，他天性爱说谎，同时又是难得的一本正经的人，只要作为律法接受，关于这句一般不可能做到的话，越想就越是受到“我从来没有爱过别人。我缺乏爱别人的能力”这一两难推理的折磨，不得不感到痛苦。

真正的作家太宰治，不是在极度放纵的私生活里，而是在他全神贯注地埋头写作期间，在那段孤独的时间里，只存在于他孕育的作品（原著）里。

尤其在二战后，在回到东京后的私生活里，给经历了各种痛心和忧伤的美知子，在丈夫死后留下了三个孩子，同时只留下那些“原著”。

这次是美知子把用于从那迷宫里逃脱的线团拿在手里，用不亚于任何人、对优缺点都洞若观火的眼睛，在不断地寻找“原著”的迷宫期间，成了日本最权威的太宰文学研究者之一。

那个成果就是杰作《回想太宰治》。

要说与此有关联——

太宰的一个学生，东京帝国大学文科的学生时代起就经常与太宰来往的户石泰一[①]（太宰治小说《未归之友》的原型），后来在高

① 户石泰一（1919—1978），小说家。八云书房《太宰治全集》的编辑之一。以太宰治为师。作品有《肉肿》《瘴气》《火与雪的森林》等。

中夜校当老师时，看见有很多学生在看太宰的小说，他感到无法言状的焦虑，他不想说“别看”。

同时，八云书店版《太宰治全集》的编辑龟岛贞夫，也是从学生时代起就与太宰有来往，知道太宰为人和善。后来他这样写道：

> 作品只能以作品本身为依据，而不应该以作者私生活的言行为依据。
>
> 我不愿意看着存在主义少年自称是活着的死太宰不时地走向死亡、走向难以弥补的溃败。
>
> 作家是人生的老师，是精神的工程师。太宰当然也不例外。我希望有更多的人读他的作品。强烈希望没有被有害无益的传闻所污染，作为一个独立的文学作品来阅读。正因为它完全经得起健全正常的人进行的正当评价，所以我希望没有把那种软弱错误地当作善良，软弱和由软弱产生的不幸的扭曲（这比想象的要少得多），作为软弱，作为扭曲，作为应该从正常健全的强度方面进行救助的现象，希望能够被读者认真地读懂。

户石和龟岛都是太宰学生中的例外，在敬爱太宰的文学方面毫不逊色于任何人。两人只是讨厌年少的读者会成为廉价的模仿者。

在很长的一段时期里，人们饶有兴趣地谈论太宰治的私生活胜过谈论他的作品。

然而，私生活的传说，随着岁月的流逝，会被人遗忘。

一百年以后，两百年以后，剩下的，只是“原著”。

而且，在去世后经历了半个世纪的今天，我们终于到达了纯粹欣赏充满着小说情趣的“原著”的原点。

富荣在日记里没有记录死亡的三天前，她曾去山崎家的菩提寺即小石川区关口台町永泉寺扫墓，顺便去御茶水美容学校旧址和与学校有关的人以及亲戚那里委婉地告别。

当时她身上穿着的，是向“千草”餐馆增田静江借来的蓝底条纹和服。

六月十三日，寄宿的房东野川家的女主人雅之受富荣之托去关口台町永泉寺，把套盒的供品和信放下后就回来了。听永泉寺的人说，信上写着对以前以及后事的关照表达感谢之意。

同时，那天夜里，住在一起的黑柳家主妇收到富荣赠送的四只平时不太用得着的玻璃小皿，说“如果需要的话，你拿去用吧”。（这是五只一套的高级用品，剩下的一只后来在玉川上水估计是投河地点的堤坝上被发现。）

野川雅之恐怕在心里会隐隐地闪过一丝不祥的预感吧。

第二天，到了下午也不见富荣下楼来，在楼梯下无论怎么叫喊都没有人应答，于是雅之上楼去打开拉门一看，在紧闭着窗户的昏暗的房间里，淡淡地弥漫着线香的香味，收拾得十分整洁，飘荡着一种异样的气氛，这才知道心惊肉跳的预感是正确的。

书架上摆放着富荣的照片和太宰盘腿坐在酒吧椅子上的照片。照片前的皿子里点燃着线香，堆着香灰。

右侧佛坛前的小桌子上竖着彩纸，上面写着“池塘水浑浊，不见藤花穗倒影，淫雨不作美，录左千夫歌。太宰治”，叠着几册笔记本，寄给伊马春部的字条上用富荣的笔迹写着：“请还给伊豆的那位。”

以上是根据长筱康一郎的详细调查得知的，但在前一天十三日富荣的日记里，写着如下的文字。每隔一行就换行，如果把它连接着摘录下来：

诸位，再见了。父亲大人，母亲大人，净让你们操心，对不起。请保重身体，请和睦生活，以后的事拜托了。承蒙千草和野川以前的关照，有事请商量。请平静地，小小的，吊唁……对不起夫人……

用钢笔写到这里，以下是铅笔写的潦草字，编辑长筱写的注释：“能想象得到时间很紧迫。”

修治因肺结核左胸第二次积水，最近诉说很疼痛，已经要不行了。

所有人都欺负我。

总是在哭泣。

最尊敬和爱戴丰岛先生。

野平、石井、龟岛，请照看好太宰的家人。对不起园子啊……

在编辑人员中没有出现野原的名字，这大概是野原同年春天辞去新潮社的工作，被角川书店思想文艺杂志《表现》实际上的主编请去、不再是太宰的责任编辑的缘故吧。

哥哥　对不起　后事拜托您了　对不起……

除此之外，有和太宰共同签名交给“千草”餐馆鹤卷夫妇的遗书，富荣在遗书上写着“上次借的衣服还没有洗过，请原谅”。这是三天前去扫墓和拜访学校熟人、亲戚时穿的衣服，蓝色底条纹和服整齐地折叠着，与其他借用的物品放在一起。附着字条，放在房间的正中央，各自在字条上写着交还给对方的名字。

在富荣的房间里，还有太宰的遗书。

从纸屑笼里发现的废纸里，有个地方写着：“大家……都充满着贪婪……井伏先生是坏人。”

另外，废纸上的文字，明显是片段性的句子：“只是同生共死而已，让大家痛苦，我也痛苦，请宽恕我。孩子就算是凡人，也不要责备”。还有“孩子好像都不太有出息，要把他们养育得活泼开朗，不是因为讨厌你，才死的。是因为，厌恶写小说”的句子。

从废纸上的笔迹来看，对平时写字流畅的太宰来说是非常凌乱的，估计是喝醉酒写下的。

可是，太宰让自己的分身《斜阳》里的直治在自杀前的遗书中说："我会按清醒的状态去死。"富荣在日记里也说："我会清醒地去死啊。"在这十三日的夜里，富荣拿着一个茶色小瓶到"千草"餐馆，来分得少量威士忌。大概是防备他把整整一瓶威士忌放在边上会喝得烂醉。

《新潮》于一九九八年第七期出版太宰治去世五十周年特辑，第一次正式公开太宰的遗书。遗书收在写有收件人姓名"津岛美知女士"的信封里。

用笔写在草纸[①]上的遗书总共有九张，其中除去因遗族的意愿不愿公开的部分。写真版的笔迹比废纸上的笔迹更有力。

公开的第二张到第三张写着：

"孩子好像都
不太有出息
要把他们养育得
活泼开朗
尽可能地
帮助他们

---

① 草纸，以稻草为主要原料，加入少许小构树或结香纤维制成的粗糙的日本纸。

是因为

厌恶写小说

才死的”

第六张接在不公开部分的后面：

“想到你们的事，

我总会

抽噎哭泣”

最后第九张这样写着：

“津岛修治

美知小姐

　　我爱你

　　　　胜过

　　　　　任何人”

正如这句临终的话，对今后度过漫长苦难人生的美知子来说，无疑是最有力的心灵支撑。

两人将这些遗书留在房间里，走向玉川上水。经过一连几天的大规模搜索，两人的遗体最后于太宰三十九周岁生日那天十九日上午六点五十分左右被发现。从发现遗体到打捞上来的经过，不敢详细叙述，但有一件事无论如何也要说一下。

在估计是两人投河处的堤防上，发现放着茶色小瓶和更小的绿色药瓶、小型玻璃皿。推断富荣是喝了氰化钾投河的。在报道这件事的报纸新闻里附记着有识之士的看法：“喝了氰化钾跳进东京都民饮用水管的水源里，这是多么无知的事。”此话引起了读者的共鸣，对无赖派作家行为乖戾的任性情死，社会的指责声浪渐高。

水量因梅雨而大增形成了湍急的水流。与水量相比，极其微量的氰化钾立即就会被稀释，实际上不会有任何危害……这些话，丝毫没有企图化解普通谋生者心理疑虑的强词夺理。

即使没有氰化钾，再加上制水过程中消毒无论多么有效，有人投身的水从水管的水龙头出来，人们当然会感到不爽。

散步路过玉川上水的边上时，太宰屡次对同行的人说，这条河是吃人河，跳下去最后尸体绝对不会浮上来。他也许已经下决心如果死的话就在这里……这不知不觉地形成了思维定式，下决心奔赴黄泉时的举动，有一半变成了下意识的行为。

尽管如此，如果把人称圣经黄金定律“无论何事，你们愿意别人怎样对待你，你们也要怎样对待别人”这句话真正当作律法来接受，这绝对算是不可为而为之。这只能认为太宰当时还是深陷在以自我为中心的狭窄视野里。

青森县知事、对文学也具有超出常人的关注和了解的长兄津岛文治最恼火，在天才作家的弟弟死后也没有能得到他的承认，真的就与这一点有关。

美知子在以后漫长的时间里会感到痛心疾首吧。丈夫与别的女人按司空见惯的、只能理解为是殉情的方式死去，她是受到打击和屈辱最大的受害者，有苦说不出，然而在这一点上，她作为妻子还被置身于加害者的境况里。

据分析，太宰和富荣是用和服的红色细腰带牢牢地绑在两人的腰上，以富荣在上、太宰在下的状态在堤防上滑落的。

在横倒的杂草下被刮露的红土上，有像是这样的重物压过的形迹，而且在它的两侧，有被木屐剜过的两条划痕。

由此产生了“强制殉情”和“他杀”的说法，认为是富荣硬拖着用脚抵住坡面的太宰拽进河里——一时间有不少人对此深信不疑，包括在文坛上德高望重的评论家。

我不这么认为。从前面提到的经过和遗书上的文字来看，太宰显然是拿定了主意坚定不移。“强制殉情”和“他杀”的说法纯粹是无稽之谈。

只是在滑落的半途中，有过一瞬间像神的启示似的深不可测的觉醒：啊！这样的死法不好！猛地想要用脚抵住的意志力，成为两条沟痕有力地剜进坡面上。难道不是吗？……我是这样想的。

遗体被打捞上来后，太宰在堀内的火葬场里被火化，六月二十一日，丰岛与志雄任治丧委员会委员长、井伏鳟二任副委员长，在家里举行了有三百名文坛和出版界人士到场的告别仪式。

七月十八日，按太宰的愿望去三鹰下连雀的黄檗宗灵泉山禅林寺埋葬那天，田中英光因美知子的好意捧着骨灰盒走在前面，他用耳朵和身体感受着骨灰盒里的骨灰壶发出的咯咚咯咚的响声，行进在墓地狭窄的通道上。

田中悲痛不已，在内心里不停地嘀咕着：太宰，你这个孬种、大浑蛋，为什么要干自杀这种蠢事啊？……

太宰，你不能自杀，不管发生什么事你都要活下去，如果你能殊死地摆脱现在的痛苦，就一定能成为世界文学史上留名青史的大作家，可是你却……

从最早认识的时候起，田中一直这样坚信着。

在太宰敬畏的大文豪安息的“森林太郎墓”的斜对面，挖掘出来的土堆在墓穴的周围。

走到墓穴前，骨灰盒从田中手上移交到美知子的手上，又移交到葬仪社工作人员的手上。

工作人员从白布包裹着的骨灰盒里取出陶制骨灰壶，跪在地上，放入有一米深的墓穴里。

在这瞬间，田中听到边上突然涌出放声痛哭的声音。

是希望太宰治成为世上最杰出的作家、尤其在她的晚年将要忍受所有悲痛和苦难以及牺牲、始终献身性地坚守着的美知子那撼天动地的恸哭声。

后记

写完本书，经过很长一段时间后，有过几次恍然大悟、豁然开朗的顿悟：是那么回事啊……

与本书有关，叙述其中之一——

投河那天夜里，山崎富荣拿着一个茶色小瓶到边上的“千草”餐馆，来分得少量的威士忌。关于此事，本文写道：“整整一瓶威士忌放在边上，大概是防备他会喝醉。”

然而，随着岁月的流逝，我开始觉得那如果是太宰的“殊死的战斗”……

他在临死前，以追记的形式写道：

美知小姐

我爱你

胜过

任何人

这一部分，他不可能当着接下来将要一起去赴死的山崎富荣的面写下。

《斜阳》里的直治能让人觉得是太宰的分身。太宰让直治在自杀前不久的遗书上说："我会按清醒的状态去死。"根据富荣的日记，她也说"我会清醒地去死啊"。

富荣不让他把整瓶威士忌放在旁边，去"千草"餐馆分走少量的威士忌，是为了防备他喝得烂醉。富荣应该没有什么可疑之处吧。

太宰恐怕是趁她出去时，急忙补充写下上述追记部分的。

太宰去世后第五十周年，虽然部分公开，但在杂志上看到最早公开的太宰遗书，追记部分与前面的部分相比较，墨色和笔迹都明显不同，墨色极淡。

太宰在长大后也是像孩子似的爱流眼泪、喜欢抽抽搭搭的哭鼻虫。曾经对妻子美知子哭哭啼啼地诉说大家合伙欺负自己。

追记的墨色特别淡，这不会是大颗的眼泪没完没了地滴落在磨墨的砚台边上的缘故吗？

如果进一步展开想象，他也许是有意识地将毛笔舔在自己滴落在砚台边的眼泪里，再补写追记部分的。

作为擅长书法的太宰来说，笔迹也简直像孩子似的稚嫩，这反而能窥见他倾注在那里的率真的心性。

可以推测，这些心理和感情的核心，一定会传递给美知子夫人，成为她今后在忍受漫长的人生苦难时支撑她的巨大力量。

长部日出雄

译后小记

长部日出雄生于1934年，与太宰治不是一个时代的人，因此他撰写的传记都是根据太宰治亲友们的回忆记录拼写而成，也算是一个太宰治的研究者。之前他已经撰写了《辻音乐师之歌——另一个太宰治传》，描写太宰治从幼年期到青春时代的前半生生活状况，本书《太宰治的后半生》则是描写太宰治从顶峰期到玉川上水投河殉情的心路历程，获得大佛次郎奖、和辻哲郎文化奖。长部日出雄当过周刊杂志记者、现场报道记者、电影评论家等进入作家生活，1973年《津轻遁世歌》《津轻诙谐歌》获第六十九届直木奖，《鬼来了——栋方志功传》获艺术选奖文部大臣奖，《陌生的战场》获新田次郎奖。

2019年10月，我开始翻译长部日出雄《太宰治的后半生》，原定五个月结束。结果2020年出于一些外部原因影响到我的工作状态，以致拖延了一个月，直到3月底才结束。在翻译中遇到的几个难点，因为无法找到相应资料查对或无心查找资料，只好求教朋友帮忙。

一、太宰治深受《新约·圣经》研究家塚本虎二的影响，成为一个反战主义者。战争期间，塚本虎二在《圣经知识》里长期连载《耶稣传研究》，内容涉及新约圣经。我家里只有旧约圣经，因此在网上向长江文艺出版社的资深编辑、对新约圣经有所了解的罗新求教了好几天，罗新还特地去找资料用手机拍照传给我，但始终不得要领，最后我在上海文庙的旧书市场找到了一本新约圣经。

太宰治在小说《越级申诉》里引用马太福音里的一段，长部日出雄认为，这段是《越级申诉》里最精彩的部分，体现着太宰治的反战情绪。

——假冒为善的经学家、法利赛人，你们有祸了！因为你们洁净杯盘的外面，里面却盛满了勒索和放荡。假冒为善的经学家、法利赛人，你们有祸了！因为你们好像粉饰的坟墓，外面显得美观，里面却装满了死人的骨头和一切的污秽。你们也是如此，外面向人显示出公义，里面却装满了伪善和不法。你们这些蛇类、毒蛇之种，怎能逃避火坑的审判？啊！耶路撒冷，耶路撒冷，你常杀害申言者，又用石头打死那奉差遣到你这里来的人们。我多次愿意聚集你的儿女，好像母鸡把小鸡聚集在翅膀底下，只是你们不愿意。

二、义太夫《假名手本忠臣藏》里勘平剖腹自杀的段落里勘平用步枪打野猪的一段，是日本传统戏剧里的一段唱词。在网上查询，有的网页打不开，有的只是脚本片断，很不完整，也找不到勘平打野猪的一段。于是请老友、翻译电视连续剧《东京爱情故事》的祝子平帮忙。

祝子平长年来往于日本与上海之间，兴趣广泛，多才多艺。他的译作有《飞越彩虹》《第四个神话》等二十多部，创作的《这条河很冷清》获上海文学奖散文一等奖，短篇小说《一把烟丝》获“几度春秋”征文大赛二等奖，《纸钱》获全国第二届微型小说大奖赛二等奖。

1. 这段唱词，祝子平的译文颇具特色：

……跑过去一看，一位老丈，遭野猪袭击，受伤倒地，念过阿弥陀佛后，想有没有疗药，便去老丈兜里寻找，不料摸到钱袋里的钱，这虽是有悖道德，却是苍天所赐，我便马上跑去，将钱交给弥五郎殿下。回来打听那受伤的老丈，才知是我岳父，那钱是卖他女儿的钱，也是我妻子的卖身钱。……

2. 小说家、文艺评论家浅见渊在创办砂子屋书房时，合伙人山崎刚平和美貌夫人在目白台建立新家，在这期间他先后失去出生不久的第二个儿子和爱妻。后来在砂子屋书房出版的歌集《挽歌》里收录的长歌，体现了山崎刚平当时的心境。

当时这段长歌还没有翻译，请祝子平翻译上述那段戏文里的唱词时，就偷懒把这首五七调的长歌也给了他。祝子平译作：

一对好儿女，父母膝下承欢悦。
少年夫妻情，天真烂漫无忧郁。
突然弟夭亡，形影相吊哥寂寥。
本想再添丁，可爱宝宝增欢喜。
应是五个人，幸福家庭多美满。
不料爱妻又死别。

三、翻译诗句，对我来说是比较费力的。平时翻译遇到诗句时，总是再三斟酌，反复修改，直到交稿还自觉不尽如意。

1. 山崎富荣眼看着太宰治的身体一天天衰弱下去，却还硬撑着每天写作，号称“要耗尽最后的体力”。她万分担忧，在日记里引用日本近代短歌创作巨匠、小说《野菊之墓》被誉为“日本纯爱小说开山之作”的伊藤左千夫的歌“さびしさの極みに堪えて天地に寄する命をつくづくと思う”作为题记。

正在苦苦思索之际，上海译文出版社村上春树小说的原责任编辑沈维藩打电话来聊天，说起译文中的诗句，沈维藩当仁不让地说：“你发过来，让我来看看。”沈维藩策划的村上春树系列小说屡次获奖，他还是《外国文艺》杂志副主编，编辑过120多位当代日本作家的作品，另外还撰写过200多篇古典文学鉴赏文章，被编入

《唐诗鉴赏辞典》和《宋词鉴赏辞典》里。诗句对他来说，信手拈来。当天晚上他就发来了译句：

——强自忍至寂，天地寄残命。

2. 太宰治的随笔标题《砂子屋》，令本书作者长部日出雄想起《万叶集》里东歌的诗句“相模路の淘綾の浜の真砂なす児らは愛しく思はるるかも”。沈维藩用汉俳格式，译作：

——行经相模滩，细沙如绫望不尽，群儿惹人爱。

翻译《太宰治的后半生》期间，我心神不宁，江郎才尽，于是将老友们的译文照单全收，不胜汗颜。在此特向祝子平、沈维藩、罗新表示感谢。

李重民

2021年3月25日 于上海

图书在版编目（CIP）数据

太宰治的后半生 /（日）长部日出雄著；李重民译
. — 天津：天津人民出版社，2021.12
ISBN 978-7-201-17514-0

Ⅰ. ①太… Ⅱ. ①长… ②李… Ⅲ. ①太宰治（1909-1948）—传记 Ⅳ. ① K833.135.6

中国版本图书馆CIP数据核字（2021）第147839号

太宰治的后半生
TAIZAIZHI DE HOUBANSHENG

出　　版　天津人民出版社
出 版 人　刘　庆
地　　址　天津市和平区西康路35号康岳大厦
邮　　编　300051
邮购电话　（022）23332469
电子信箱　reader@tjrmcbs.com

责任编辑　霍小青
特约编辑　姜晴川
封面设计　陈琦清

制版印刷　河北鹏润印刷有限公司
经　　销　新华书店
开　　本　840毫米×1194毫米　1/32
印　　张　17.25
字　　数　350千字
版次印次　2021年12月第1版　2021年12月第1次印刷
定　　价　78.00元